MW01274969

Johannes Nollé / Hertha Schwarz

GRIECHISCHE INSELN

IN FLUGBILDERN VON GEORG GERSTER

Zaberns Bildbände
zur Archäologie

Sonderbände der
ANTIKEN WELT

Johannes Nollé / Hertha Schwarz

Griechische Inseln

in Flugbildern von Georg Gerster

184 Seiten mit 84 Farbabbildungen

Umschlag vorne:
Blick auf Thera von Norden nach Süden
(vgl. Abb. 74).

Naxos: Der wohl Apollon geweihte Tempel auf der Palati-Insel (vgl. Abb. 70).

Seite 2:
Leukas: Die Leukadischen Felsen am Kap Leukata bzw. Dukato (vgl. Abb. 82).

Umschlag hinten:

Blick auf Astypalaia von Westen (vgl. Abb. 41).

Keos: Blick auf das moderne Iulius (vgl. Abb 54).

Blick auf die Insel Fourni, südlich von Samos gelegen (vgl. Abb. 1).

Weitere Publikationen finden Sie unter
www.zabern.de

Bibliografische Information der Deutschen Nationalbibliothek

Die Deutsche Nationalbibliothek verzeichnet diese Publikation in der Deutschen Nationalbibliografie; detaillierte bibliografische Daten sind im Internet über <*http://dnb.d-nb.de*> abrufbar.

Gestaltung:
Ilka Schmidt, Verlag Philipp von Zabern, Mainz

Lektorat:
Jeorjios Martin Beyer, Wiesbaden

Redaktion:
Gerhild Klose und Annette Nünnerich-Asmus,
Verlag Philipp von Zabern, Mainz

ISBN: 978-3-8053-3682-6

Printed on fade resistant and archival quality paper
(PH 7 neutral) · tcf

INHALT

Vorwort 6

Einführung 7

Euböa 11

Chalkis und Eretria – Die Anfänge des griechischen Kulturtransfers 12

Die Nördlichen Sporaden 19

Skiathos – Zwischenstop auf dem Weg nach Norden 20

Skyros – Das Versteck des Achilleus 22

Nordägäische Inseln 26

Lemnos – Wo das Haus des Hinkefußes stand 27

Thasos – Die Insel der Goldberge 33

Samothrake – Das Eiland der geheimnisvollen Götter 37

Inseln vor Kleinasien 42

Lesbos – Die Insel des Weins, der Frauen und der Dichter 43

- Mytilene – Die Stadt des Alkaios und der Sappho 44
- Eresos – Wo die Götter ihre Gerste kauften 51
- Methymna – Die Heimatstadt des Delphinreiters 52

Die Arginusen – Ein Lehrstück über Volksgerichtsbarkeit 57

Chios – Wein und Mastix 58

Samos – Die Insel der Hera 64

Samos/Heraion – Von der Göttermutter zur Jungfrau 68

Ikaros – Das Grab des Ikaros 71

Dodekanes 74

Patmos – Die Insel der Offenbarung 75

Kos – Die Geburt des ärztlichen Ethos 78

Nisyros – Der Mühlstein auf dem Giganten 85

Rhodos – Die Insel des Sonnengottes 87

- Ialysos – Die Stadt der Boxer 88
- Lindos – Wo Athena geboren wurde 92
- Kamiros – Die Stadt der Feigenbauern 98
- Rhodos-Stadt – Ein antikes Venedig 100

Astypalaia – Die Brücke zwischen Kykladen und Sporaden 106

Die Kykladen 111

Amorgos – Eine Insel am Ende der Welt 112

Ios – Homers Tod auf der Veilcheninsel 118

Siphnos – Eine wahre Goldgrube 121

Kythnos – Die Insel des falschen Nero 126

Keos – Die gewinnsüchtige Muse 130

Andros – Der Wohnsitz der Schlauberger 136

Tenos – Die heilige Insel 138

Mykonos – Stammland der Kahlköpfe 139

Delos – Apollon und die «Heuschrecken» 143

Syros – Das wirkliche Zentrum der Kykladen 150

Paros – Die Heimat des Archilochos 153

Naxos – Die Insel des Dionysos 157

Die Südlichen Sporaden 162

Thera – Vom Leben auf dem Vulkan 163

Melos – Die Insel der Venus und des Dialogs 169

Die Ionischen Inseln 174

Kerkyra – Hölle im Paradies 175

Leukas – Die Felsen der Liebeskranken 176

Ithaka – Die Heimat des Odysseus 179

Geographische Karte 182

Anhang 184

VORWORT

Mit Vergnügen setzen wir mit diesem Band unsere Luftreise «Mit den Augen der Götter» über das antike Griechenland fort. Es ist uns ein Anliegen, Georg Gerster für seine neue Folge faszinierender Flugbilder zu danken, aus der eine Auswahl für diesen Band zu treffen uns sehr schwer gefallen ist. Am liebsten hätten wir die doppelte Anzahl von Bildern in diesen Band hineingenommen, doch hätte das Umfang und Zielsetzung der Reihe gesprengt. Der Verlagsleiterin Dr. Annette Nünnerich-Asmus wissen wir erneut herzlichen Dank für so manche weiterführende Diskussion bei der Konzeptionierung und Bildauswahl und Frau Gerhild Klose und Ilka Schmidt für ihre engagierte und präzise Arbeit bei der so ansprechenden Realisierung des Buches.

In diesem Band haben wir versucht, das einzufangen, was die Augen der antiken Götter bei ihrem Blick auf die Inseln des Archipels vermutlich für sehens- und bemerkenswert gehalten hätten. Kreta sparen wir für den Folgeband aus, da die vielen antiken Ruinenstätten dieser Insel, ihre komplexe Geschichte und die zahlreichen Geschichten, die über sie erzählt werden müssen, einen eigenen Band füllen. Aber selbst der Ausschluß von Kreta macht es unmöglich, in diesem Buch auf jedes noch so kleine Eiland einzugehen. Schon der antike Geograph Dionysios von Alexandreia bemerkte, daß die Zahl der ägäischen Inseln unüberschaubar sei. Ziel dieses Bandes ist es daher, die Welt der Ägäisinseln übersichtlicher zu machen, indem die wichtigsten Inseln in Lebens- und Stimmungsbildern ein geographisches, historisches und kulturelles Gesicht erhalten.

Die griechischen Inseln sind ein weitaus unbekannteres Terrain, als es das griechische Festland ist. Viele Altertumsfreunde könnten zwar auf Anhieb eine ganze Reihe von Inseln namentlich aufzählen, doch bedeutet das nicht, daß sie auch nur ein wenig über ihre Geschichte und kulturelle Bedeutung wissen. Da es an leicht zugänglicher und umfassender Literatur fehlt, soll das Buch eine Lücke schließen, indem es Aufmerksamkeit auf die wechselvolle Geschichte der griechischen Inseln lenkt und ihre meist unterschätzte kulturelle Bedeutung für Europa herausstellt. Auch wenn der Band kein Reiseführer sein will, möchte er dennoch zu einem bewußteren Reisen durch die griechische Inselwelt anregen.

Johannes Nollé und Hertha Schwarz
im Januar 2007

Muß ich mich als Spielverderber fühlen, wenn ich die poetische Vision des Archipelagus mit einigen nüchternen Angaben zu dem Unternehmen «Griechenlands Inseln mit den Augen der Götter» ergänze?

Das Bildmaterial wurde von 1996–2006 auf 49 Photoflügen erarbeitet; auf das Jahr 2006 allein entfiel fast deren Hälfte mit zusammen 54 Flugstunden. Was verwendete Filme und Kameras anlangt: alle Bilder wurden mit Nikon-Kleinbildkameras auf Kodachrome- und Fuji-Filmen aufgenommen.

Für Unterstützung jeder Art schulde ich den griechischen Zivilbehörden Dank, vor allem aber auch militärischen Dienststellen. In dem sensitiven Grenzgebiet zur Türkei mit einem Kleinflugzeug unterwegs zu sein, ist kein Leckerbissen; die militärischen Flugkontrolleure hatten aber immer wieder ein Einsehen und ließen uns zwischen zwei Übungen der Luftwaffe in das jeweilige Sperrgebiet einfliegen und dort arbeiten. Tausendfacher Dank gilt meinem Freund und Piloten Jürgen Perteck. Beruflich fliegt er für Hapag Lloyd große Vögel – Airbus 300/310 und Boeing 737; seine Freizeit schenkte er unserem Projekt in kleinen, einmotorigen Cessnas. Die öfters böigen Winde über der ägäischen Inselwelt forderten manchmal sein ganzes fliegerisches Können. Er meisterte brenzlige Landungen bei aggressivem Seitenwind mit Bravour. Mit Jürgen im Cockpit überwand ich sogar das mulmige Gefühl beim Anflug auf Ikaria, eine Insel der Südlichen Sporaden – sie heißt eher ominös nach Ikaros, der der Sage nach auf der Flucht von Kreta hier abstürzte und in den Gewässern um die Insel ertrank. Aber dann sind ja die Flügel einer Cessna auch nicht aus Wachs …

Georg Gerster

EINFÜHRUNG

Deiner Inseln ist noch, der blühenden, keine verloren.
Kreta steht und Salamis grünt, umdämmert von Lorbeern,
rings von Strahlen umblüht, erhebt zur Stunde des Aufgangs
Delos ihr begeistertes Haupt, und Tenos und Chios
haben der purpurnen Früchte genug, von trunkenen Hügeln
quillt der Cypriertrank, und von Kalauria fallen
silberne Bäche, wie einst, in die alten Wasser des Vaters.

Hölderlin, Der Archipelagus

So poetisch läßt Hölderlin die Inselwelt Griechenlands aufscheinen, als er das Ägäische Meer – den Archipelagus, der als Vaterfigur personifiziert wird – mit klangvollen Versen, die antiker Dichtung nachempfunden sind, skizziert. Es sind heroische und arkadische Landschaften, die einer der größten deutschen Dichter vor dem Hintergrund jenes «Ur-» oder «Erzmeers», so ist Archipelagus ins Deutsche zu übersetzen, evoziert. Zweifellos können wir derartige Szenerien, wie Hölderlin sie mit Worten malt, auch heute noch in der grandiosen ägäischen Melange von Meer, Küsten und Inseln entdecken, doch sind sie sicher nicht die einzigen Bilder, auf die man stößt, und wahrscheinlich nicht einmal die typischen.

Die Ägäisinseln – die im Bereich jenes Meeres liegen, das im Westen vom griechischen Mutterland, im Norden von Makedonien und Thrakien, im Osten von Kleinasien und im Süden vom Kretischen Inselbogen umgrenzt wird – bilden weder eine geographische Einheit, noch sind sie von Größe, Bodenbeschaffenheit, Relief und Klima gleich. Die Geographen haben deshalb auch keine Zurückhaltung geübt, die ägäischen Inseln in viele verschiedene und sich oftmals überschneidende Gruppen zu unterteilen. Eine solche Einheit bilden etwa die Inseln im Saronischen Golf, die im Altertum so eng mit Athen verbunden waren, daß sie bereits im ersten Band behandelt wurden. Aufgrund seiner Lage direkt vor der Westküste des griechischen Festlands war auch Euböa immer mit den Geschicken des Mutterlandes verflochten, doch hatte die große Insel lange Zeit genug Potential, um ihrerseits aktiv Einfluß auf die Geschicke Griechenlands zu nehmen. Eine weitere geographische Gruppe bilden die Nördlichen Sporaden – unter ihnen Skiathos und Skyros –, kleine Inseln, die vor den Küsten Euböas und Thessaliens liegen und als Etappe auf dem Weg zum Schwarzen Meer eine Rolle spielten. Nur wenig Gemeinsames haben dagegen die Inseln der nördlichen Ägäis aufzuweisen: das bizarr geformte Lemnos, das heute türkische Imbros, das rundliche Thasos und das ovale Samothrake. Während die beiden ersten Inseln Stationen auf dem Weg von Mittelgriechenland zum Hellespont waren, unterhielten die beiden letzten engen Kontakt mit dem thrakischen Festland.

Kleinasien zugewandt waren in der Antike die drei großen küstennahen Inseln Lesbos, Chios und Samos, ebenso die Inseln der sog. Dodekanes – unter ihnen Patmos, Kos, Nisyros und Rhodos. Auch sie wurden mit dem nichtssagenden Etikett Sporaden versehen, doch empfiehlt es sich eher, sie als Inseln vor Kleinasien zu bezeichnen. Ihre wichtigsten Städte blickten nämlich auf Anatolien und nicht auf das griechische Mutterland. Die größeren und mächtigeren von ihnen erwarben sich auf dem Festland zusätzliches Land; die kleineren und schwächeren gehörten in einigen Fällen zum Territorium einer kleinasiatischen Stadt, wie etwa Patmos, das von Milet beherrscht wurde. Die Inseln des modernen Verwaltungsbezirks Dodekanes umringen den Südwesten Kleinasiens, mit dem sie durch das gesamte Altertum enge Beziehungen unterhielten. Rhodos, die größte der Dodekanesinseln, bildet zugleich die Nordostecke des Kretischen Inselbogens, der sich von den Südkaps der Peloponnes über Kythera, Kreta, Kasos und Karpathos bis nach Rhodos hinzieht und die Ägäis nach Süden gegen das offene und insellose Meer hin abschirmt. Die große Insel Kreta war stets eine Welt für sich und wird in einem eigenen Band dieser Reihe behandelt werden. Zwischen Kreta und dem innersten Inselring der Ägäis, den Kykladen, liegen in einer Übergangszone die Vulkaninseln der sog. Südlichen Sporaden, Melos und Thera/Santorini. Man könnte sie auch dem Herzen der ägäischen Inselwelt, den Kykladen, zuordnen. Nicht mehr zum Ägäisraum gehören die sog. Ionischen Inseln, die nach dem gleichnamigen Meer benannt wurden, das sich zwischen der Südostküste Italiens – das sind Sohle und Absatz des «Stiefels» – und der Ostküste Griechenlands erstreckt.

Nur bis etwa 1400 v. Chr. haben die mediterranen Bewohner der Ägäisinseln die Geschichte ihres Siedlungsraums selbst bestimmt. Damals hatten die Herren des umliegenden Festlandes keine Möglichkeit, die Inseln zu beherrschen, da die Insulaner ihnen in der Seefahrt und auch zivilisatorisch weit überlegen waren. Das gilt für die Zeit der frühen Kykladenkultur von etwa 2700–2200 v. Chr. wie für die Epoche der minoischen Seeherrschaft von etwa 2000–1450 v. Chr. Die Erinnerung an diese Blütezeit der vorgriechischen Ägäisinseln ist noch im 1. Jh. v. Chr. bei dem Historiker Diodor lebendig, der griechische Kultur und Zivilisation von den Inseln ihren Ausgang nehmen läßt. Die kulturelle Blütezeit der Inseln erlebte einen markanten Einschnitt, als Festlandsgriechen die Inseln eroberten. Zunächst brachten die Mykener Kreta, dann im Zeitraum von etwa 1400–1200 v. Chr. auch die meisten kleineren Inseln unter ihre Herrschaft. Zwischen 1100 und 800 v. Chr. kamen neue Griechenstämme, Äoler, Ioner und Dorier, die die Inseln unterwarfen und sich auch an den Küsten Kleinasiens niederließen. Einzelne Inseln erreichten in der archaischen Zeit von etwa 750–500 v. Chr. eine beträchtliche Blüte. Manche von ihnen waren damals bedeutende Zentren für Dichtung und bildende Kunst. Nachdem die mutterländischen Griechen die Perser, die die Freiheit der Inseln vor der Küste Kleinasiens beschnitten, zurückgeschlagen hatten, beherrschte Athen mittels des Delisch-Attischen Seebundes die Inseln der Ägäis, die es schamlos ausbeutete und auf Untertanenstatus herabdrücken wollte. Die «Befreiung» durch Sparta gegen Ende des Peloponnesischen Krieges (431–404 v. Chr.) bedeutete für die Inseln nichts anderes als den Wechsel unter einen neuen Herrn. In der Übergangszeit des 4. Jhs. v. Chr. waren Athener, Spartaner, Thebaner, Makedonen, Karer und Perser darum bemüht, sich möglichst große Stücke aus dem ägäischen Inselkuchen auszuschneiden.

Die Karten wurden neu gemischt, nachdem Alexander das Perserreich zerstört hatte. Die Ägäisinseln gewannen in hellenistischer Zeit an Bedeutung, denn die Erben Alexanders, die wie die Makedonen Ansprüche auf Teile Kleinasiens erhoben oder wie Ptolemäer und Seleukiden die Geschicke des griechischen Mutterlandes mitbestimmen wollten, benötigten die Kontrolle über die Verkehrswege, die durch die Inselwelt der Ägäis liefen. Viele Inseln erhielten in dieser Zeit königliche Garnisonen. Daran konnte auch die Gründung eines «Bundes des Inselbewohner (Nesioten)» nichts ändern, da er meist von königlichen Schutzherren dominiert wurde. Besonders die Ptolemäer und Makedonen stritten um die Herrschaft über die Inseln. Die einzige von ihnen, die in dieser Zeit mit den hellenistischen Mächten in Augenhöhe verhandeln konnte, war Rhodos, das von Alexanders Tod im Jahre 323 v. Chr. bis etwa 170 v. Chr. eine Glanzzeit erlebte, im ganzen Ägäisraum gewinnbringend Handel trieb und energisch versuchte, die Freiheit der Meere, besonders aber der Ägäis, unter seiner Vorherrschaft zu wahren.

Doch genau um diese Zeit tauchte ein neuer Akteur auf der griechischen Bühne auf: Rom. Zunächst brachte es die Ionischen Inseln als Sprungbrett nach Griechenland unter seine Kontrolle, und streckte dann nach seinem Sieg über die Makedonen im Jahre 168 v. Chr. seine Hand auch nach den übrigen Inseln aus. Konsequent versuchte die Macht vom Tiber, den Einfluß von Rhodos zurückzudrängen, um selbst die Kontrolle über den Archipelagus zu gewinnen. Dazu instrumentalisierte Rom die Insel Delos, die zu einer gefährlichen Konkurrenz für Rhodos aufgebaut wurde und die rhodische Wirtschaft in den Ruin treiben sollte, was zwar nicht völlig gelang, die führende Stellung von Rhodos aber nachhaltig untergrub. Römische und italische Händler überrollten die Inseln, nahmen ihnen die letzten Freiheiten und beuteten sie wirtschaftlich aus. Während es den größeren Inseln vor den Küsten Kleinasiens noch leidlich gut ging, waren die meisten der kleineren zu Beginn der Kaiserzeit bereits völlig verarmt oder gar verödet. Ihre Bevölkerung ging zurück, Erdbebenschäden wurden nicht mehr repariert, Siedlungen gingen allmählich ein, und seit dem 3. Jh. n. Chr. suchten immer wieder Plünderer die Inseln heim: Piraten, Goten, Isaurer und Araber. Einige der Inseln eigneten sich wegen der schäbigen Lebensverhältnisse gut als Verbannungsorte.

Seit dem frühen Mittelalter entdeckten christliche Mönche die einsamsten und kargsten unter den ägäischen Eilanden als ideale Lebensräume für ein abgeschiedenes und asketisches Leben. Auf vielen Inseln entstanden nicht nur Einsiedeleien, sondern auch Klöster, in denen sich Weltflüchtige und Gottsuchende einer freiwilligen Verbannung unterzogen. Im hohen Mittelalter machten die italienischen Seestädte den Byzantinern den Besitz der Inseln streitig, bauten sie nach der Eroberung zu wichtigen Handelstützpunkten für ihren Orienthandel aus und sicherten sie mit Kastellen. Besonders Genuesen und Venezianer richteten sich auf vielen Inseln ein. Auf Rhodos ließ sich der Johanniterorden nieder. Damals blühten viele Inseln wieder auf.

Mit Beginn der Neuzeit gelang es den Türken, die westlichen Inselherren Stück für Stück zurückzudrängen. Allerdings übten die Osmanen kein strenges Regiment über die Ägäisinseln aus: Gegen Zahlung von Steuern ließen sie den Insulanern weitgehende Selbstverwaltung. Dem zerfallenden Osmanenreich versuchten europäische Mächte – Russen, Briten und Franzosen – einzelne Inseln zu entreißen. Die Engländer brachten schließlich die Ionischen Inseln unter ihr Protektorat, die Italiener schufen sich noch im 20. Jh. in Wiederbelebung der alten Herrschaften ihrer Seestädte ein Inselimperium, das im 2. Weltkrieg verlorenging. Danach konnte der griechische Nationalstaat die meisten Ägäisinseln in sein Staatsgebiet eingliedern; nur einige wenige blieben türkisch. Erst im späteren 20. Jh. gewannen die Ägäisinseln als touristische Ziele erneut größere Bedeutung und Selbständigkeit.

Die vorgriechischen Bewohner des Archipelagus wie auch die frühen Griechen betrachteten die Inseln nicht nur als Wohnorte, sondern auch als Stationen maritimer Verkehrswege. Die damals starke Verkehrseinbindung der griechischen Inseln hatte zur Folge, daß die meisten von ihnen keine weltfernen Orte waren, sondern an den Entwicklungen der Zeit teilhatten. Zu den wichtigsten Seewegen durch die Ägäis gehörte die westliche Nord-Süd-Route, die von Kreta über Thera und die Kykladen nach Attika und Euböa führte, um den Schiffer dann durch den Euböischen Golf über die Nördlichen Sporaden, Lemnos und Imbros zum Hellespont und ins Schwarze Meer gelangen zu lassen. Für Athen war diese Seeroute lebenswichtig, da es im Schwarzmeerraum jenes dringend benötigte Brotgetreide einzukaufen pflegte, das es auf seinen dürftigen Böden nicht erzeugen konnte. Daneben gab es eine östliche Nord-Süd-Route, die zwischen der kleinasiatischen Küste und den großen Inseln von Rhodos bis zum Hellespont verlief. Zwei wichtige maritime West-Ost-Straßen verbanden Rhodos mit Kythera, die nördlichere über Telos, Kos, Astypalaia, Anaphe, Thera und Melos, die südlichere über den Kretischen Inselbogen. Diese beiden Routen waren für den Verkehr zwischen der Levante bzw. Ägypten und Griechenland sowie Italien von großer Bedeutung. Auf ihnen konkurrierten lange Zeit Griechen und Phöniker miteinander, tauschten dabei aber auch kulturelle und zivilisatorische Errungenschaften aus. Von Kythera konnte man an der Ostseite der Peloponnes vorbei zwischen den Ionischen Inseln und der Ostküste Mittelgriechenlands nach Kerkyra/Korfu gelangen. Von dort unternahmen die antiken Schiffer ihre Überfahrten nach Italien.

Die Inseln waren aber nicht nur Verkehrsknotenpunkte. Sie konnten auch die Rolle von Forts und militärischen Stützpunkten gewinnen, da sie wie durch einen Wassergraben gesichert waren. Bei der sog. Griechischen Wanderung (ca. 1100–800 v. Chr.) vom griechischen Mutterland zu den Küsten Kleinasiens waren die großen und kleinen Inseln vor der Küste Kleinasiens erste Bastionen, von denen aus man auf das Festland, wo Neusiedler viel stärker bedroht waren, übergreifen konnte, auf die man sich im Notfall aber auch wieder zurückziehen konnte. Derartiges wiederholte sich bei der griechischen Kolonisation des archaischen Zeitalters, als etwa Thasos und Samothrake zu Ausgangspunkten für den griechischen Griff nach Thrakien und seinem Gold wurden.

Abb. 1
Blick auf die Insel Fourni, südlich von Samos gelegen.

Einige Inseln waren bedeutende Rohstofflagerstätten. Allerdings waren die Vorräte meist begrenzt, so daß der aus ihnen gewonnene Reichtum nach Erschöpfung der Vorkommen schnell dahinschwand. Obsidian auf Melos, Bimsstein auf Thera, Silber und Goldvorkommen auf Siphnos und Thasos, die qualitätsvollen Marmore von Paros, Naxos, Syros und Thasos, der Rötel von Keos und der Seifenstein von der kleinen Insel Kimolos waren die wichtigsten Vorkommen. Für eine intensive Landwirtschaft gab es nur auf wenigen Inseln günstige Bedingungen, meist auf den größeren, wo reichlich Wasser und auch Wald vorhanden waren. Bestenfalls reichten Getreide und Öl für den Eigenbedarf. Viele Inseln mußten diese Grundnahrungsmittel jedoch importieren, was einige von ihnen dazu antrieb, ertragreiche Felder auf dem Festland zu erobern. Weinkulturen, deren Erträge aufgrund von Qualität und Quantität den Export lohnten, gab es auf verhältnismäßig vielen Inseln. Einen wirklich bedeutenden Weinhandel betrieben jedoch nur Thasos, Lesbos, Chios, Kos und Rhodos. Daneben gab es auch Inseln mit Spezialkulturen, wie etwa Chios mit seiner Mastixerzeugung, Kos mit seiner Seidenraupenzucht oder das rhodische Kamiros mit seiner Feigenproduktion. Welche Rolle der Fischfang spielte, läßt sich nur schwer sagen. Es ist un wahrscheinlich, daß er auf den meisten Inseln mehr als die Bereicherung des Speisezettels ihrer Bewohner bot. Einige verkehrsgünstig gelegene Inseln mit einer unternehmerisch denkenden Kaufmannschaft machten allein mit dem Zwischenhandel extrem hohe Gewinne. Das gilt etwa für das bronzezeitliche Kreta und Thera, für die archaischen Städte Chalkis, Eretria, Ägina und Samos wie auch für Rhodos und Delos in hellenistischer Zeit. Allerdings reichten schon kleinere politische Umwälzungen aus, um derartige Einkommensquellen auf immer zu zerstören.

Viele große Namen der griechischen Kulturgeschichte sind mit Inseln des Archipelagus verknüpft. Die Dichter Arion, Alkaios und Sappho sowie der Universalgelehrte Theophrast stammten von Lesbos, der Maler Polygnot von Thasos, die Lyriker Simonides und Bakchylides von Keos, der provokante Poet Archilochos von Paros, der Philologe Aristarch von Samothrake, der Historiker Theopomp von Chios, der Mediziner Hippokrates und vielleicht auch der Dichter Herondas von Kos, der Mathematiker und Wundertäter Pythagoras von Samos und der Philosoph Panaitios von Lindos auf Rhodos. Allerdings wurde vielen von ihnen die heimatliche Insel zu klein, und so gingen sie in die Fremde, um eine größere Bühne für ihre Kunst und ihr Können zu gewinnen.

Es gab allerdings zahlreiche Inseln, die nicht an den großen Verkehrswegen lagen. Solche einsamen Eilande konnten Verbannungsorte wie auch religiöse Erbauungsstätten sein. In der Abgeschiedenheit von Inseln wurden antiken Traditionen zufolge Gotteskinder wie Apollon und Artemis (Delos), Athena (Lindos auf Rhodos) oder Hera (Samos) geboren, ungeliebte Göttersprößlinge wie Hephaistos aufgezogen (Lemnos), geheimnisvolle Kulte wie der der Kabiren (Samothrake) oder der des Asklepios (Kos) gepflegt oder geraubte Götterbilder verwahrt (Patmos). Das Christentum übernahm derartige heidnische Traditionen von der Entrückung heiligen Geschehens auf Inseln und ließ Johannes auf dem einsamen Patmos, wohin der Kaiser Domitian (81 – 96 n. Chr.) ihn verbannt hatte, seine Epiphanien haben und seine Apokalypse niederschreiben.

Inseln, die das Pech hatten, nicht an bedeutenden Seerouten zu liegen, über keine Bodenschätze und kein ertragreiches Land zu verfügen und auch aus ihren religiösen Stätten keinen Gewinn ziehen zu können, litten an der in der Antike so oft erwähnten Inselarmut. Erst der moderne Tourismus hat den Bewohnern solcher Inseln, die nichts als Sandstrand zu bieten haben, eine Chance geboten, in ihrer Heimat zu bleiben und dennoch der Inselarmut zu entgehen.

Ruhige Plätze und Orte vollkommener Glückseligkeit – «Inseln der Seligen» – waren Eilande allenfalls in Idyllen und Utopien. Weder die Insel Ogygia, auf der die verführerische Kalypso den Odysseus von seiner Heimkehr nach Ithaka und zu Penelope abzubringen versuchte, noch das arkadische Lesbos von Daphnis und Chloe oder das Atlantis Platons sind reale Inselwelten.

Schließlich sind aber der Archipelagus, seine Inseln und seine «Küsten des Lichts» auch ein einmaliges ästhetisches Erlebnis. Georg Gerster ist es gelungen, auch dies in seinen Bildern von historisch und archäologischen interessanten Stätten festzuhalten. So fängt etwa das erste Bild (Abb. 1), das die Inselgruppe von Fourni zwischen Samos und Ikaria im Abendlicht zeigt, jene Ägäisstimmung ein, die Freiherr von Schweiger Lerchenfeld so trefflich beschrieben hat: «Namentlich schön ist's, wenn man auf der Kuppe irgend einer Insel bei scheidendem Sonnenlichte steht, und vor sich das verklärte Meer hat, purpurn gefärbt, mit breiten Lichtstreifen gleich geschmolzenen Goldes darauf. – Die See dazwischen, von Insel zu Insel, ist flüssiges Gold. Violette Schatten ziehen von den Ostküsten aus. Wenn ein weisses Segel abwechselnd im Lichtstrom oder Schattenkegel schwebt – bald hell aufleuchtet, bald schemenhaft zerfliesst, glaubt man an Gespensterspuk. Rings im Kreise, im Norden und Süden und Osten, liegen im wirren Durcheinander die übrigen Eilande.» (JN)

EUBÖA

In erdgeschichtlicher junger, aber dennoch vorgeschichtlicher Zeit hat sich Euböa vom griechischen Festland gelöst und ist zu einer Insel geworden. Trotzdem blieb die langgestreckte Zunge, die in der Antike auch «Makris», d. h. «die Lange», genannt wurde, immer eng mit den Geschicken Mittelgriechenlands verbunden und konnte kein spezifisches Inseldasein entwickeln. Mythisch haben die Griechen das dadurch ausgedrückt, daß sie die Personifikation der Insel zu einer Tochter des böotischen Flußgottes Asopos machten. Für die Geschichte des Abendlandes hat Euböa in der Zeit zwischen 900 und 700 v. Chr. eine entscheidende Rolle gespielt. Mit mehr Recht als von den Etruskern läßt sich von den Euböern sagen: «Denn sie entzündeten das Licht.» Von den Euböern nämlich hat Europa nach der endbronzezeitlichen Katastrophe von 1200 v. Chr. schreiben und zur See fahren wie auch kaufmännischen und unternehmerischen Wagemut gelernt. (JN)

Chalkis und Eretria – Die Anfänge des griechischen Kulturtransfers

Hab ich doch nie das weite Meer auf Schiffen befahren,
außer nach Euböa hin von Aulis, . . .
Denn zu den Spielen beim Tod Amphidamas, des edlen, bin dorthin
ich nach Chalkis gefahren. Großzügig hatten die Söhne
Preise gelobt und zahlreich gestiftet. Und dort, kann ich sagen,
hab ich durch Sieg im Gesang den gehenkelten Dreifuß gewonnen.

Hesiod, Werke und Tage

Euböa heißt soviel wie «Land der schönen Rinder», Chalkis bedeutet «Stadt der Schmiede», und Eretria ist die «Gemeinde der Ruderer». Die Namen der Insel und ihrer beiden wichtigsten Städte umreißen, was auf ihr im Altertum von Bedeutung war: Rinderzucht, Metallverarbeitung und Seefahrt.

Die bis zu 50 km breite und bis zu 1745 m hohe Insel erstreckt sich über eine Länge von ungefähr 175 km fast parallel zur Ostküste Mittelgriechenlands. Die Landschaft wird von hohen Schiefer- und Kalksteingebirgen geprägt, die im Mittelteil der Insel am höchsten aufsteigen, im Norden und Süden aber in Hügelland übergehen. Schöne Wälder überzogen im Altertum die Gebirge Euböas. Ein charakteristischer Baum war die Marone, deren Früchte als «Eichel des Zeus» oder «Euböische Nuß» bezeichnet wurden. Zwischen den Gebirgsrücken gab es zahlreiche fruchtbare Ebenen, meist nicht sehr groß, aber ausreichend, um die Versorgung der Euböer mit Feldfrüchten zu garantieren und darüber hinaus Rindern und Pferden üppige Weiden zu bieten. Die größte Ebene war die Lelantische im mittleren Westen der Insel, deren fruchtbares Schwemmland der längste und wasserreichste Fluß Euboias, der Lelantos, aufgeschüttet hatte (Abb. 2).

Euböa und das griechische Festland sind durch den Euböischen Golf voneinander geschieden. An ihm lagen ungefähr bei der Mittel der Insel um die eben erwähnte Lelantische Ebene herum die beiden wichtigsten Städte, Chalkis und Eretria. Bei der Stadt Chalkis ist die Insel Euböa nur noch durch einen 40 m breiten Kanal vom griechischen Festland getrennt. Dieses Nadelöhr, das im Jahre 411 v. Chr. zum ersten Mal überbrückt wurde, hieß in der Antike Euripos, d. h. «(Meerenge) mit starker Strömung» (Abb. 3). Schon in der Spätantike sprach man, da sich die Aussprache des Griechischen stark verändert hatte, den Namen als Egripos aus. Im Mittelalter verballhornten italienische Kaufleute ihn zu Negroponte («Schwarzbruck»), und so hießen die Insel Euböa und die Stadt Chalkis viele Jahrhunderte lang bis zum Jahre 1830. Der damals neugeschaffene griechische Nationalstaat, der an altgriechische Traditionen anzuknüpfen versuchte, wandelte den Stadtnamen wieder in Chalkis und den Inselnamen in Euböa um. Letzteres wird allerdings im modernen Griechisch Evvia gesprochen, und der mitteleuropäische Besucher, der von seinem Besuch des humanistischen Gymnasiums Euböa kennt, überlegt verzweifelt, was denn mit Evvia gemeint sein könne.

Im Gegensatz zur windgeschützten und hafenreichen Westküste der Insel ist die Ostküste Euböas stürmisch und abweisend. Dort gibt es keine größeren Städte, wohl aber das von allen Seeleuten gefürchtete Südostkap der Insel. Es heißt Kap Kaphereus und ist unzähligen antiken Schiffen und Seeleuten zum Verhängnis geworden.

Die mit ca. 3660 km² nach Zypern größte Insel Griechenlands ist heute ein wenig bekannter Landesteil, fernab von den großen Touristenströmen. Das war nicht immer so: In der Frühzeit Griechenlands, etwa von 1000–700 v. Chr. waren Euböas führende Städte, Chalkis und Eretria, die wichtigsten Zentren Griechenlands. Dort waren jene wagemutigen aristokratischen Seefahrer zuhause, die auf ihren Schiffen – von Beute- und Abenteuerlust getrieben – in unbekannte Meere und zu noch nie gesehenen Küsten vorstießen. Dabei haben sie einen ungeheuren Kulturtransfer von Ost nach West in Gang gesetzt und andererseits ihre Heimatinsel wie auch das übrige Griechenland zivilisatorisch und kulturell einen großen Schritt nach vorne gebracht. Bei der ebenso feinsinnigen wie zutreffenden Formulierung «ex Oriente lux» («Aus dem Osten [kommt] das Licht») haben wir zuerst an die Euböer zu denken. Sie haben es von dort für die abendländische Kultur geholt.

In der gewaltigen Völkerwanderung um 1200 v. Chr. war in Griechenland die mykenische Hochkultur untergegangen; die Burgen von Theben, Mykene und Tiryns wurden damals niedergebrannt oder verfielen. Das hohe Niveau von Handwerk und Kunstschaffen, das sich einst an dem Bedarf und den Ansprüchen von Palästen und Königen orientiert hatte, war niedergegangen; auf dem Lande wie auf dem Meer herrschte Unsicherheit. Der Fernhandel war zum Erliegen gekommen, Griechenland auf sich selbst verwiesen. Die Reste der mykenischen Bevölkerung – wie auch die Stämme der neuangekommenen Griechen – waren nach den schweren Zerstörungen und dem Zusammenbruch von Kultur und Zivilisation damit beschäftigt, zunächst einmal zu überleben und sich dann neu einzurichten. Zu Beginn ging der Neuanfang nur langsam voran und fand keinen Niederschlag in bedeutenden Artefakten oder Bauten.

Fast 200 Jahre lang lag Griechenland wie in Schlaf und Starre da, aber in dieser Zeit muß sich nach der Katastrophe allmählich die Einstellung und Gesinnung der Menschen verändert haben, bis sich zumindest in den Köpfen einzelner Führungspersönlichkeiten der Wille zu einem Neuaufbruch durchsetzte. Wir kennen keinen von diesen Weichenstellern unserer abendländischen Kultur namentlich und wissen weder über den zeitlichen Ablauf noch über die einzelnen Schritte dieser mentalen Entwicklung Genaues. Deshalb haben sich Historiker und Archäologen daran gewöhnt, diesen Zeitraum mit dem Begriff der «Dunklen Jahrhunderte» zu bezeichnen. Daß im Dunkel dieser Zeit eine Aufwärtsentwicklung stattgefunden hat, ist nicht zu bestreiten, und es gibt keine Indizien dafür, daß sie von außen initiiert wurde. Wahrscheinlicher ist, daß die Griechen aus eigenem Antrieb und mit eigenen Mitteln ihren Wiederaufstieg geschafft haben. Schon um 1000 v. Chr. wagten sich mutige Aristokraten, die sich

Abb. 2 Euböa: Die Lelantische Ebene mit dem Fluß Lelantos, im Hintergrund das Dirphysgebirge mit dem schneebedeckten 1743 m hohen Dirphys.

Abb. 3
Euböa: Das heutige Chalkis (Chalkida) liegt über der antiken Siedlung an der schmalsten Stelle des Euböischen Golfes, dort wo das griechische Festland (Böotien) und die Insel Euböa nur durch einen schmalen Kanal (den Euripos) voneinander getrennt sind. Auf dem Festland wurde von den Türken im 17. Jh. die Festung Karanbaba angelegt, die die Durchfahrt sichern sollte.

nicht mehr damit begnügen wollten, Rinder und Pferde zu züchten, aufs Meer hinaus. Vermutlich waren nicht alle mykenischen Traditionen aus dem kulturellen Gedächtnis verschwunden. Zumindest in jenen bronzezeitlichen Heldengesängen, die in den euböischen Adelshäusern noch immer vorgetragen wurden, war die Rede von Ländern und Völkern jenseits des Meeres.

Vielleicht noch im 10. Jh. v. Chr., mit Sicherheit aber im 9. Jh. v. Chr. gelangten euböische Seefahrer an die Küsten Syriens und Palästinas. Dort trafen sie auf Hochkulturen, deren Zivilisation der des damaligen Griechenlands weit überlegen war. Wenn die Euböer mit ihren zerbrechlichen Schiffen sich zunächst im Inselspringen von Eiland zu Eiland der Ägäis vorgetastet und dann die lange Fahrt an der Südküste Kleinasiens überstanden hatten, konnten sie in den Häfen der Levante bei Aramäern und Phönikern begehrte Luxuswaren aus Glas, Elfenbein oder Gold im Tauschhandel erwerben und von den überlegenen Kulturen der Region lernen. Von neuen Schmiedeverfahren war dort zu hören, es gab andere, fortschrittliche Techniken der Seefahrt und der Nautik, und die Verwendung von Schrift war verbreitet. Die Euböer haben beides getan, sowohl Handel getrieben als auch gelernt.

Was den Handel angeht, so wissen wir bis heute nicht, was sie den Levantinern anzubieten hatten. Im Boden der aramäischen und phönikischen Handelsstationen hat sich nur ihre Keramik mit dem charakteristischen Dekor aus konzentrischen Halbkreisen gefunden. Was in diesen Gefäßen enthalten war, ist nicht zu erraten. Schon bald erkannten die griechischen Abenteurer, welche Vorteile mit der Nutzung des fortschrittlichen Schriftsystems der Aramäer und Phöniker verbunden waren. Diese benutzten für die Aufzeichnung ihrer Sprachen ein Zeichensystem, das nicht – wie die Hieroglyphen der Ägypter und die Silbenschrift der Minoer – aus sehr vielen Zeichen bestand, die nur Spezialisten sich merken und richtig anwenden konnten. Mit ganzen 24 Buchstaben zeichneten sie ihre Sprachen auf, allerdings nur die Konsonanten, die für semitische Sprachen die wesentlichen Sinnträger der Wörter sind. Für die vokalreiche griechische Sprache war ein solches Aufzeichnungssystem nur bedingt zu verwenden, und so kamen die Euböer auf die Idee, aus dem vorgefundenen semitischen Alphabet die erste konsequente Lautschrift der Weltgeschichte zu entwickeln. Nachdem sie sich klar gemacht hatten, daß die gesprochene Sprache aus einzelnen Lauten bestand – d. h. daß der Laut das Atom jeder Sprache ist –, wiesen sie, sich an die Zeichenformen der Aramäer und Phöniker anlehnend, jedem Laut ihrer

griechischen Muttersprache, sowohl Selbstlauten (Vokalen) als auch Mitlauten (Konsonanten), ein Zeichen zu. So schufen die Euböer das griechische Alphabet, das sie sofort für Handelskorrespondenz und Warenlisten verwendeten, mit dem sie aber bald auch Gedichte, also Literatur, aufzuzeichnen begannen. Da dieses neue, recht genaue Notationssystem weniger als 30 Zeichen hatte, war es sehr leicht zu erlernen; man mußte für das Schreiben eines Textes keine Schriftspezialisten mehr einschalten.

Damit hatten die euböischen Abenteurer beinahe beiläufig eine der wichtigsten Grundlagen der abendländischen Zivilisation geschaffen, die Wirtschaft, Kultur und Politik nachhaltig verändern sollte. Sie sorgten rasch für die Verbreitung ihrer revolutionären Erfindung, denn euböische Seefahrer steuerten nicht nur die Küsten der Levante an, sondern fuhren auch in die nördliche Ägäis und über Kerkyra (das heutige Korfu) nach Sizilien und Mittelitalien. Auf Sizilien gründeten sie 735/4 v. Chr. mit

Naxos (unterhalb von Taormina) die erste griechische Kolonie im Westen, bald darauf Katane (Catania) und sicherten sich durch die Gründung von Zankle (dem heutigen Messina) und Rhegion (Reggio di Calabria) die Kontrolle der Meerenge zwischen der Stiefelspitze und Sizilien. Ihr Ziel war Mittelitalien, wo sie zunächst auf der Insel Ischia, dann aber auch auf dem Festland bei Kyme/Cumae Handelsniederlassungen errichteten. Damit hatten die Euböer sich nahe bei den reichen Metallvorkommen der Toskana positioniert, die die Etrusker kontrollierten. Für orientalische Luxuswaren aus Stoff, Glas, Elfenbein und Gold, die die Euböer in Syrien erhandelten, konnten sie das begehrte Eisen aus den mittelitalischen Erzgruben eintauschen. Aus dem Eisenerz fertigten sie effizientere und stärkere Werkzeuge und Waffen, als das bisher mit Bronze möglich gewesen war. Der Einsatz des neuen Metalls revolutionierte die Landwirtschaft, indem jetzt eiserne Pflugscharen und Sicheln zur Verfügung standen. Die Kriegführung nahm durch schwergepanzerte und stärker bewaffnete Krieger, die in eisenstarrenden Linien aufgereiht ihre Gegner niederwalzten, ganz neue Formen an.

Die Euböer haben, wenn man die Summe zieht, Mittelitalien mehr gegeben als genommen. Griechische Händler und Handwerker von der Insel Euböa brachten den Etruskern nicht nur Luxuswaren und neue Technologien, sondern auch den Gebrauch der Schrift. Das Alphabet, das die Etrusker für die Aufzeichnung ihrer noch heute rätselhaften Sprache verwendeten, ist eine Weiterentwicklung des euböischen und die Grundlage für das lateinische. Erst durch die Adaption griechischer Zivilisation und Kultur und dann in der Auseinandersetzung mit ihr fand die etruskische Kultur zu ihrer klassischen Ausgestaltung und Blüte. Die Sprache der Etrusker kennen wir erst, seit sie nach der Übernahme des Alphabets von den Euböern mit dem Aufschreiben von Texten begannen. Zuvor waren die Etrusker für uns stumm.

Noch in eine dritte Richtung stießen die Euböer vor. Im Norden Griechenlands, wo mediterrane Ureinwohner – die Pelasger – und thrakische Stämme siedelten, gründeten sie auf dem mittleren Finger der Halbinsel Chalkidike, der Sithonia, eine Reihe von Städtchen. Das Gebiet war für die Seefahrer von Euböa interessant, weil es dort reichlich Holz und Holzprodukte wie Pech und Teer gab und bei den Thrakern Gold zu erhandeln war, für das wiederum bei den Etruskern, in deren Boden es nicht vorkam, hohe Preise zu erzielen waren. Wenn auch die kleinen Städtchen der Chalkideer durch die Expansion der Makedonen untergegangen sind, so lebt bis heute die Erinnerung an ihre Kolonisierung im Namen der gesamten Region fort: Chalkidike bedeutet nämlich «Land der Leute von Chalkis».

Zwischen ca. 950 und 700 v. Chr. waren die euböischen Städte Chalkis und Eretria Griechenlands führende Seemächte. Nach dem Untergang der minoischen Seeherrschaft hatte niemand mehr so weiträumig das Mittelmeer kontrolliert und dominiert. Beide Städte waren damals die Zentren Mittelgriechenlands; Athen spielte nur eine Statistenrolle. Gegen 700 v. Chr. endete die Vormacht der Euböer. Das hängt damit zusammen, daß auch andere griechische Städte, v. a. die Korinthier, sich dem einträglichen Seehandel zuwandten, aber auch die Phöniker zu expandieren begannen. Das definitive Ende der euböischen Weltgeltung brachte aber der sog. Lelantische Krieg, der zwischen 750 und 700 v. Chr. zwischen Chalkis und Eretria um den Besitz der großen Ebene ausgetragen wurde. Wahrscheinlich war es v. a. eine Frage der Ehre, als die Aristokraten beider Städte viele Jahrzehnte gegeneinander kämpften und weite Teile Griechenlands in die Auseinandersetzung hineinzogen. Am Ende scheint Chalkis mit der Unterstützung thessalischer Reiter gesiegt und die Lelantische Ebene für sich gewonnen zu haben. Erschöpft aber waren beide, Chalkis wie Eretria, und ihre mittelmeerweite Geltung war für immer dahin. In der großen Geschichte spielten sie seitdem keine Rolle mehr. Andere Städte, wie etwa Korinth, wurden die Nutznießer des euböischen Bruderkrieges. Am Ende übernahm die Stadt am Isthmos sowohl einen Teil der euböischen Stützpunkte und Kolonien als auch die ertragreichen Handelsbeziehungen.

Im frühen 7. Jh. v. Chr. soll in Chalkis ein in der Antike berühmter Wettstreit zwischen den beiden größten Dichtern des archaischen Griechenlands stattgefunden haben. Chalkidische Aristokraten veranstalteten zur Beisetzung ihres Vaters aufwendige Leichenspiele, bei denen sportliche und musische Wettbewerbe ausgetragen wurden. Da hohe Preise winkten, kamen die besten Athleten und Dichter aus der gesamten griechischen Welt nach Chalkis. In der Disziplin der epischen, d. h. erzählenden Dichtung sollen Homer und Hesiod aufeinandergetroffen sein. Den Preis gewann Hesiod, wie er selbst in jenen Versen seiner «Erga kai Hemerai» («Werke und Tage») schreibt, die diesem Kapitel vorangestellt sind. In der antiken Überlieferung heißt es, Hesiod sei deshalb zum Sieger gekürt worden, weil er mit seinen Werken das friedliche Landleben, Homer hingegen nur den Krieg und Gewalttaten verherrlicht habe – ein ungewöhnliches Beispiel für die Friedensliebe der chalkidischen Jury, die, wenn die Geschichte von dem Wettkampf historisch ist, vielleicht in die Zeit nach dem Lelantischen Krieg zu setzen und auf

die in ihm gemachten Erfahrungen zurückzuführen ist. Hesiod jedenfalls soll seinen Siegespreis den Musen vom Helikon gestiftet und auf den Dreifuß folgende zwei Hexameter geschrieben haben: «Ich, Hesiód, ich weihte den Musen des Helikons diesen, | als zu Chalkis durch mein Lied den großen Homer ich besiegte.»

Eretria, das einst im Lelantischen Krieg von Milet unterstützt worden war, half aus Dankbarkeit im Jahre 499 v. Chr. den kleinasiatischen Griechen bei ihrem Aufstand gegen die Perser. Diese Einmischung in die kleinasiatische Politik sollte die Bewohner von Eretria teuer zu stehen kommen. Als im Jahre 490 v. Chr. der persische Großkönig alle Griechen, die die Aufrührer unterstützt hatten, bestrafen wollte, griff die persische Expeditionsflotte, bevor sie bei Marathon landete, Eretria an. Nach sechs Tagen Belagerung fiel die Stadt durch Verrat. Die Perser brannten Eretria mitsamt seinen Heiligtümern nieder und versklavten alle Einwohner. Eine regelrechte Treibjagd sollen sie durchgeführt haben, um auch jener Eretrier habhaft zu werden, die auf dem Land lebten oder sich dorthin geflüchtet hatten. Die Gefangenen wurden nach Kleinasien verschifft und in einem wüstenhaften Landstrich des iranischen Hochlandes angesiedelt, wo Erdöl- und Asphaltquellen aus dem Boden traten und die Luft verpesteten. Der Wundertäter Apollonios von Tyana soll in der römischen Kaiserzeit in diese Gegend gelangt sein und noch einen Grabstein der dort langsam zu Tode gequälten Eretrier gesehen haben. Auf ihm soll gestanden haben: «Wir, die wir einst des Ägäischen Meers tiefströmende Fluten, durchfuhren, bergen das Haupt in Ekbatanas Flur. Lebet denn wohl, mein teures Eretria und du, mein Athen, Nachbarin Euböas. Lebe denn wohl, du mein Meer.»

Trotz der Treibjagd war es den Persern nicht gelungen, alle Bürger von Eretria zu fangen. Bei den Schlachten von Salamis (480 v. Chr.) und Plataiai (479 v. Chr.) kämpften sowohl Männer aus Chalkis als auch aus Eretria mit. Mit dem Sieg der Griechen über die Perser gewannen die

Abb. 4 Euböa: Eretria (Ansicht von Westen) wurde im Gegensatz zu Chalkis nicht überbaut, so daß die Archäologen weite Teile der Stadt freilegen konnten. Direkt unterhalb der Cavea des Theaters liegen die Fundamente des Dionysostempels. Noch weiter nach Süden, schon außerhalb des Zauns, befindet sich das Westtor von Eretria, an das die Stadtmauer mit Vierecktürmen anschließt. Auf der Innenseite der Mauer, mit dem üblichen Abstand, der für die Verteidigung notwendig war, Hausbebauung, darunter größere Komplexe mit Peristylhöfen.

Euböer ihre alte Freiheit jedoch nicht wieder zurück. Sie wurden zu Untertanen der Athener, und als sie 446 v. Chr. gegen ihre Unterdrücker revoltierten, wurde ihr Aufstand niedergeschlagen; Chalkis und Eretria mußten weiterhin hohe Geldzahlungen an Athen leisten. Athenische Bauern wurden auf euböischem Land angesiedelt, um von da an jeden Widerstand unmöglich zu machen.

Im Jahre 322 v. Chr. ist in Chalkis einer der größten Philosophen des Altertums gestorben: Aristoteles. Er hatte seit dem Tod König Philipps von Makedonien (336 v. Chr.), dessen Sohn Alexander er erzogen hatte, in Athen gelebt und dort eine Philosophenschule betrieben, die Lykeion oder Peripatos hieß. Als im Jahre 323 v. Chr. in Athen der Tod Alexanders bekannt wurde, kam es dort zu wütenden Haßausbrüchen gegen die Makedonen und ihre Freunde; Aristoteles mußte nach Chalkis fliehen. Es war gegen ihn eine Klage wegen Gottlosigkeit in Gang gesetzt worden, so daß sogar die Gefahr drohte, daß er zu einem zweiten Sokrates werden könnte. In Chalkis starb er schon ein Jahr später an einem Magenleiden. Zu banal war ein natürlicher Tod für diesen großen Mann, und so kam die Legende auf, Aristoteles, der auch ein großer Naturforscher war, habe versucht, das Geheimnis der wechselnden Strömungen des Euripos zu lösen. Weil er dies nicht schaffte, habe er sich zu Tode gegrämt. Ähnliches wird auch über den Tod Homers erzählt (s. S. 120 zu Ios).

In hellenistischer Zeit stand Euböa meist unter der Kontrolle der Makedonen. Sie sicherten für mehr als 100 Jahre einen Frieden, der den Städten der Insel einen angenehmen Wohlstand bescherte. Chalkis war im 3. Jh. v. Chr., wie der zeitgenössische Schriftsteller Herakleides in seinen «Reisebildern» schildert, eine der schönsten Städte Griechenlands und seine Bewohner ein bemerkenswertes Völkchen: «Sie sind in den Wissenschaften zu Hause, reiselustig und wohl gebildet. Die widrigen Schicksalsschläge, die sie politisch betroffen haben, tragen sie mit Würde. Denn obwohl sie schon lange Zeit unter fremder Herrschaft leben, sind sie doch innerlich frei und haben eine große Fähigkeit erlangt, Schicksalsschläge leichten Sinnes zu ertragen.»

Um 207 v. Chr. kamen die Römer und brachten etappenweise ganz Griechenland unter ihre Kontrolle. Widerstand brachen sie brutal. Nacheinander wurden Chalkis (200 v. Chr.) und Eretria (198 v. Chr.) geplündert und niedergebrannt, weil sie sich gegen Rom gestellt hatten. Viel Geld fiel den Eroberern nicht in die Hände, denn beide Städte waren schon damals verarmt. Aber es gab viele Statuen und Gemälde aus besseren Zeiten, die die Römer zur Verschönerung ihrer Hauptstadt und der Adelspaläste allesamt mitnahmen. Sogar vor dem Bildschmuck der Tempel machten sie nicht halt. Heute befindet sich im Kapitolinischen Museum eine Amazone, die im 6. Jh. v. Chr. als Giebelfigur für den Apollontempel von Eretria geschaffen worden war; offenbar war sie nach der Ausplünderung der Stadt nach Rom verbracht worden.

Von diesen Schlägen erholten sich die euböischen Städte nicht mehr. Mit dem Raub ihrer jahrhundertealten Kulturgüter hatte man ihr Selbstbewußtsein gebrochen. Marcus Antonius (82–30 v. Chr.) verschenkte die Insel an Athen, Augustus (reg. 31 v. Chr. – 14 n. Chr.) gab den Euböern zwar ihre Freiheit zurück, doch konnte er den Niedergang nicht aufhalten. Wie es im 1. Jh. n. Chr. in den Städten Euböas aussah, schildert uns der Redner Dion Chrysostomos, der bei einer Reise in das damals fast völlig verödete Städtchen Karystos im Süden Euböas verschlagen wurde. «Schaut euch nur selbst einmal um, wie sie fleißig den Sportplatz beackern, daß der Herakles dort und so manches andere Denkmal, Helden und Göttern geweiht, im wogenden Kornfeld verschwindet, und wie Tag für Tag ... Schafe frühmorgens auf dem Markt einfallen, Archiv und Rathaus belagern, daß die Fremden sogleich bei der Ankunft entweder lachen über diese Stadt oder daß sie allenfalls Mitleid empfinden.» Euböa war in der römischen Kaiserzeit – ganz im Sinne seines Namens – zu einem Land der Viehzüchter geworden, und nichts mehr erinnerte an seine glorreiche Vergangenheit und die Blüte seiner Stadtkultur.

Auch heute ist es nicht so einfach, die Spuren der großen Geschichte der Insel aufzuspüren. Das am Euripos gelegene Chalkis ist mit einer modernen griechischen Kleinstadt überbaut (Abb. 3); allenfalls im Museum wird seine Vergangenheit lebendig. Besser steht es um Eretria (Abb. 4). Da sein Stadtgebiet nicht mehr besiedelt wurde, bietet es geradezu ideale Bedingungen für Ausgrabungen. Es war der griechische Archäologe Christos Tsountas, der 1885 mit Untersuchungen begann. Ihm folgten viele weitere Kampagnen zumeist griechischer Forscher. Von 1964–2004 legten Schweizer Archäologen bedeutende Teile der Stadt frei. So kann man heute unterhalb des Theaters die Grundrisse von Tempeln, Häusern und Mauern studieren. Das die Ruinen beherrschende Theater, dessen Stufen weitgehend dem Steinraub zum Opfer fielen, wurde erst im ausgehenden 4. Jh. v. Chr. errichtet, danach aber noch mehrmals umgebaut und erneuert. Es bot ca. 6000 Personen Platz. Zu seinen Füßen liegt ein Tempel, der aufgrund seiner Lage wahrscheinlich dem Dionysos in seiner Funktion als Schutzgott der Schauspieler geweiht war. Ein wenig südlich von diesem Heiligtum befindet sich das Westtor der Stadt; daran schließt sich Hausbebauung an. (JN)

DIE NÖRDLICHEN SPORADEN

Der Name Sporaden, wörtlich die «Zerstreuten», verdankt seine Existenz einer Wortschöpfung hellenistischer Geographen, die mit ihr Inseln des südägäischen Meeres, die sie nicht zu den Kykladen rechnen mochten, unter einem Begriff zusammenfassen wollten. Ohne Rücksicht auf die damit verbundenen Probleme haben neuzeitliche Geographen dieses Wort aufgegriffen, um es prinzipiell auf griechische Inseln anzuwenden, die außerhalb der Kykladen liegen. Daß diese Inseln abgesehen von jenem Fakt keinen weiteren Bezug zueinander haben, störte sie nicht. So kommt es, daß die mehr als 80 Eilande vor der Ostküste Thessaliens und Euböas, die nördlich der Kykladen, d. h. der «Ringinseln», liegen, heute als Nördliche Sporaden bezeichnet werden. Die Antike hatte dagegen keinen eigenen Namen für sie. Der Geograph Strabon (ca. 63 v. Chr.–23 n. Chr.) beschreibt sie einfach als die «Inseln vor Magnesia», also vor der Ostküste des hafenlosen Peliongebirges in Thessalien. Die bekanntesten von ihnen sind Skiathos, Skyros, Skopelos und Halonnesos. HS

Skiathos – Zwischenstop auf dem Weg nach Norden

> Unser Kahn muß um die zerklüftete Südküste des Eilands herum, um in den kleinen Hafen von Skiathos einzulaufen. Außer dem armseligen Städtchen ist nur noch ein Dorf vorhanden, das auf felsiger Höhe klebt.
>
> A. Freiherr von Schweiger Lerchenfeld

Verläßt man den Pagasäischen Golf und segelt zwischen den Ausläufern des Peliongebirges im Norden und der Küste Euböas im Süden auf die offene See hinaus, breitet sich «helles Meer, mit weißen Segeln zwischen den Gestaden aus, und in den Buchten und am Horizont im Osten erspäht das Auge einen Kranz von Felsinseln, auf denen ab und zu ein grüner Waldfleck aufsitzt.» Dieser von Freiherr von Schweiger Lerchenfeld im frühen 19. Jh. skizzierte und bis heute unveränderte Anblick dürfte sich schon in grauer Vorzeit Iason und seinen Gefährten geboten haben, als sie mit der Argo die heimatlichen Gestade von Iolkos beim heutigen Volos verließen, um im fernen Kolchis das Goldene Vlies zu suchen. Auf ihrer Reise erreichten auch sie innerhalb dieses «Kranzes von Felsinseln» als erstes die dicht vor der Küste Thessaliens liegende Insel Skiathos mit ihren würzig duftenden Pinienwäldern.

Obwohl die Insel nachweislich seit dem 8. Jh. v. Chr. bewohnt wird, stammt die erste konkrete Beschreibung eines Ortes auf ihr erst aus dem frühen 19. Jh. Fanden die Reisenden damals auf dem Eiland nur ein einfaches Städtchen und ein kleines Dorf vor, so ist das etwa 45 km² große Skiathos heute die touristisch am besten erschlossene Insel der Nördlichen Sporaden. Das kleine Städtchen Chora an der Südostküste, damals wie heute der Hauptort der Insel, hat sich zu einem Meer aus dicht aneinander gedrängten Häusern mit roten Ziegeldächern entwickelt, das sich über zwei kleine Hügel ergießt (Abb. 5). Um die Wende vom 6. zum 5. Jh. v. Chr. stand an seiner Stelle die antike Polis Skiathos, in deren unmittelbaren Nähe eine noch ältere Siedlung lag. In den Inschriften des 5. und 4. Jhs. v. Chr. wird diese Palaiskiathos, das bedeutet Alt-Skiathos, genannt und dürfte jener Ort gewesen sein, den Siedler aus dem euböischen Chalkis im 8. Jh. v. Chr. gegründet hatten. Die neuzeitliche Stadt hat so gut wie alle Spuren der beiden antiken Orte unter sich begraben und wohl auch weitgehend zerstört. Von Alt-Skiathos vermag daher niemand mehr die genaue Lage anzugeben; nur in den Inschriften lebt noch die Kunde von dem Ort, der in klassischer Zeit enge Beziehungen zu Athen unterhielt. Damit teilen die beiden alten Siedlungen das Schicksal der gesamten Insel: Unzählige Male wird in antiken Texten und Dokumenten der Name der Insel erwähnt, doch handelt es sich dabei fast immer nur um topographische Angaben in einem militärischen Zusammenhang, die ihre strategische Bedeutung hervorheben, ohne daß wir etwas über ihre Bewohner und deren Schicksal erführen.

Als die Euböer im 8. Jh. v. Chr. nach Norden ausgriffen und die Kolonisierung der Chalkidike in Angriff nahmen, diente die Insel ihren Schiffen als Zwischenstation zur Versorgung mit Nahrung und Trinkwasser. Obwohl Skiathos fruchtbar ist und Kolonisten aus Chalkis zum Bleiben verlocken konnte, blieb der Charakter eines Zwischenstopps für immer an dem Eiland haften: Im Krieg gegen die Perser signalisierte hier 480 v. Chr. ein Vorposten durch Feuerzeichen der unweit am Kap Artemision (an der Nordspitze Euböas) stehenden griechischen Flotte das Nahen der feindlichen Schiffe. Nach der erfolgreichen Abwehr der Perser wurde die Insel ein wichtiger Stützpunkt für athenische Flotteneinheiten, die in unzähligen Missionen nach Thrakien oder zum Schwarzen Meer abgingen. Um dem römischen Feind die Nutzung der Insel als Stützpunkt unmöglich zu machen, ließ Philipp V. von Makedonien (reg. 221 – 179 v. Chr.) Skiathos während des zweiten römisch-makedonischen Krieges im Jahre 200 v. Chr. verwüsten. 88 v. Chr. diente sie Mithridates VI. von Pontos (reg. 120 – 63 v. Chr.) als Flottenstützpunkt bei seinem Kriegszug gegen Rom. In der Spätantike, als die Zeiten zusehends unsicherer wurden, gaben die Einwohner von Skiathos die Stadt am Meer auf und zogen sich auf die schwer zugängliche Nordwestspitze bei Kastron zurück. Erst nach dem griechischen Befreiungskrieg, in dessen Verlauf die Insel erneut verwüstet worden war, gab die Bevölkerung diese Festung im Norden auf und siedelte sich wieder an der Stelle der alten Stadt Skiathos an. Dies war das «armselige Städtchen», das Freiherr von Schweiger Lerchenfeld kurz nach dem Befreiungskrieg gesehen hat. In ihm erblickte am 3. März 1851 Alexandros Papadiamantis, einer der bedeutendsten Prosaschriftsteller Griechenlands das Licht der Welt. Er hat sein ganzes Leben auf der Insel verbracht und in mehr als 200 Kurzgeschichten und in mehreren Romanen fast immer seine Heimat Skiathos zum Hintergrund genommen. Dort ist er am 3. Januar 1911 verstorben. (HS)

Abb. 5 Skiathos: Blick auf Skiathos-Stadt mit der Halbinsel Bourtzi zwischen dem alten und dem neuen Hafen.

Skyros – Das Versteck des Achilleus

Skyros hat einen guten Klang für den Alterthumsfreund. Es ist die Insel, wo Achilles und Pyrrhus eine Zeit lang lebten, und wo Theseus ermordet wurde und begraben lag, bis Kimon ihn abholte.

A. Freiherr von Schweiger Lerchenfeld

Skyros nun kennt man am meisten von den alten Überlieferungen her, aber auch andere Umstände machen es berühmt, z. B. die Trefflichkeit der skyrischen Ziegen und die Gruben des buntfarbigen skyrischen Gesteins.

Strabon, Geographie

Segelt man von Skiathos zwischen Skopelos und Halonnesos nach Osten, liegt in offener See nordöstlich von Euböa Skyros, die mit 202 km² größte Insel der Nördlichen Sporaden. Von alters her gilt die Insel mit dem grünen, wasserreichen Norden und dem trockenen Süden als unfruchtbar, und erst in der römischen Kaiserzeit, als sich der im Südwesten anstehende Brecciamarmor in Rom großer Beliebtheit erfreute, erlebte Skyros so etwas wie einen wirtschaftlichen Aufschwung. Selbst wenn dieser bunte Stein den weißen Marmor in Rom ziemlich wertlos gemacht habe, wie Strabon behauptet, verdankt die Insel ihren Platz in der Geschichte nicht diesem Marmor, sondern allein ihrer geographischen Lage: Zusammen mit den weiter nördlich liegenden Inseln Lemnos und Samothrake bildet Skyros die perfekte Etappe auf dem direkten Seeweg von Griechenland zum Schwarzen Meer. Es war daher schon in der Jungsteinzeit ein wichtiger Umschlagplatz für den von Melos aus nach Norden betriebenen Obsidianhandel. Damals existierte am Fuß des markanten, wie ein Zahn aus der Landschaft emporwachsenden und zur See hin steil abfallenden Felsens an der Ostküste eine größere Siedlung (Abb. 6). An ihre Stelle trat in historischer Zeit die einzige, nach der Insel benannte Polis, der das hohe Plateau als Akropolis diente. Hier haben sich geringe Reste des antiken Mauerrings erhalten, während die alte Stadt spurlos unter dem modernen Ort mit seinen «kykladischen» Kubenhäusern verschwunden ist.

Nichts mehr erinnert an die ferne Vergangenheit, und wer heute auf der Akropolis den phantastischen Ausblick genießt, weiß kaum, daß sich unter den Trümmern der mittelalterlichen Burg aus dem 14. Jh. und den Ruinen der Episkopalkirche die Heimstatt eines der größten griechischen Helden verbirgt. Auf dem Felsen hoch über der Stadt soll einst Lykomedes residiert haben, der König jener Doloper, die bis ins 5. Jh. v. Chr. Skyros bewohnten. Der Mythos machte ihn zum Vater zahlreicher Töchter, unter denen die Göttin Thetis ihren Sohn Achilleus versteckte. Sie wußte nämlich nur zu genau, daß ihr Sohn das griechische Heldenideal vollkommen verinnerlicht hatte und einen frühen, aber ruhmreichen Tod einem langen und ruhmlosen Leben vorziehen würde. Dem Wunsch der Mutter, den Sohn vor dem sicheren Tod im Krieg zu bewahren, stand jedoch das über ihn verhängte Schicksal entgegen. Als Agamemnon das griechische Heer für den Kampf gegen Troia sammelte und Achilleus als Mitkämpfer gewinnen wollte, spürte der fintenreiche Odysseus zuvor dessen Versteck auf, konnte Achill unter den vielen Mädchen aber nicht ausfindig machen. Deshalb ließ er in der Nähe der Mädchenschar, scheinbar rein zufällig, Waffen niederlegen und plötzlich mit einer Kriegstrompete Alarm blasen. Während die Mädchen flohen, stürzte sich Achill instinktiv auf die Waffen. Enttarnt zog er nun mit den Griechen gegen Troia, ließ aber auf Skyros seinen kleinen Sohn Pyrrhos zurück, den er mit einem seiner Mitmädchen, der Königstochter Deidameia, gezeugt hatte und der später Neoptolemos genannt wurde. Als Achilleus vor Troia starb, machte eine Prophezeiung die Runde, die besagte, daß die schon zehn Jahre belagerte Stadt nur mit Hilfe dieses Neoptolemos erobert werden könne. So machte sich Odysseus erneut auf den Weg nach

Skyros und schaffte nun den mittlerweile herangewachsenen Achilleussprößling nach Troia. Doch der Junge «göttlichen Aussehens» war nicht nur der tapferste Kämpfer im Bauch des hölzernen Pferdes, er war auch ein brutales Scheusal: Am Altar des Zeus erschlug er den greisen König Priamos, schleuderte den kleinen Sohn Hektors von der Stadtmauer in die Tiefe und schlachtete Polyxena, die Achilleus in den tödlichen Hinterhalt gelockt hatte, als Menschenopfer über dem Grab seines Vaters ab. Die ältere griechische Mythographie hat ihn denn auch in Delphi durch Mörderhand sterben lassen, und erst die klassische Dichtung hat den Schlächter zum Helden aufgewertet.

Anders als die Maler des 19. Jhs., die gerne das Motiv des unter den Mädchen versteckten Achilleus aufgriffen, scheint die Antike größere Probleme mit dem als Mädchen verkleideten Mann gehabt zu haben, und in der Tat kann man sich den stets sehr männlichen und bärtigen Kämpfer inmitten einer kichernden Mädchenschar nicht so recht vorstellen. So entstand bald noch eine weitere Erzählung, die den Aufenthalt des großen Helden auf Skyros anders erklärte: Angeblich hatte Achilleus noch vor dem Troianischen Krieg die Insel erobert, um den Tod des Theseus zu rächen, der ein Gastfreund seines Vaters Peleus war und auf Skyros den Tod gefunden hatte. Achilleus versöhnte sich aber mit König Lykomedes und erhielt dessen Tochter zur Frau.

Der athenische Heros Theseus, der Achilleus den Vorwand für den Angriff bot, war eines Tages als Asylant bei Lykomedes aufgetaucht. Eigentlich war er König von Athen, doch hatte er die Stadt vernachlässigt und sich ziemlich lange in der Welt herumgetrieben. Unter anderem hatte er auf Kreta den Minotaurus getötet und die Königstochter Ariadne entführt, die er dann auf Naxos sitzen ließ, um später mit seinem Freund Peirithoos auf Frauenraub zu gehen, was ihm eine furchtbare Strafe in der Unterwelt einbrachte, von der ihn erst Herakles befreien konnte. Als er endlich nach Athen heimkehrte, saß hier schon längst ein anderer auf dem Thron; Theseus floh nach Skyros zu den Dolopern, weil er dort von seinem Vater Aigeus ein Stück Land geerbt hatte. Böse Zungen behaupteten nun, Lykomedes habe sich seines ungebeten Gastes durch Mord entledigt: Unter dem Vorwand, ihm seine Güter zeigen zu wollen, führte er den arglosen Theseus auf den höchsten Berg und stieß ihn von einem Felsen herab. Andere Überlieferungen behaupteten hingegen, Theseus sei bei einem Spaziergang ausgeglitten und ohne fremde Einwirkung abgestürzt.

Jahrhundertelang hatte sich keine Menschenseele für diesen ungeklärten Todesfall interessiert, bis im Jahre 476/5 v. Chr. der delphische Gott den Athenern befohlen haben soll, die Gebeine des Theseus heimzuholen und in Athen mit allen Ehren zu bestatten. Jetzt erinnerte man sich in Athen der Vorgänge auf Skyros, doch die halbwilden Doloper, die ihr Land angeblich nur äußerst nachlässig bestellten und in der Hauptsache vom Seeraub lebten, ließen es nicht zu, nach dem Grab zu suchen. Sie machten den Athenern Schwierigkeiten und bestritten außerdem die Richtigkeit des Mythos. Da kamen den Athenern, will man ihrer offiziellen Geschichtsschreibung Glauben schenken, innere Streitereien auf Skyros zu Hilfe, in deren Folge Einheimische den Athener Kimon, den Sohn des berühmten Miltiades, zu Hilfe riefen und ihm die Stadt übergaben. Auf diese Weise, so Kimons Biograph Plutarch (ca. 45 – 120 n. Chr.), habe dieser 475/4 v. Chr. die Insel in seine Hand bekommen, die Doloper vertrieben und das Ägäische Meer vom Seeraub gesäubert. Kimon hat es nicht versäumt, die Theseusgeschichte spektakulär auszugestalten: Bei der Suche nach dem Grab habe ein Adler damit begonnen, die Erde mit seinem Schnabel aufzuhacken und aufzuscharren. Als Kimon an dieser Stelle nachgraben ließ, fand er die sterblichen Überreste des berühmten Urkönigs von Athen. Schön geschmückt ließ er sie auf seiner Triere nach Athen bringen und dort feierlich bestatten.

Damals wie heute ist jeder gut beraten, weniger der attischen Propaganda zu trauen, als sich daran zu erinnern, welche Bedeutung die Insel Skyros schon für den melischen Obsidianhandel in prähistorischer Zeit hatte. Sie war eine entscheidende, für die antike Seefahrt unumgängliche Zwischenstation auf dem Weg in die nördliche Ägäis. Athen seinerseits war bereits im frühen 5. Jh. v. Chr. für die Versorgung seiner Bürgerschaft auf auswärtiges Getreide angewiesen, das es v. a. aus dem Schwarzmeergebiet bezog. Deshalb war die Sicherung des Seeweges zum Bosporus für Athen nicht nur eine Frage seines Prestiges einer ägäischen Vormacht, sondern des nackten Überlebens. Hinter der schönen Geschichte von der Heimholung der Gebeine des Königs Theseus verbirgt sich daher nichts anderes als die geplante Eroberung von Skyros und die Vertreibung der einheimischen, nichtgriechischen Bevölkerung. Dazu wurde zunächst mit Hilfe alter Sagen und Mythen die Insel in eine enge Verbindung mit der griechischen Welt gebracht, um dann die vom delphischen Orakel abgesegnete Landnahme zu rechtfertigen. Bezeichnenderweise haben sich die Athener nicht mit der Heimholung des Theseus begnügt, sondern Skyros in attisches Kleruchen-, also Kolonistenland, verwandelt, das bis zum Ende des 2. Jhs. n. Chr. fest in ihrer Hand blieb. (HS)

Auf der folgenden Doppelseite:

Abb. 6 Skyros: Blick auf Skyros-Stadt von Westen. Auf der antiken Akropolis befindet sich das mittelalterliche Kastron mit den Ruinen der Episkopalkirche, am Fuße des Kastron das Kloster und die Kirche Agios Georgios Skyrianos.

NORDÄGÄISCHE INSELN

Die Inseln der Nordägäis haben kaum mehr miteinander zu tun, als daß sie im Thrakischen Meer liegen und ursprünglich einmal von thrakischen Stämmen besiedelt waren. Sie sind zu weit voneinander entfernt, zu unterschiedlich groß und zu verschieden plaziert, um ein gemeinsames Schicksal haben zu können. Während Thasos und Samothrake zum thrakischen Festland hin orientiert sind, liegt Imbros bei der Einfahrt in die Meerengen, Lemnos hingegen mitten im Meer. Mythische Erzählungen und auf der Insel gefundene etruskische Inschriften bringen Lemnos mit den Tyrrhenern, d. h. mit den Vorfahren der Etrusker in Verbindung. Anscheinend drangen die Etrusker auf dem Höhepunkt ihrer Macht bis in jene Region vor, trieben dort Seeraub und legten Piratenstützpunkte an. Lemnos und Samothrake waren in der Antike wegen ihrer weit in die vorgriechische Zeit zurückreichenden geheimnisumwitterten Mysterienkulte bekannt. Heute fällt der Name Samothrake meist im Zusammenhang mit jener berühmten Nikestatue, die das Entree des Louvre schmückt. (JN)

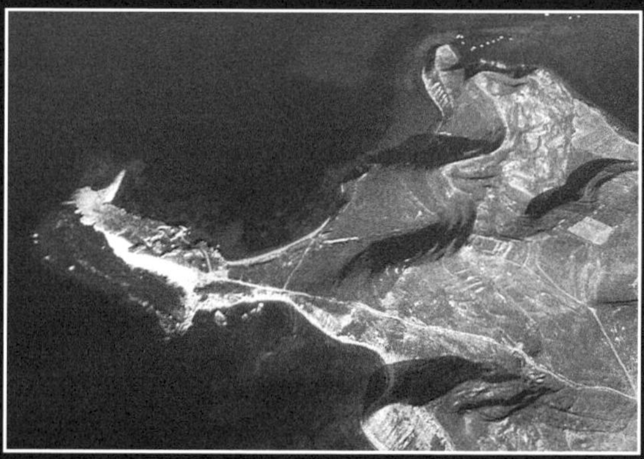

Lemnos – Wo das Haus des Hinkefußes stand

Aber nachdem er den ganzen Trug um das Lager gebreitet,
ging er zum Schein nach Lemnos, der schön errichteten Feste,
die ihm die liebste ist von allen Ländern der Erde.
Doch nicht blind lag Ares, der Gott mit den goldenen Zügeln,
auf der Lauer und sah, wie der kunstberühmte Hephaistos
sich entfernte; da lief er zum Haus des berühmten Hephaistos
hin, von Liebe gedrängt zur schönbekränzten Kythere ...
«Komm jetzt, Liebe, zu Bett; erfreun wir uns beide des Lagers,
Denn Hephaistos ist nicht mehr im Lande, sondern er ging schon
Zu den barbarisch redenden Sintiern ferne in Lemnos.»

Homer, Odyssee

Hephaistos, der gehörnte Gatte der Aphrodite, ist im griechischen Götterhimmel jener unansehnliche, handwerklich aber hochbegabte Sohn des Zeus und der Hera, der sich mit lahmen bzw. verkruppelten Beinen durch sein Dasein schleppen mußte und so ständig seinen Geschwistern und Mitgöttern als Zielscheibe des Spottes diente, die wegen seines Hinkens in das sprichwörtliche homerische Gelächter ausbrachen. Als Gott des Feuers und Schutzpatron der Schmiede und Handwerker ist er zudem der einzige unter den Göttern, der einer ordentlichen Arbeit nachgeht. Im Streit faßte ihn sein Vater Zeus einst an den Füßen und schleuderte ihn vom Götterberg ins Bodenlose. Halbtot kam er mit der sinkenden Sonne in Lemnos nieder, wo sich Thraker vom Stamme der Sintier seiner annahmen und ihn gesund pflegten. Dadurch wurde ihm die inmitten der nördlichen Ägäis, zwischen der Chalkidike im Westen und der Troas im Osten liegende Insel der liebste Ort auf Erden. Im Nordosten von Lemnos, beim Erdfeuer am Mosychlos, dem Monte di Volcano der Venezianer, wo die vulkanischen Gesteinsformationen das Bild einer riesigen Esse heraufbeschwören, siedelt der Mythos die Werkstatt des Gottes an. Zu ihr eilte Thetis, um die berühmten Waffen für ihren Sohn Achilleus zu erbitten. Schwitzend fand sie ihn «um die Blasebälge herumgehen, | eifrig am Werk. Freudig erhob sich vom Amboßhalter, der schnaubende Hinkfuß, | humpelnd; und unten regten sich ihm die schwächlichen Schenkel; | stellte die Blasebälge vom Feuer weg; ... Und er wischte sich nun rundum mit dem Schwamm das Gesicht ab, | beide Arme, die haarige Brust und den stämmigen Nacken, ...» Von diesem Götterhaus hat sich natürlich nie eine Spur gefunden, und in historischer Zeit war auch das Erdfeuer auf dem Mosychlos längst erloschen, doch der Mythos und auf ihm gründend die hellenistische Dichtung haben die Erinnerung daran bis heute wachgehalten.

Viele Jahrhunderte, bevor Homer die Geschichte des Hephaistos und seiner Lieblingsinsel Lemnos in die heute bekannte Form brachte, lebten auf Lemnos schon Menschen einer hochentwickelten Kultur. Auf einem Hügel bei Poliochni an der Ostküste der Insel, nicht allzuweit vom Mosychlos entfernt, entdeckten italienische Archäologen im Jahre 1930 eine ihrer Siedlungen. Der in mehreren Grabungskampagnen zwischen 1930 und 1995 freigelegte Ort war Teil einer Kultur, die sich im 3. Jt. v. Chr. auf den Inseln der Nordostägäis und auf dem gegenüberliegenden Festland in der Troas ausgebreitet hatte. In Poliochni selbst war um 2500 v. Chr. aus einem um die Wende vom 4. zum 3. Jt. v. Chr. gegründeten Dorf eine Siedlung mit städtischem Charakter entstanden. Ihre Blütezeit erlebte diese sich stetig erweiternde «Stadt» zwischen 2250 und 2100 v. Chr., als gepflasterte Straßen das mit freien Plätzen und Brunnen- bzw. Zisternenanlagen ausgestattete Wohngebiet durchzogen (Abb. 7). Nicht ohne Grund haben die italienischen Ausgräber diesem Ort den Titel «der frühesten europäischen Stadt» verliehen. Ein schweres Erdbeben, das wohl gleichzeitig auch Troia zerstörte, bereitete ihr um 2100 v. Chr. ein jähes Ende. Erst zu Beginn der mittleren Bronzezeit wird Poliochni wieder bewohnt, doch bricht im 16. Jh. v. Chr. die Besiedlung endgültig ab.

Keiner der frühen Bewohner Poliochnis hat uns einen Hinweis auf seine Gedanken, Ansichten oder seine Sprache hinterlassen. Schrift war ihnen unbekannt, und mangels konkreter Informationen hielt Homer die wesentlich später auf der Insel siedelnden thrakischen Sintier für die Ureinwohner von Lemnos.

Im Prinzip wußten die Griechen nichts über die Frühgeschichte der Insel. Lediglich der Mythos scheint einige verwaschene Erinnerungen an die Zeit bewahrt zu haben, als die ersten Hellenen in Kontakt mit der einheimischen Bevölkerung kamen und sie vor dem Aussterben bewahrten. In ihm heißt es, daß die lemnischen Frauen aus Überdruß einst ihre Männer allesamt umgebracht hätten, ohne

N

Abb. 7 Lemnos: Die prähistorische Siedlung Poliochni an der Ostküste von Lemnos.

Abb. 8
Lemnos: Theater und Wohnbezirk von Hephaistia.

zu bedenken, daß ihnen dann ein nicht unwesentlicher Faktor zur Fortpflanzung fehlen würde. Ein gnädiges Schicksal ließ jedoch die Argonauten auf der Insel landen, jene 50 Prachtexemplare griechischen Mannes- und Heldentums, die mit Iason auf der Argo unterwegs nach Kolchis waren, um dort das Goldene Vlies zu holen. Es scheint ihnen auf Lemnos gut gefallen zu haben, denn dem mitreisenden Herakles soll es nur mit großer Mühe gelungen sein, sie zur Weiterfahrt zu überreden. Als sie dann endlich abreisten, ließen sie eine zahlreiche Nach-

kommenschaft auf der Insel zurück. Einige Zeit später, als die Griechen gegen Troia segelten, setzten sie auf Lemnos Philoktet von Magnesia, ihren berühmtesten Bogenschützen, aus. Er war unterwegs von einer Schlange gebissen worden und enervierte seine Gefährten mit seiner Wehleidigkeit und seinen Schmerzensschreien so sehr, daß sie ihn auf der Insel zurückließen, wo er später jedoch von seiner Wunde genas. Mit der Ansiedlung von Athenern in den ersten Jahren des 5. Jhs. v. Chr. ging diese wenig faßbare vorgriechische Geschichte der Insel endgültig zu Ende. Die athenische Landnahme und die zuvor um 511 v. Chr. erfolgte persische Eroberung der Insel sind damit die ersten historisch wirklich greifbaren Ereignisse auf Lemnos.

Spätestens mit dem Beginn der griechischen Kolonisation Kleinasiens und der nordägäischen Küste war Lemnos ins Blickfeld der expandierenden Hellenen geraten. Für das an Thrakien und dem Schwarzmeerraum interessierte Athen wurde es im ausgehenden 6. Jh. v. Chr. immer wichtiger, die verkehrsgünstig liegende Insel unter seine direkte Kontrolle zu bringen. Wie einige Jahre später auf Skyros diente den Athenern auch in diesem Fall ein in mythischer Vorzeit angesiedelter Vorfall als Vorwand und Rechtfertigung für die Aneignung des Landes. Aus Athen vertriebene Pelasger – eine pauschale Sammelbezeichnung für die vorgriechische Bevölkerung in Griechenland, über die man in historischer Zeit nichts Konkretes mehr wußte – siedelten sich auf Lemnos an und sannen auf Rache: Beim Fest der Brauronia raubten sie in Attika den Athenern Frauen und verschleppten diese nach Lemnos. Bald aber bekamen sie Furcht vor den mit diesen Frauen gezeugten Kindern, und um künftiges Unheil für das eigene Volk abzuwenden, brachten sie die Frauen mitsamt ihren Kindern um. Deswegen und wegen des kollektiven Männermordes nannte man in Griechenland jedes grausame Verbrechen eine «lemnische Tat». Als Unfruchtbarkeit und Mißernten die Pelasger plagten, schickten sie nach Delphi zum Orakel, wo ihnen die Pythia befahl, nach Athen zu gehen und die Buße zu akzeptieren, die ihnen die Athener auferlegen würden. Die Athener verlangten jedoch nichts Geringeres, als daß die Pelasger ihnen Lemnos in tadellosem Zustand übereignen sollten. Die Pelasger wiederum erklärten sich bereit, dies zu tun, wenn bei Nordwind ein Schiff aus Athen, das ja sehr weit südlich von Lemnos liegt, ihre Insel innerhalb eines Tages erreichen könne. Nachdem die nördlich von Lemnos liegende thrakische Chersones in athenische Hände geraten war, segelte Miltiades, der ein knappes Jahrzehnt später die Perser bei Marathon besiegen sollte, von dieser Halbinsel aus nach Lemnos und forderte unter Berufung auf das in grauer Vorzeit gemachte Zugeständnis die Übergabe der Insel. Während die Stadt Hephaistia gehorchte, mußte Myrina erst durch Belagerung erobert werden. Beide Orte wandelten die Athener in Koloniestädte um, die mitsamt der 477 km^2 großen Insel bis ins 3. Jh. n. Chr. in attischem Besitz bleiben sollten.

Die nach dem Gott benannte und mit ihm eng verbundene Stadt Hephaistia liegt ca. 4 km nordöstlich des Mosychlosberges an der Nordostküste. Von dort wurde bis in die Neuzeit die als heilkräftig geschätzte «lemnische Erde» exportiert. Auf einer Halbinsel, an einem bis auf eine schmale Zufahrt ganz von Land umschlossenen Hafen, haben italienische Archäologen zwischen 1937 und 1939 dem verödeten Boden die Reste der alten Stadt abgerungen (Abb. 8). Ihr Wohlstand muß einst beträchtlich gewesen sein, denn dank seines fruchtbaren Hinterlandes vermochte Hephaistia als Mitglied des Delisch-Attischen Seebundes im 5. Jh. v. Chr. einen Jahresbeitrag von 18 000 Drachmen aufzubringen. Doch die große wirtschaftliche Bedeutung hat sich nicht in den archäologischen Zeugnissen niedergeschlagen. Innerhalb des antiken Stadtareals wurden bislang lediglich ein griechisch-römisches Theater mit seinen Bühnengebäuden und einige spätantike Häuser ergraben.

Um die Stadt herum aber fanden die Ausgräber unter den Nekropolen des 5. und 4. Jhs. v. Chr. Bestattungen des vorgriechischen, d. h. pelasgischen Lemnos des 8.–6. Jhs. v. Chr. Der Historiker Thukydides (ca. 460–400 v. Chr.) überliefert, daß in dieser Zeit tyrsenische Pelasger auf Lemnos gehaust hätten, was lange keinen rechten Sinn ergab, bis im Jahre 1885 in dem Dorf Kaminia die sog. Lemnische Stele mit zwei Inschriften aus der Zeit um 600 v. Chr. gefunden wurde. Durch mühselige und langwierige Forschungen konnte nachgewiesen werden, daß auf der Lemnischen Stele ein Text in etruskischer Sprache steht. Jetzt ergab auch die Bezeichnung der Bewohner als tyrsenische Pelasger einen Sinn – Tyrsener hießen bei den Griechen die in Italien lebenden Etrusker –, und auch eine Überlieferung bei Herodot (ca. 484–430 v. Chr.) schien sich zu bestätigen. Der Historiker behauptete nämlich, daß die Etrusker Nachkommen kleinasiatischer Lyder seien, die mit ihrem Anführer Tyrsenos ihre Heimat verlassen und sich in Italien niedergelassen hätten. Weitere intensive Studien und neue Erkenntnisse der Etruskologie haben aber gezeigt, daß die Etrusker kein in Italien eingewandertes Volk sind, sondern vielmehr auf italische Autochthone zurückgehen, die sich in einem komplizierten Prozeß zu den Etruskern herausgebildet haben. Die lemnische Stele mit den etruskischen Texten kann also nicht das Relikt der vermeintlich von Kleinasien über Lemnos nach Italien ausgewanderten lydischen Tyrsener sein. Da die Etrusker in ihrer Blütezeit regen Handel im ganzen Mittelmeerraum trieben, ist es durchaus denkbar, daß sie im 7./6. Jh. v. Chr. einen Stützpunkt, vielleicht sogar eine Handelsfaktorei auf Lemnos unterhalten haben.

Berühmt war Hephaistia bis ins 3. Jh. n. Chr. für den Kult des Hephaistos und das mit ihm verbundene Fest der Hephaistia. Hinzu kam noch eine weitere religiöse Attraktion, die Hephaistia in dem ca. 3 km nördlich der Stadt auf einer vorspringenden Landzunge beim heutigen

Chloi gelegenen Kabirion besaß. Das Heiligtum der Kabiren, die ihrem Ursprung nach thrakische Gottheiten waren und die auch als Anakes (d. h. «Herren«) und Große Götter angesprochen wurden, erstreckt sich über zwei dicht an der Küste erbaute Terrassen (Abb. 9). Auf dem kleineren Vorsprung im Süden stand einst ein dreiräumiges Gebäude, das man mit dem älteren Telesterion – so bezeichnen die Griechen die Einweihungshalle bei Mysterienkulten – zu identifizieren pflegt. Die obere Terrasse hingegen wird hauptsächlich von einem großen hellenistischen Bau beherrscht, in dem wir wahrscheinlich das jüngere Telesterion erkennen dürfen, vor dem sich eine monumentale Stoa erhebt. Zahlreiche, im Bereich des Kabirions gefundene Inschriften aus der Zeit vom 5. Jh. v. Chr. bis ins 3. Jh. n. Chr. – darunter auch ein Brief Philipps V. von Makedonien, in welchem der König seinen Wunsch bekundet, in die lemnischen Mysterien eingeweiht zu werden – belegen das hohe Ansehen dieses Kabirions als Mysterienstätte. Doch wie in dem noch berühmteren Samothrake handelte es sich auch bei den lemnischen Mysterien um einen Geheimkult, über dessen Wesen und Einzelheiten die Eingeweihten strenges Stillschweigen bewahrt haben. Wir wissen nur, daß in der antiken Literatur Hephaistos schon sehr früh mit diesen Kabiren in Verbindung gebracht wurde und daß auf Lemnos die Kabiren – im Unterschied zu Samothrake – inschriftlich mit diesem Namen bezeichnet wurden.

Auch in Myrina, der zweiten Stadt auf Lemnos, die schon zur Zeit der athenischen Landnahme existierte, wurde bis ins 3. Jh. n. Chr. ein Hephaistosfest mit Wettkämpfen veranstaltet. Spärliche Reste der Siedlung haben sich an der Westküste bei der modernen Hauptstadt der Insel, die heute wieder Myrina heißt, unterhalb des venezianischen Kastells gefunden (Abb. 10). Myrina stand in klassischer Zeit wirtschaftlich anscheinend weit hinter Hephaistia zurück, denn es mußte als Beitrag zum Seebund gerade einmal 9000 Drachmen aufbringen, also lediglich die Hälfte der Summe, die Hephaistia zu entrichten hatte. Erst als im 11. Jh. der Bischofssitz von Hephaistia dorthin an die Westküste von Lemnos verlegt wurde, konnte Myrina den alten Hauptort im Nordosten überflügeln. Nach dem Vierten Kreuzzug kam Myrina als fränkisches Lehen an die venezianische Familie der Navigajosi. Eines ihrer Mitglieder, Philokalos Navigajosi, befestigte als Großherzog von Lemnos im Jahre 1207 die ganze Insel, wobei er auf der alten, steil ins Meer abfallenden Akropolis von Myrina das bis heute weithin sichtbare Kastell errichten ließ. Als dann Hephaistia infolge seiner Zerstörung durch die Türken im Jahre 1395 völlig verödete, wurde Myrina unter dem Namen Kastron, so das griechische Wort für «Festung», zum Vorort der Insel. Dieses Kastron auf dem Burgberg ist nicht nur das größte Fort in der Ägäis, es erwies sich auch als uneinnehmbar, als die russische Flotte während des russisch-türkischen Krieges von 1770–74 die innerhalb der Mauern wohnenden Türken belagerte. Als einzige Festung der Insel konnte es trotz schwerster Beschädigungen nicht eingenommen werden. (HS)

Abb. 9 Lemnos: Das Kabirion bei Hephaistia mit dem großen Telesterion.

Abb. 10 Lemnos: Das Kastron von Myrina auf der antiken Akropolis.

... wie ein Eselsrücken streckt
sich unsre Insel, dicht von wüstem Wald bedeckt ...
bestimmt kein schöner Platz ist das, kein lieblicher,
und nicht so freundlich, wie am Siris-Strom das Land.

Archilochos über die Insel Thasos

Thasos – Die Insel der Goldberge

Langsam, wie ein zartgrüner Traum, taucht Thasos, die nördlichste aller griechischen Inseln aus dem Nebel auf, und im Dämmerlicht des anbrechenden Tages verschwimmen ihre Konturen in einem Meer grünblauer Farbenspiele. Erst kurz vor der Küste kann der von Süden nahende Schiffer im Schein der ersten Sonnenstrahlen die hohen Berge mit ihren dichten Kiefernwäldern ausmachen, und wie vor über 2600 Jahren mag auch ihm Thasos wie ein «Eselsrücken, ... dicht von wüstem Wald bedeckt» erscheinen. So treffend dieses Bild des Dichters Archilochos (ca. 680 – 630 v. Chr.) ist, so ungerecht, wenn nicht gar verleumderisch, ist seine Behauptung, die Insel sei «bestimmt kein schöner Platz.» Über Schönheit läßt sich freilich trefflich streiten, doch nicht über die Tatsache, daß Thasos zahlreiche fruchtbare Felder und hervorragende Weinberge sein eigen nannte, die der Insel durchaus die von Archilochos vermißte Lieblichkeit verliehen. Thasischer Wein galt im Altertum als ein Getränk für den verwöhnten Weinkenner und stand bei Trinkern in dem Ruf, daß der von ihm erzeugte wohlige Rausch eine ganze Weile vorhalte. Doch seinen Wohlstand bezog das 398 km^2 große Thasos nicht aus der Landwirtschaft, sondern aus seinen Bodenschätzen. Die bis zu 1200 m hohen Berge bestehen fast gänzlich aus Marmor, der im Altertum, besonders aber in römischer Zeit, sehr begehrt war. Außerdem durchzogen Gold- und Silberadern die Insel. Mindestens «fünf Menschenalter vor der Geburt des Herakles in Griechenland» sollen Phöniker die ersten Goldbergwerke zwischen Ainyra und Koinyra an der Ostküste der Insel angelegt haben, eine Nachricht, die den meisten Forschern recht zweifelhaft erscheint, während einige zumindest in den angeblich semitischen Wurzeln der Ortsnamen Ainyra und Koinyra einen Hinweis auf phönikische Präsenz sehen wollen. Gesichert ist dagegen, daß die seit dem späten Neolithikum besiedelte Insel vor der griechischen Kolonisation im frühen 7. Jh. v. Chr. von den thrakischen

Stämmen der Sintier oder Saier bewohnt wurde und in deren Sprache Odonis hieß.

Um 680 v. Chr. ließen sich auf diesem Odonis Siedler aus Paros nieder. Sie hatten viel vom sagenhaften Gold- und Waldreichtum Thrakiens gehört und wollten jetzt versuchen, in diesem vermeintlichen Schlaraffenland Fuß zu fassen. An der Nordküste, knappe 6 km vom thrakischen Festland entfernt, gründeten sie ihre neue Stadt, die Polis Thasos. Archäologen der Französischen Schule in Athen haben diese weitgehend vom heutigen Hauptort Limenas überlagerte Stadt, die im 5. Jh. v. Chr. die Heimat des berühmten Malers Polygnot war, in vielen, seit 1911 durchgeführten Grabungskampagnen dem Boden entrissen. Die mehrere Kilometer langen Stadtmauern sowie die zwischen ihnen befindlichen Gebäudereste verschiedener Zeiten, die sich von den Häfen bis zur Akropolis hoch ziehen, vermitteln zwar eine Vorstellung von der Größe der Stadt in klassischer Zeit, doch von ihren frühesten Anlagen haben sich so gut wie keine Spuren mehr erhalten (Abb. 11). Spätere Bauten haben sie überdeckt und in den meisten Fällen sogar ganz beseitigt. Heute wird das Bild der Ausgrabungen von der in hellenistischer Zeit monumental ausgebauten Agora bestimmt (Abb. 11): Große Säulenhallen, die dem Handel oder der Stadtverwaltung dienten, säumen einen großen Platz von 80 x 90 m, in dessen Mitte sich das Heiligtum des Zeus Agoraios («der für den Markt zuständig ist») mit einem Tempel sowie ein Heroon für Lucius Caesar, den Adoptivsohn des Augustus, erhob. Gleich westlich von diesem fand sich der wahrscheinlich für den Olympiasieger Theagenes bestimmte Altar und auf der anschließenden Basis dürfte seine wundertätige Statue gestanden haben. Dieser Theagenes oder Theogenes, wie manche Quellen überliefern, war der berühmteste Thasier überhaupt: Schon als neunjähriger Knabe soll er so kräftig gewesen sein, daß er eine Bronzestatue schultern und forttragen konnte. Im Laufe seines Athletenlebens errang er insgesamt 1400 Siege, zwei davon in Olympia, 480 v. Chr. im Boxen und 476 v. Chr. im Pankration. Nach seinem Tode errichteten die Thasier ihrem berühmten Mitbürger eine Bronzestatue, die einer seiner Feinde regelmäßig zu mißhandeln pflegte, bis das Standbild eines Tages umfiel und ihn erschlug. Die Kinder des toten Frevlers verklagten daraufhin die Statue wegen Mordes; die Thasier sprachen sie tatsächlich schuldig und warfen sie ins Meer. Kurze Zeit später blieben ihnen die Ernten aus, und sie schickten nach Delphi. Dort befahl ihnen Apollon in einem Orakelspruch, die Verbannten zurückkehren zu lassen. Die Thasier befolgten diese Anordnung, doch als dennoch keine Besserung eintrat, wurden sie wieder in Delphi vorstellig. Apollon erinnerte sie daran, daß sie ihren berühmtesten Mitbürger, den Theagenes, vergessen hätten. Als daraufhin die Statue im Netz eines Fischers hängenblieb, stellten die Thasier sie wieder auf der Agora auf und brachten ihr Opfer dar wie einem Gott. Ihr wurden sogar Heilkräfte zugeschrieben, und an vielen anderen Orten Griechenlands wurden Theagenesstatuen aufgestellt; diese wurden noch zu Pausanias' Zeiten im 2. Jh. n. Chr. verehrt. Bei Ausgrabungen wurde sogar ein Opferstock mit einer Inschrift des 2. Jhs. v. Chr. gefunden, die von den Opfernden mindestens einen Obolos als Gebühr verlangte, wenn sie Theagenes opfern wollten. Für den Fall der Unterlassung drohte die Aufschrift schwere Strafen an.

Eines der ältesten Gebäude der Stadt dürfte auf der Akropolis gestanden haben, die sich auf Thasos über drei Hügel erstreckt. Auf der höchsten Erhebung hatten die Neusiedler dem Apollon Pythios ein Heiligtum zum Dank dafür erbaut, daß er ihnen erfolgreich den Weg auf die Insel gewiesen hatte (Abb. 12). Von ihm haben sich jedoch so gut wie keine Spuren mehr erhalten, da der Hügel in späteren Zeiten zur Festung ausgebaut wurde. Im 13. Jh. mußte das alte Heiligtum vollends jenen Bastionen weichen, von denen heute noch byzantinische und venezianische Türme zu sehen sind. An die Gepflogenheit der griechischen Kolonisten, die immer zuerst das Orakel in Delphi befragten, bevor sie auszogen, haben spätantike Autoren und moderne Forscher die Behauptung geknüpft, der delphische Gott habe Telesikles, dem Vater des Dichters Archilochos, den Auftrag zur Gründung von Thasos erteilt. Doch in einer mehr als tausend Jahre nach der Ansiedlung verfaßten Notiz heißt es bloß von Seiten einer unbekannten Gottheit, Telesikles möge den Pariern bestellen, daß «eine weit sichtbare Stadt sie gründen auf nebliger Insel.» Es ist daher eher ein frommer Wunsch der Ausgräber, daß der Vater des berühmten Dichters der Anführer der Siedler gewesen sein soll, denn weder die Historiker der klassischen Antike noch die große Archilochosinschrift, die im 3. Jh. v. Chr. auf Paros zu Ehren des Dichters errichtet wurde, wissen etwas davon. Letztere berichtet lediglich, daß Telesikles von seinen Mitbürgern in städtischen Angelegenheiten nach Delphi zum Orakel geschickt worden war, wo ihn der Gott wissen ließ, daß einer seiner Söhne unsterblich sein würde. Damit meinte Apollon den Dichter Archilochos, der im Laufe des 7. Jhs. v. Chr. tatsächlich einige Zeit auf Thasos zugebracht hat.

Auf dem zweiten Akropolishügel, südwestlich vom Kastron, entstand um die Wende vom 6. zum 5. Jh. v. Chr. über den Resten eines viel älteren Vorgängerbaus auf einer weiten Terrasse das Heiligtum der Stadtgöttin Athena (Abb. 12). Die Anlage wurde anscheinend schon im 5. Jh.

v. Chr. zerstört oder zumindest schwer beschädigt. Von der Akropolis zieht sich die abschnittweise sehr gut erhaltene, im Kern sogar noch aus dem 7. Jh. v. Chr. stammende Stadtmauer zum Kriegshafen hinunter. Das antike Hafenbecken war, anders als das heutige, von rechteckigem Grundriß und wurde von Schiffshäusern gesäumt, in denen die Kriegsschiffe auf dem Trockendock überwinterten (Abb. 11). Die Thasier, die stets eine starke Kriegsflotte unterhielten – sie sollen als erste ganz gedeckte Kriegsschiffe eingesetzt haben – umgaben im 5. Jh. v. Chr. diesen Kriegshafen mit einer hohen Umfassungsmauer und verbanden diese mit der Befestigung der Stadt. Die für die Stadt nicht unwichtigen Handelshäfen lagen dagegen ungeschützt nördlich sowie nordwestlich des Militärhafens. Es scheint dort so großes Gedränge geherrscht zu haben, daß es – wie es in einer inschriftlich erhaltenen Verordnung des 3. Jhs. v. Chr. heißt – verboten war, Schiffe an Land zu ziehen und so den Verkehr zu behindern.

Abb. 11 Thasos: Das Stadtgebiet der antiken Polis liegt unter dem heutigen Limenas. Unmittelbar südlich des heute noch benutzten Hafens befindet sich die von Säulenhallen gesäumte Agora.

Als die ersten Kolonisten aus Paros im 7. Jh. v. Chr. auf Thasos Fuß gefaßt hatten, begannen sie sofort, von ihrem Vorposten aus die Eroberung des gegenüberliegenden thrakischen Festlandes vorzubereiten. Unter der Führung des Glaukos, des Sohnes des Leptines, ist es ihnen tatsächlich gelungen, in heftigen Kämpfen den Küstenstreifen zwischen Strymon und Nestos zu erobern, wo noch im 3. Viertel des 7. Jhs. v. Chr. mehrere thasische Niederlassungen entstanden. Diese Peraia – so hieß der Grundbesitz von Inseln auf dem gegenüberliegenden Festland – diente nicht nur dem Handel, sondern sollte v. a. die Ausbeutung der in diesem Gebiet befindlichen Goldminen des Pangaiongebirges sichern. Thasos entwickelte sich rasch zu einer führenden Wirtschaftsmacht, die weitverzweigte Handelsbeziehungen bis nach Syrien, ins Nildelta und nach Unteritalien unterhielt und schon am Anfang des 5. Jhs. v. Chr. jährliche Einkünfte zwischen 200 und 300 Talenten aus seiner Peraia erwirtschaften konnte.

Wir kennen jenen Glaukos, der hierfür den Grundstein gelegt hat, besonders aus den Dichtungen seines Freundes Archilochos, der ihn oftmals freundschaftlich anspricht, ihn manchmal aber auch als «Lockendreher Glaukos» verspottet, der sich viel auf seine Haarpracht einbildete, waren lange Haare doch ein Statussymbol der griechischen Aristokraten des archaischen Zeitalters. Vielleicht gab Glaukos auch das Vorbild für den eitlen Fatzke ab, den Archilochos in einem Gedicht als inakzeptablen Hauptmann beschreibt. Es entzieht sich zwar unserer Kenntnis, was Archilochos nach Thasos verschlagen hat, wir wissen aber von ihm selbst, daß er dort als Söldner zusammen mit Glaukos in die Kämpfe mit den Thrakern, namentlich den Saiern, verwickelt war. Auf diese bezieht sich sein berühmtestes, in der Regel gründlich mißverstandenes Gedicht vom weggeworfenen Schild: «Mag sich ein Saier freuen an dem Schild, den beim Busch ich zurückließ, | meine vortreffliche Wehr, ungern nur gab ich sie preis, | retten konnt' ich mein Leben: Was schert jener Schild mich noch länger? | Kaufen will ich mir bald einen, der ebenso gut!» Natürlich haben sich die Maulhelden aller Epochen auf diese Verse gestürzt und den Defätismus des Dichters scharf gegeißelt. Sie entlarven sich damit jedoch als vom sicheren Schreibtisch aus agierende Schwätzer, denn Archilochos hat nicht, wie man ihm unterstellt, seinen Schild weggeworfen und dadurch seinen Nebenmann in der Schlachtreihe gefährdet. Er hat in auswegloser Situation, vielleicht nachdem er und seine Mitkämpfer in einen Hinterhalt geraten waren, die richtige Güterabwä-

Abb. 12 Thasos: Blick von Westen auf die Akropolis. Im Vordergrund befindet sich die Terrasse mit dem Tempel der Athena Poliuchos, darüber das mittelalterliche Kastron über dem Heiligtum des Apollon Pythios.

gung getroffen und sein Leben der hohlen Ehre, niemals seinen Schild zurückzulassen, vorgezogen. Aus diesen und aus vielen anderen, wohl auf Thasos entstanden Versen tritt uns überdeutlich die brutale Härte dieses Lebens entgegen, und Archilochos muß die menschliche Wertlosigkeit des Söldners, der – nach seinen eigenen, an Glaukos gerichteten Worten – nur zählt, wenn er kämpft, bitter empfunden haben. Freilich war es auch für seine Gefährten nicht leicht, mit jemandem auszukommen, der die Meinung vertrat, daß auf Thasos sich «der Griechen Abschaum» zusammengefunden habe. Wie er gekommen war, so verschwand er auch eines Tages wieder von der Insel, ohne daß wir seine Beweggründe dafür erführen. Eines Tages im Jahre 1955 hielten die französischen Ausgräber völlig unverhofft einen kleinen Ausschnitt dieser Welt des 7. Jhs. v. Chr. in Händen: Sie fanden in einer seit dem 4. Jh. v. Chr. in Gebrauch befindlichen Halle an der Südostseite der Agora einen Stein mit einer archaischen Inschrift, die besagte, daß dieses Denkmal für Glaukos, den Sohn des Leptines, errichtet worden sei.

Die Peraia, die sich die Thasier mühevoll erkämpft hatten, sollte sich aber bald als die zentrale Schwachstelle der Insel erweisen: Als die Perser 492 v. Chr. Thrakien besetzten, ergab sich Thasos ihnen kampflos, um seine festländischen Besitzungen, die ja in der Besatzungszone lagen, nicht zu gefährden. Doch schon ein Jahr später verdächtigten die Perser die Insel des Abfalls und verlangten, daß Thasos seine Mauern niederlege und seine Flotte ausliefere. Der zweite Perserzug gegen Griechenland 480 v. Chr. brachte die Insel schließlich knapp an den Rand des Untergangs. Sie mußte das persische Heer gastlich aufnehmen und den Großkönig Xerxes (485–465 v. Chr.) bewirten, was insgesamt Kosten von 400 Silbertalenten verursachte. Nach dem Krieg trat Thasos 477 v. Chr. freiwillig dem Delisch-Attischen Seebund bei und stellte 30 Schiffe. Doch als Athen versuchte, am Strymon attische Kolonisten anzusiedeln, und die thasische Peraia bedrohte, kam es 466 v. Chr. zu einer Auseinandersetzung mit Athen, die im offenen Aufstand gegen Athen endete. Drei Jahre lang belagerte Kimon, der Sohn des Miltiades, die Insel, bis es ihm gelang, die Erhebung niederzuschlagen. Thasos mußte seine Flotte ausliefern, seinen Festlandbesitz abtreten, die Stadtmauer schleifen und einen Tribut von 3 Talenten zahlen. Wie wichtig diese Peraia für Thasos war, kann man daran sehen, daß der reguläre Tribut nach der 446 v. Chr. erfolgten Rückgabe der Peraia auf 30 Talente hochschnellte. Nach 411 v. Chr., als Thasos erneut von Athen abgefallen war, brach für die Insel eine Zeit völliger Unruhe an, und noch bevor der Peloponnesische Krieg 405 v. Chr. zu Ende ging, war die Insel, so die Worte des Historikers Xenophon (ca. 426–350 v. Chr.), «infolge der Kriegszüge, inneren Wirren und der Hungersnot in einem elenden Zustand.» Wenn auch politisch völlig bedeutungslos geworden, konnte sich Thasos in hellenistischer Zeit wirtschaftlich wieder erholen und seinen Wohlstand bis weit in die römische Zeit hinein bewahren.

(HS)

Samothrake – Das Eiland der geheimnisvollen Götter

Eingeweiht werden sie auf Samothrake durch die Kabiren, wie Mnaseas sagt. Und ihre Namen sind vier an der Zahl: Axieros, Axiokersa, Axiokersos, Kasmilos. Axieros ist Demeter, Axiokersa aber ist Persephone, Axiokersos aber Hades. Der hinzugefügte vierte, Kasmilos, ist Hermes.

Kommentar zu Apollonios von Rhodos

Die hoch im Norden der Ägäis gelegene Insel Samothrake wäre selbst den meisten Kennern und Liebhabern der Antike unbekannt, gäbe es nicht die Nike von Samothrake. Es ist eine unvergeßliche Inszenierung, mit der jene leicht überlebensgroße Siegesgöttin mit ihren ausgebreiteten Flügeln alle Gäste des Louvre empfängt, die die breite Treppe zur Antikensammlung hinaufsteigen. Wahrscheinlich ist es von den Museumsleuten so gewollt, daß sich viele Besucher einbilden, dieser schöne «Engel» begrüße sie oder flöge ihnen von dem Schiffsbug, auf dem er gerade gelandet ist, sogar entgegen. So erinnern sich die meisten Touristen noch lange an die Begegnung mit diesem wohlproportionierten göttlichen Mädchen, selbst wenn sie alle anderen sensationellen Ausstellungsstücke dieses grandiosen Museums schon längst vergessen haben.

Das etwa 180 km^2 große Samothrake ist und war eine einsame Insel, abseits der großen Verkehrswege, hoch im Norden der Ägäis ca. 40 km vor der thrakischen Küste gelegen. Dem Nordwind und den Strömungen ausgesetzt, die sich vom Dardanellenausgang bis dorthin bemerkbar machen, und ohne leicht anlaufbare Naturhäfen war sie selbst für die wagemutigen antiken Seefahrer eine nautische Herausforderung. Allerdings bildet die Insel durch den bis zu 1611 m aufsteigenden Rücken des waldreichen Saosgebirges eine weithin sichtbare Landmarke, die in dem dortigen Seegebiet Schiffern die Orientierung erleichtert (Abb. 13). Vom Gipfel dieses mächtigen Gebirgszuges aus soll der Meergott Poseidon, so schildert es Homer, einst die Kämpfe um Troia beobachtet und sich über seinen Bruder Zeus geärgert haben, der gerade wieder einmal die Troianer siegen und die Griechen eine Schlacht verlieren ließ. Auch wenn es tatsächlich möglich ist, von der Spitze des samothrakischen Bergstocks die Ebene Troias zu sehen, so sind doch Augen der Götter nötig, um Krieger auf ihr ausmachen zu können. Wie dem auch sei – von dem hohen Gebirge, das die Gestalt der Insel prägt, hat Samothrake seinen Namen erhalten: In einer vorgriechischen Sprache bedeutete Samos vermutlich soviel wie «Berg» oder «Gebirge». Der Name Samothrake ist dann etwa mit «thrakischer Fels» zu übersetzen.

Tatsächlich war Samothrake von der ausgehenden Bronzezeit bis in die hocharchaische Zeit eine thrakische Insel. Wahrscheinlich während der großen Völkerwanderung um 1200 v. Chr. setzten Teile des thrakischen Stamms der Dardaner auf das Eiland über und unterwarfen die auf ihr lebende Urbevölkerung, die Herodot als Pelasger bezeichnet. Die Neuankömmlinge sollen die Insel nach sich Dardania genannt haben. Da das thrakische Volk der Dardaner auch die Gegend um Troia überschwemmte, kam später der griechische Mythos auf, daß einst ein gewisser Dardanos von Samothrake aufgebrochen sei und Troia gegründet habe. Als einer der Nachfahren des Dardanos galt Äneas, der Stammvater der Römer – und so kam es, daß der samothrakische Dardanos letztlich auch als Urahn der Römer angesehen wurde. Allerdings sind das mythische Konstrukte oder bestenfalls verschwommene und historisch verzerrte Rückerinnerungen. Den Dardanern folgte ein anderer thrakischer Stamm, der der Saier. Nach ihm heißt der hohe Gebirgsgrat bis heute Saosgebirge.

Erst in der 1. Hälfte des 6. Jhs. v. Chr. fanden Griechen ihren Weg nach Samothrake. Bis heute ist nicht geklärt, ob jene Abenteurer, die von dem Gold- und Holzreichtum Thrakiens angelockt wurden, aus dem äolischen Nordwestkleinasien oder von der Insel Samos kamen. Fest steht nur, daß sie sich zunächst auf Samothrake etablierten, weil die Insel ihnen einen guten wie auch verhältnismäßig sicheren Stützpunkt für Raubzüge auf das Festland bot. Die Insel wurde von den Griechen nur unterworfen, nicht aber systematisch durch den massiven Zuzug von Siedlern kolonisiert. In jedem Fall bildeten die dort ansässigen Thraker nach wie vor eine große Bevölkerungsgruppe, die weiterhin ihre eigene Sprache verwendete und ihre traditionellen Kulte pflegte. Offenbar zog der barbarische Kult der Einheimischen auch die neuangekommenen Griechen, von denen viele thrakische Frauen heirateten, in seinen Bann, und es dauerte offensichtlich nicht lange, bis auch Griechen die Götter der Thraker, deren Heiligtum am Nordwestfuß des Gebirges lag, verehrten. Noch lange spielten thrakische Priester und die thrakische Sprache in dem Kult der samothrakischen Götter eine wichtige Rolle. Über kaum einen anderen Kult der Antike ist in Altertum und Neuzeit so viel geschrieben und spekuliert worden wie über den der Großen Götter von Samothrake, die auch Kabiren genannt wurden. Trotz vieler antiker Nachrichten über diese Gottheiten wissen wir nur wenig Konkretes über ihr Wesen und ihre Verehrung. Es handelt sich nämlich um einen Geheimkult, von dem die in ihn Eingeweihten so gut wie nichts ausgeplaudert haben. Auch die archäologische Spurensuche und die Detektivarbeit von Historikern, Philologen und Philosophen hat nur wenig Sicheres ermitteln können. Im Zentrum des Kultes von Samothrake stand eine Dreiheit von Gottheiten, der ein vierter Gott als Diener zugeordnet war. Allerdings liegen uns auch andere Nachrichten vor, die – als wollten sie uns absichtlich verwirren und in die Irre führen – von sieben oder acht Göttern sprechen. Schon Goethe, in dessen «Faust» die samothrakischen Götter in der «Klassischen Walpurgisnacht» auftreten, macht sich über die ungeklärte Zahl dieser geheimnisvollen Überirdischen lustig: «Drei haben wir mitgenommen; | der vierte wollte nicht kommen; | er sagt, er sei der Rechte; | der für sie dächte. ... | Sind eigentlich ihrer sieben! | Wo sind die drei geblieben? | Wir wüßtens nicht zu sagen, | sind im Olymp zu erfragen; | dort west auch wohl der achte, | an den noch niemand dachte!» Vor ihm hatte schon der an Mythologie und göttlichen Offenbarungen interessierte deutsche Philosoph Friedrich Wilhelm von Schelling, der am 12. Oktober 1815 der Bayrischen Akademie in Gegenwart von König Max Joseph und Kronprinz Ludwig über den thrakischen Kabirenkult vortrug, die Probleme um den samothrakischen Kult und seine geheimnisvollen Gottheiten zu lösen versucht. Von vier Gottheiten kennen wir wenigstens die Namen: Axieros, Axiokersos, Axiokersa und Kadmilos. Wahrscheinlich sind ihre Bezeichnungen thrakisch; der Anfang der ersten drei Götternamen erinnert jedenfalls an den thrakischen Fluß Axios, der heute Wardar heißt und bei Thessaloniki ins Meer mündet. Die Griechen haben später Axieros mit der Großen Mutter, aber auch mit Kybele, Demeter und Aphrodite – jedenfalls mit einer Fruchtbarkeitsgottheit – identifiziert; Axiokersos und Axiokersa setzten sie mit den Unterweltsgottheiten Hades und Persephone gleich; bei Kadmilos mit seinem erigierten Glied dachten die Griechen an Hermes. Diesen Gottheiten wurde große Macht und Wirksamkeit zugeschrieben, denn sie wurden nicht umsonst als «Megaloi theoi», d. h. «Große Götter», angerufen. Insbesondere wurde ihnen die Rettung von Menschen zugeschrieben, die in Seenot geraten waren. Die Priester von Samothrake behaupteten, daß schon Odysseus in ihre Mysterien eingeweiht gewesen sei und nur deshalb seine vielen Schiffbrüche überstanden habe.

Da die Griechen ein seefahrendes Volk waren und viele von ihnen damit rechnen mußten, in ihrem Leben häufiger auf dem Meer in lebensbedrohliche Situationen zu geraten, waren die samothrakischen Götter äußerst begehrte Nothelfer. Außerdem brachte man sie mit Sexualität und Fruchtbarkeit in Verbindung. Ihre geheimnisvollen Kräfte konnten sich aber v. a. jene Menschen zunutze machen, die in ihre Geheimnisse, die Mysterien, eingeweiht waren. Es gab zwei Grade der Einweihung. Welche Riten bei ihnen vollzogen wurden, wissen wir nicht, und alles Spekulieren ist angesichts des konsequenten Schweigens der Mysten letztlich zwecklos. Wir wissen allerdings, daß die Besucher des Heiligtums, nachdem sie einen Torbau durchschritten hatten, der den Eintritt in den heiligen Bezirk markierte, sich zuerst auf einem runden Platz mit Stufen versammelten, wo sie anscheinend begrüßt wurden und sich auf die Einweihung – vielleicht mit Gebeten, Gesängen, Entsühnungsriten und Opfern – vorbereiteten

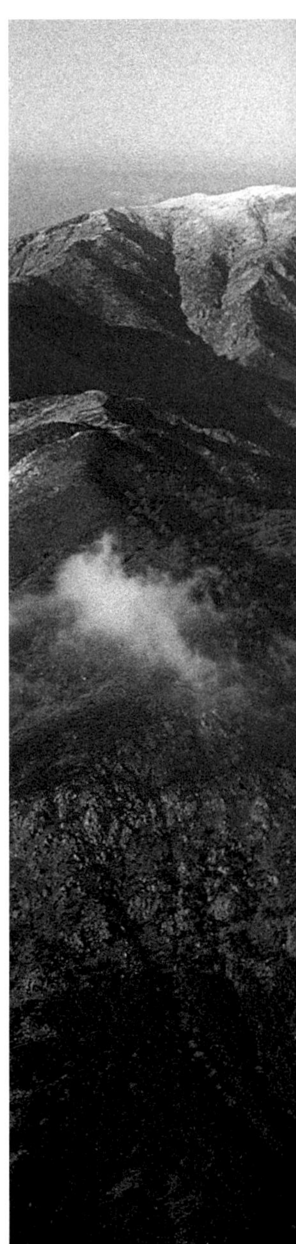

Abb. 13
Samothrake: Der gewaltige Gebirgsrücken des Saosgebirges.

(Abb. 14). Von dort schritten sie dann zu jenem rechteckigen Heiligtum, in dem die Einweihung in den ersten Grad erfolgte. Später wurde diese Einweihungshalle noch um einen gigantischen Rundbau erweitert, der nach seiner Stifterin, der Königin Arsinoë (ca. 316–268 v. Chr.), Arsinoeion genannt wurde. In diesem Teil des Heiligtums hat man in Stein gehauene Fragmente von Listen gefunden, auf denen die Namen der Eingeweihten standen. Die neuen Mysten erhielten als Erkennungszeichen (gr. *symbolon*) ihrer neuen Würde ein purpurnes Tuch, das sie sich um den Leib banden, und einen Ring, der aus Gold und magnetisiertem Eisen bestand. In der Mitte des Heiligtums liegt von hohen Mauern umgeben ein weiterer Kultbezirk, der offenbar einer Muttergottheit geweiht war. Dieser offene Hof, der von außen keinen Einblick zuließ, bildete ein Freiluftheiligtum, in dem alljährlich im Juli das Hauptfest des Heiligtums gefeiert wurde. Dazu kamen von weither die Festgesandtschaften vieler griechischer Städte aus Kleinasien und von den Inseln nach Samothrake. Die Namen der Festgesandten wurden vom 3. Jh. v. Chr. bis in die Zeit des 1. Jhs. n. Chr. in die hohen Mauern des Kultbezirks gemeißelt; in diesen Listen finden sich neben Festteilnehmern aus Pergamon oder Ephesos auch solche aus Knidos, Rhodos oder dem fernen lykischen Myra. Hochheiliges Zentrum des Kultbezirks der samothrakischen Götter war das sog. Hieron, d. h. «das Heiligtum». In ihm empfingen Gläubige den höchsten Weihegrad. Im Mittelpunkt dieser Feier stand zweifellos die Betrachtung eines geheimen heiligen Gegenstandes. Bevor man aber zu dieser sakralen Schau zugelassen wurde, mußte man am Eingang des Heiligtums einem Priester die schwerste Verfehlung seines Lebens bekennen. Offensichtlich ging es dabei weniger um eine Beichte christlichen Zuschnitts als darum, unreinen Personen den Zutritt in das Allerheiligste zu verwehren und sie vor dem Betreten der Kultstätte zu entsühnen, damit die Gottheit

nicht beleidigt würde. Als auch dem selbstherrlichen spartanischen Feldherrn Lysander (ca. 455–395 v. Chr.) vor seiner Einweihung von einem Priester die Frage nach seiner schwersten Schuld gestellt wurde, soll er mit einer Gegenfrage geantwortet haben: «Muß ich auf deinen oder der Götter Befehl antworten?» Als der verdutzte heilige Mann ihm darauf sagte: «Auf Befehl der Götter», antwortete Lysander: «Dann mach dich aus dem Weg, denn ich will es ihnen selbst bekennen, falls sie danach fragen.»

Lysander war nur eine von vielen berühmten Persönlichkeiten der Antike, die sich in die samothrakischen Mysterien einweihen ließen. Der Historiker Herodot steht im Verdacht, ein samothrakischer Myste gewesen zu sein, da er sich genauer mit den religiösen Traditionen des Heiligtums auszukennen scheint, doch kommen wir über Vermutungen nicht hinaus. Mit Sicherheit spielte Samothrake im Leben des großen Makedonenkönigs Philipps II. (reg. 359–336 v. Chr.) eine wichtige Rolle. Er wurde auf der Insel zusammen mit einer epirotischen Prinzessin in die Mysterien eingeweiht. Der Frauenfreund verliebte sich in das schöne Mädchen – dessen Sexappeal wir zu kennen glauben, seit wir Angelina Jolie in ihrer Rolle bewundert haben – und heiratete es. Olympias hieß sie und wurde die Mutter Alexanders. Wahrscheinlich wegen dieser persönlichen Reminiszenz hat Philipp, solange er mit Olympias verbunden war, das Heiligtum favorisiert, ihm Landbesitz auf dem Festland geschenkt und Bauten im Kultbezirk errichtet. Auch spätere Makedonenkönige förderten das Heiligtum, das vor ihrer Haustür lag. König Lysimachos, der als einer der Erben Alexanders von 323–281 v. Chr. über Thrakien und Westkleinasien herrschte, ließ sich anscheinend in die Mysterien einweihen. Seine intrigante Gattin, die ägyptische Prinzessin Arsinoë, flüchtete sich nach seinem Schlachtentod und ihrer Wiederverheiratung vor ihrem neuen Gatten in das Heiligtum von Samothrake, bis sie im Jahre 279 v. Chr. ihr acht Jahre jüngerer Bruder Ptolemaios II. zu seiner Frau und Königin machte. Zum Dank für den Schutz der Großen Götter stattete sie die Kultstätte mit einem gigantischen Rundbau aus. Ein zweiter bekannter Asylsuchender war der letzte Makedonenkönig Perseus (reg. 179–168 v. Chr.), der nach der Schlacht bei Pydna, wo er dem römischen Feldherrn Aemilius Paullus unterlag, sich mit einem großen Teil seiner Schätze nach Samothrake absetzte. Der Historiker Livius (59 v. Chr. – 17 n. Chr.) will wissen, daß es 2000 Talente waren – das sind 72 000 kg Silber, in Gold weniger. Die Römer respektierten die Unverletzlichkeit des Heiligtums, doch ergab sich Perseus schließlich, nachdem ein Kreter ihn um sein Geld betrogen hatte und seine Kinder in die Hände der Römer geraten waren. Der glücklose Herrscher wurde nach Rom gebracht, wo er im Triumphzug des Aemilius Paullus dem johlenden Volk der Hauptstadt vorgeführt wurde. Kurz darauf ist er – auf welche Weise auch immer – am Albanersee verstorben. Unter römischer Herrschaft gewann Samothrake rasch an Popularität, galt die Insel doch als ehrwürdige Urheimat der Römer. Viele römische Politiker und Kaufleute kamen nach Samothrake, um sich dort umzuschauen und im Heiligtum einweihen zu lassen. Angesichts der neuen Popularität und steigender Touristenzahlen blieb – wie so häufig – die Religion auf der Strecke. Die Einweihung verkam zu einem immer weniger ernst genommenen Spektakel. Im Jahre 8 n. Chr. legte ein Schiff auf Samothrake an, das den Dichter Ovid (43 v. Chr. – 18 n. Chr.) an Bord hatte. Er befand sich auf einer Reise ohne Wiederkehr, die ihn zu seinem Verbannungsort am Schwarzen Meer – damals gleichbedeutend mit dem Ende der Welt – führen sollte. Der sittenstrenge Kaiser Augustus, der Rom moralisch erneuern wollte und den Ovid mit seinem bei der Jugend so beliebten Buch über die Liebeskunst zutiefst verärgert hatte, wollte ihn nicht mehr in Rom haben. Einige Verse in den «Trauergesängen» («Tristien») erinnern an die ungewollte Stippvisite des bis dahin so leichtlebigen Poeten auf Samothrake.

Noch kürzer war der Aufenthalt einer anderen bedeutenden Persönlichkeit auf der Insel. Nur eine Nacht verbrachte der Apostel Paulus auf Samothrake, als er von Kleinasien nach Makedonien reiste, um in Philippi die erste Christengemeinde auf europäischem Boden zu gründen. Sein Aufenthalt auf der Götterinsel kündigte, ohne

Abb. 14
Samothrake: Blick auf das vor der Stadt liegende Kabirenheiligtum von Westen. Am oberen Bildrand ist die recht gut erhaltene Mauer der antiken Stadt Samothrake zu sehen. Durch die Bildmitte, am Fuß eines Abhangs, zieht sich ein Bach, der von jenem Propylon überbrückt wird, das den Zugang zu der Heiligtumsterrasse kontrollierte. Hinter einer leichten, jetzt mit Bäumen bestandenen Bodenwelle sind ungefähr auf einer Linie von Nord nach Süd der Komplex des Einweihungsgebäudes und des Arsinoeions (Rundbau), dann das ummauerte Temenos und schließlich mit aufrecht stehenden Säulen das zentrale Heiligtum (Hieron) zu erkennen. Davor liegen in dritter Reihe die Trümmer einer byzantinischen Festung und eine langgestreckte Säulenhalle (Stoa). Zwischen dem Südende der Stoa und der Südwestecke des Hierons ist im verschatteten Hang das Halbrund des Theaters zu erkennen. Oberhalb des Theaters stand in einer Brunnenanlage die Nike von Samothrake.

daß es einer der Zeitgenossen damals hätte ahnen können, den Anfang vom Ende des Kabirenheiligtums an. Der Kult der samothrakischen Götter wurde zwar durch die gesamte Kaiserzeit bis in die Spätantike hinein fortgeführt, doch erreichte er nicht mehr die Bedeutung, die er in seiner Blütezeit während des Hellenismus besessen hatte. Mit der fortschreitenden Christianisierung verfiel das Heiligtum allmählich, und schon in der frühen Spätantike gingen Kalkbrenner daran, einen großen Teil seines marmornen Baumaterials und der dort aufgestellten Kunstwerke zu Kalk zu brennen.

So fand der französische Ausgräber Charles François Noël Champoiseau, als er 1863 mit seinen Ausgrabungen im Heiligtum der Großen Götter von Samothrake begann, nur dürftige Reste der Kultstätte. Darunter waren auch ca. 100 Fragmente, aus denen in Paris die Nike von Samothrake wieder zusammengesetzt werden konnte. Vermutlich war auch sie schon für das Kalkbrennen zerschlagen worden; ihr Kopf, den der Ausgräber trotz intensiver Suche nicht mehr finden konnte, war wahrscheinlich bereits im Kalkofen gelandet. Die Ausgrabungen Champoiseaus und seiner deutschen, österreichischen, griechischen und amerikanischen Nachfolger konnten den Standort der Nike im Heiligtum klären: Die Nike war oberhalb des Hierons in einer monumentalen Brunnenanlage aufgestellt, die kurz nach 190 v. Chr. der rhodische Staat auf Samothrake gestiftet hatte, um sich dort ein Denkmal für seine grandiosen Seesiege über den Seleukidenkönig Antiochos III. (reg. 223–187 v. Chr.) zu setzen. Der den Rhodiern unterlegene seleukidische Admiral war übrigens der karthagische Feldherr Hannibal, der sich nach seiner Niederlage in Nordafrika an den Hof dieses Königs geflüchtet hatte. Ihren Sieg über den genialen Feldherrn schrieben die Rhodier vermutlich den Großen Göttern von Samothrake zu, zu deren Ehren sie die schöne Siegesgöttin weihten. Die Spuren, die heute an dieses Denkmal erinnern, sind aber, nachdem die graziöse rhodische Nike von Samothrake zu einer Pariserin geworden ist, so spärlich, daß einem Worte aus Erich Arendts Gedicht «Nike» in den Sinn kommen: «Über Marmor-Rümpfe | seismische Opfer | steigend | ich fand deinen Ort | leer | geschunden von Zeit ohne | Geschichte.» (JN)

INSELN VOR KLEINASIEN

Wie ein Saum reiht sich vor der Westküste Kleinasiens eine Kette von Inseln mit Lesbos an ihrem nördlichen Anfang und Rhodos an ihrem südlichen Ende. Die größten von ihnen sind Lesbos, Chios, Samos, Kos und Rhodos. Die beiden letzten, die den südlichen Teil dieser Inselschnur bilden, werden meist der Dodekanes zugerechnet und in diesem Buch auch unter diesem Kapitel behandelt. Wie Euböa eng mit Mittelgriechenland verbunden war, so gab es enge Verflechtungen dieser Inseln mit dem nahen kleinasiatischen Festland, auf dem die Inselstädte Stützpunkte und Landbesitz zu erwerben suchten. Auch geographisch weisen die Inseln vor Kleinasien einige Gemeinsamkeiten auf. Sie verfügten nicht zuletzt wegen ihrer Größe über mehr Wasser und Wald als die meisten anderen, weitaus kleineren Inseln, so daß eine einträgliche Landwirtschaft, insbesondere aber Weinbau, betrieben werden konnte. Historisch gibt es kaum Gemeinsamkeiten und Berührungspunkte. Diese Inseln sind Individuen, die ganz eigene Entwicklungen nahmen und auch zu recht unterschiedlichen Zeiten und unter verschiedenen Aspekten bedeutend waren. Das war schon bei der griechischen Landnahme so, als Lesbos von den Äolern, Chios und Samos aber von den Ionern und die großen Dodekanesinseln von den Doriern besiedelt wurden. (JN)

Lesbos – Die Insel des Weins, der Frauen und der Dichter

Dort wart auch ihr, ihr Schönsten! oder pflegtet
der Inseln, die, mit Wein bekränzt,
voll tönten von Gesang.

Hölderlin, Die Wanderung

Lesbos, mit 1630 km² nach Kreta und Euböa die größte griechische Insel, liegt in einer Einbuchtung der kleinasiatischen Westküste. Sie hat den Umriß eines nahezu gleichseitigen Dreiecks, das von zwei tief ins Land einschneidenden Meeresbuchten ausgehöhlt ist. Die beiden bedeutendsten Städte von Lesbos, Mytilene und Methymna, waren nicht auf das griechische Mutterland hin ausgerichtet, sondern blickten auf die Küsten Mysiens und der südlichen Troas. In der Bronzezeit gehörte Lesbos zum Einfluß-, wenn nicht gar Herrschaftsgebiet eines kleinasiatischen Königsreiches, dessen Zentrum im Kaikostal lag. Auf Lesbos blühte in dieser Zeit die nördlich von Mytilene gelegene Siedlung von Thermi. Damals hieß die Insel Laspa; ihr griechischer Name Lesbos führt also auf ein vorgriechisches Toponym zurück. Trotz dieser engen Verbindungen mit Anatolien ging die wichtigste kulturelle Prägung der Insel – ihre Hellenisierung – von Thessalien und Böotien aus, so daß man Lesbos zwar für ein Kind halten kann, das der Osten geboren hat, das aber vom Westen aufgezogen und geprägt wurde.

Wie von den großen Inseln vor der kleinasiatischen Küste Rhodos eine markant dorische Insel war und Samos einen ausgeprägt ionischen Charakter hatte, war Lesbos äolisch. Nach der sog. Großen Völkerwanderung von 1200 v. Chr., die den gesamten östlichen Mittelmeerraum bis hin nach Mesopotamien erschütterte, ließen Griechen vom Stamm der Äoler, nachdem sie von Mittel- und Nordgriechenland aufgebrochen waren und die Ägäis überquert hatten, sich auf Lesbos und an der gegenüberliegenden Küste Kleinasiens nieder. Der Mythos bringt Agamemnons Sohn Orestes oder auch Nachfahren von ihm mit der äolischen Eroberung von Lesbos und der Gründung von fünf großen Städten in Verbindung. Die beiden wichtigsten Gründungen, Mytilene und Methymna, lagen, wie bereits gesagt wurde, auf der Ostseite der Insel. Die Städte auf der Westseite von Lesbos, Antissa im Norden und Eresos im Süden, konnten mit ihnen an Geltung und Macht nicht konkurrieren. Das gilt auch für die im Süden der Insel gelegene Stadt Pyrrha, die an dem nach ihr benannten, weit ins Land hineinreichenden Golf liegt. Mytilene und Methymna versuchten, auf dem gegenüberliegenden kleinasiatischen Festland Fuß zu fassen und sich dort ein zusätzliches Territorium – eine sog. Peraia – zu erwerben. Die südliche Troas, die der Stadt gegenüberlag, war das natürliche Kolonialgebiet von Methymna. Mytilene mußte sich weiter nördlich nach Festlandsbesitz umsehen und eroberte das Gebiet um die südliche Einfahrt in die Dardanellen, auf der kleinasiatischen Seite das Territorium des untergegangenen Troias, auf der europäischen Seite das Gebiet der thrakischen Chersones.

Bis in die römische Kaiserzeit hinein verwendeten die Äoler auf Lesbos und dem Festland einen griechischen Dialekt, der schon im Altertum für die anderen Griechen wegen seiner altertümlichen Formen nicht leicht zu verstehen war und auch den klassischen Philologen unserer Tage noch viele Rätsel aufgibt. Ioner und Dorier äußerten immer wieder tiefsitzende Vorbehalte gegenüber den Äolern, und so schrieb im 4. Jh. v. Chr. der Philosoph Herakleides, ein Schüler Platons, der nach seiner Heimat «der Pontiker», wegen seiner Prunksucht aber «der Pompiker» genannt wurde: «Der Charakter der Äoler zeigt Ausgelassenheit, Prahlsucht, dazu noch Leichtfertigkeit. Diese Eigenschaften passen auch zu ihrer Vorliebe für Pferdezüchterei und Gastereien. Bösartig kann man ihr Wesen nicht nennen, wohl aber überschäumend und keck. Darum ist für sie die Freude am Zechen und an Liebesdingen bezeichnend und überhaupt eine allgemeine Lockerheit im Genuß des Lebens.» Ob gerade Herakleides berechtigt war, diese Charakterzüge an den Äolern zu kritisieren, sei dahingestellt. Offensichtlich brachte er aber die Äoler nicht zuletzt mit dem in Verbindung, was wir heute als Fun-Gesellschaft bezeichnen würden. Allerdings waren es die aristokratischen Vergnügungen eines feinen Lebensstils, an denen der äolische Adel Freude hatte, und nicht jene immer banalen, häufig kindischen und nicht selten vulgären Attituden unseres vergnügungssüchtigen Jetsets.

Zu diesem Bild von den Äolern paßt es, daß die Insel Lesbos im Altertum für ihre exzellenten Weine, ihre feinfühligen Dichter und ihre schönen Frauen – kurz für «Wein, Weib und Gesang» – gefeiert wurde. Die Grazie der lesbischen Weiblichkeit rühmt schon Homer in der «Ilias», wenn er Agamemnon sagen läßt, daß die Frauen «der prangenden Lesbos ... die sterblichen Weiber an Reizen besiegen.» Im Heraheiligtum wurden alljährlich Schönheitswettbewerbe der lesbischen Frauen ausgetragen. Von einer «Miss Lesbos» wurde anscheinend v. a. Anmut beim Reigentanz verlangt, denn der Dichter Alkaios dichtete auf eine solche Misswahl: «Auserlesen vom Wuchs, lesbische Mädchen drehn | langgewandet im Tanz hier sich.» Eine dieser schönen wie selbstbewußten Lesbierinnen gab einst dem Dichter Anakreon (um die Mitte des 6. Jhs. v. Chr.) einen Korb, da er ihr zu alt war. In einem anrührenden Gedicht, das der deutsche Dichter und Ägäisreisende Emanuel Geibel (1815–1884) ins Deutsche übertragen hat, heißt es: «Mir zuwerfend den Purpurball | fordert Eros im Goldgelock | mich zum Spiel mit dem zierlichen | buntsandaligen Kind auf. | Doch sie stammt von der prangenden | Lesbosinsel und rügt mein Haar; | grau ja sei's, und in Sehnsucht, ach, | an ein blondes gedenkt sie.» Neben den Frauen der Insel waren ihre Weine im gesamten Mittelmeerraum berühmt. Sie sollen die gleiche überragende Qualität besessen haben wie thasische und chiische. Was ihre besonderen Vorzüge waren, wissen wir nicht genau. Plinius d. Ä. (23–79 n. Chr.) behauptet, lesbische Weine hätten einen natürlichen Seegeschmack gehabt. Schließlich hat Lesbos so viele weltberühmte Dichter hervorgebracht, daß man dies mit dem angeschwemmten Kopf des Orpheus zu erklären versuchte. Nachdem trunkene thrakische Frauen oder Mänaden auf der anderen Seite der Ägäis den gottbegnadeten Sänger zerrissen hatten, sei sein Kopf irgendwo auf Lesbos angetrieben worden und habe die Dicht- und Liedkunst nicht nur auf die Insel gebracht, sondern dort auch fest verankert. Arion, Alkaios und Sappho sind die berühmtesten Liederdichter der Insel, doch gibt es noch viele andere Vertreter der lesbischen Sangeskunst, die heute weitgehend vergessen sind. Zwischen 650 und 550 v. Chr. tönte Lesbos tatsächlich, wie Hölderlin es in den eingangs zitierten Versen formuliert hat, «voll von Gesang».

In der großen Geschichte hat Lesbos nie eine herausragende Rolle gespielt. Während der archaischen Zeit, als die Städte der Insel ihr Geschick weitgehend selbst bestimmten, rieben sich ihre Einwohner fortwährend in Bürgerkriegen und kleinlichen Streitereien unter Nachbarn auf. Seit ca. 540 v. Chr., dem Jahr, als die Perser kamen, bestimmten andere über das Schicksal der Insel: Nach den Persern waren es im 5. Jh. v. Chr. die Athener, im 4. Jh. v. Chr. Spartaner, Athener und Makedonen, im 3. Jh. v. Chr. die Ptolemäer, die Lesbos als nördlichsten Stützpunkt ihres Ägäisreiches nutzen wollten, und schließlich seit dem 2. Jh. v. Chr. die Römer. Die Lesbier haben sich den fremden Herren meist gebeugt und versucht, das Beste aus der jeweiligen Situation zu machen und in aller Ruhe ihren Geschäften nachzugehen. Was ihnen keiner ihrer rasch wechselnden Herren nehmen konnte, war, sich an der vergangenen kulturellen Größe zu erbauen und es sich wohl sein zu lassen. (JN)

Lesbos » Mytilene – Die Stadt des Alkaios und der Sappho

> Euch, Ihr Schönen, wird sich mein Sinnen niemals entfremden.
>
> Sappho an ihre Mädchen

Mytilene, im Südosten der Insel am Meer gelegen, galt als prächtigste Stadt von Lesbos – die mächtigste war es allemal. Der älteste Teil Mytilenes liegt auf einer kleinen Insel unmittelbar vor der Küste, die heute von dem wehrhaften, im 14. Jh. erbauten Genueserkastell eingenommen wird. Jenes Inselchen, das die Keimzelle der Stadt war, wurde schon bald durch Brücken mit der Hauptinsel verbunden (Abb. 15). Der Romanschriftsteller Longus, der seinen Liebesroman von «Daphnis und Chloe» auf Lesbos spielen läßt und von dem noch die Rede sein wird, beschreibt im 2. Jh. n. Chr. Mytilene als «groß und schön.»

Kulturell war die Stadt von etwa 600–550 v. Chr. einer der wichtigsten Plätze der antiken Welt. Damals verfaßten Sappho und Alkaios in Mytilene neuartige Gedichte, in denen sie persönlichste Gedanken in Verse faßten und ihren Zeitgenossen zugänglich machten. Damals agierte Pittakos als führender Politiker Mytilenes und formulierte seine Bonmots, die ihm einen Platz unter den «Sieben

Weisen» Griechenlands eintrugen. Diese Zeit als Blütezeit Mytilenes zu bezeichnen, fällt dennoch schwer, denn in der Stadt herrschte damals Bürgerkrieg zwischen rivalisierenden Aristokratenclans. Auch von außen war Mytilene unter Druck: Das landwirtschaftlich karge und deshalb ewig getreidehungrige Athen hatte sich darangemacht, das Kolonialgebiet Mytilenes um Troia mitsamt seinem Zentrum, der Stadt Sigeion, zu erobern. Athen wollte, koste es, was es wolle, am südlichen Eingang zum Hellespont einen Stützpunkt gewinnen, um seinen Weg zum Schwarzmeergetreide abzusichern. Da Mytilene die Aggression nicht hinnahm und versuchte, die Athener zu vertreiben, kam es von 610–540 v. Chr. bei diesem neuen Kampf um Troia zu blutigen Auseinandersetzungen, bei denen auch viele Adlige Mytilenes ihr Leben lassen mußten. Um Sigeion kämpfte zusammen mit seinen Standesgenossen der adlige Dichter Alkaios (um 600 v. Chr.), machte dabei allerdings, wie er selbst eingesteht, keine rühmliche Figur. In einem Gedicht bekennt er seinem Freund Melanippos, daß er geflohen war und wie Archilochos seinen Schild weggeworfen hatte, jedoch mit dem Leben davongekommen war: «Alkaios ist wohlbehalten hier, behütet durch Ares, seinen schützenden Schild aber haben die Attiker im Tempel der eulenäugigen Athena aufgehängt.» Nahezu sein ganzes Leben hindurch war er in die Adelskämpfe von Mytilene verstrickt und mußte mehrmals ins Exil gehen; sein Bruder sah schließlich keine andere Möglichkeit mehr, als sich in Babylon als Söldner zu verdingen. Von den blutigen und haßerfüllten Kämpfen, bei denen Alkaios leidenschaftlich Partei ergriff, erfahren wir aus seinen «Bürgerkriegsliedern» («Stasiotika»), adligen Lebensgenuß thematisiert er in seinen «Trinkliedern» («Skolia»). In den Gedichten des Alkaios können wir an Sehnsucht, Freude, Not, Schmerz und Trauer eines archaischen Menschen teilhaben; oft haben wir bei aller Stilisierung sogar die Chance, in seine Seele zu blicken. Noch 500 Jahre später – in der Zeit des Augustus – fühlte der Dichter Horaz (65–8 v. Chr.) sich von den Versen des Alkaios angesprochen und zu einer Reihe von eigenen Gedichten inspiriert. Dem klassischen Philologen Ulrich von Wilamowitz-Moellendorff (1848–1931), einem Schwiegersohn Theodor Mommsens, behagte dieser politisch unangepaßte, aus der Schlachtreihe geflohene und trinkfreudige mytilenische Aristokrat ganz und gar nicht und er skizzierte ihn als «Junker, der gegen die Tyrannen conspirirt, am leidenschaftlichsten gegen die legitime, aber leider plebejische Regierung des Pittakos, der Emigrant, der auf der See oder in Thrakien auf Gelegenheit zu einem politischen Putsch lauert, der ficht und flieht und friert, und in keiner Stimmung und zu keiner Tageszeit einem Rausche abgeneigt ist.» Eine gewisse Beruhigung des mytilenischen Staates konnte erst Pittakos erreichen, der von der Bürgerschaft für zehn Jahre mit der Wiederherstellung von Gesetz und Ordnung beauftragt wurde und nach dieser Zeit die ihm übertragene Macht freiwillig wieder abgab. Pittakos hat so kluge Sprüche von sich gegeben wie «Erkenne den rechten Augenblick!» oder «Was du vorhast, sage nicht! Denn gelingt's dir nicht, wirst du ausgelacht.» Den Kaufleuten der Insel hielt er vor: «Gewinn ist unersättlich», was uns tröstlich daran erinnern sollte, daß nicht erst unsere Zeit mit unsensiblen Auftritten und arroganten Victory-Posen nimmersatter Gewinnmaximierer konfrontiert wird. Bereits die Griechen von Mytilene haben im archaischen Zeitalter die raffsüchtigen wie auch schwer erträglichen Gewinner eines immer stärker expandierenden Handels kennengelernt.

Wie in der Antike Homer als «der Dichter» bezeichnet wurde, galt Sappho als «die Dichterin». Der berühmteste Geograph der Antike, Strabon, hat sie einmal als «wundersames Ding» bezeichnet, und der bereits erwähnte Ulrich von Wilamowitz-Moellendorff schrieb voller Begeisterung: «Sie schlägt sie alle.» Ohne Zweifel ist Sappho der bedeutendste Beitrag der Insel Lesbos zur Kultur des Abendlandes. Leider ist ihr Werk nur bruchstückhaft auf uns gekommen. Äußerst wenige Gedichte von ihr sind vollständig erhalten. Meist verfügen wir nur über kurze Zitate bei anderen antiken Schriftstellern oder über kleine Bruchstücke auf stark lädierten Papyrusblättern aus dem Sand Ägyptens, aus denen oft kein zusammenhängender Wortlaut zu gewinnen ist.

In ihrem heimatlichen lesbischen Dialekt nannte die Poetin sich Psappso; die nichtäolischen Griechen haben den schwierigen Namen zu Sappho vereinfacht. Sappho war die Tochter eines Aristokraten aus Eresos. Die antike Überlieferung erwähnt drei Brüder; auf einen werden wir noch zurückkommen. Anscheinend lebte die Familie meist in Mytilene. Sappho war dort verheiratet und hatte eine Tochter, die wie ihre Großmutter Kleïs hieß. Angeblich war die Dichterin alles andere als schön; sie war für den Geschmack der Griechen zu klein und hatte eine viel zu dunkle Hautfarbe. Wie man sich im 19. Jh. die Poetin vorstellte, ist auf einem stimmungsvollen Bild des viktorianischen Malers Alma-Tadema mit dem Titel «Sappho und Alcaeus» zu sehen: Eine sehr zierliche schwarzhaarige Frau mit leicht herben Zügen lauscht gespannt dem Vortrag ihres Dichterkollegen.

Sappho spielte in Mytilene eine wichtige Rolle, als sie als reife Frau wie andere Aristokratinnen einen Kreis adliger Mädchen um sich scharte, die sie für gesellschaft-

Abb. 15
Lesbos: Blick auf Mytilene. Der Meereskanal (Euripos) zwischen der kleinen Insel unmittelbar vor der Küste, der in der Antike von Brücken überspannt wurde, ist heute verfüllt. Die Insel wird seit dem Mittelalter von einer genuesischen Burg eingenommen. Am unteren Bildrand ist in der Mitte, von Bäumen umstanden, das Theater von Mytilene zu erkennen.

liche Aufgaben ausbildete und vorbereitete. Bald waren es nicht nur Mädchen aus Lesbos, sondern auch vom kleinasiatischen Festland oder Euböa, die bei Sappho in die Schule gingen. Sappho lehrte die jungen Aristokratinnen einerseits den formvollendeten Auftritt bei religiösen Festen, wo die Komtessen Reigentänze zu Ehren der Götter aufführten, Lieder vortrugen und sich schließlich auch noch einem Schönheitsbewerb stellten. Außerdem bereitete sie ihre Elevinnen auf die Hochzeit mit einem Mann aus besseren Kreisen vor. Wir dürfen annehmen, daß die Ausbildung bei Sappho die Chancen der Mädchen, eine gute Partie zu machen, steigern konnte. Es war ein sehr enges Verhältnis, das Sappho zu ihren Mädchen unterhielt und das sie in ihren Gedichten thematisiert. Durch sie kennen wir auch die wohlklingenden Namen einiger ihrer Schülerinnen, wie etwa Gongyla («die Rundliche» bzw. «das Rübchen»), Anaktoria («die Hochherrschaftliche»), Atthis («die Athenerin»), Arignota («die Hochberühmte») und Agallis («die Prachtvolle» bzw. «die Schwertlilie»). Sapphos Zuneigung zu ihren Mädchen war sehr stark, zu einigen geradezu leidenschaftlich. Aus ihren Versen wird klar, daß sie oft darunter gelitten hat, wenn eine von ihr ging, um etwa zu heiraten. Sappho ist die erste Frau der Weltliteratur, die ihre Liebe und ihren Liebesschmerz einem Gedicht anvertraut und auf diese Weise öffentlich gemacht hat. Der scharfsinnige deutsche Altphilologe Wolfgang Schadewaldt schreibt Sappho sogar die «Entdeckung der Liebe» zu, da sie als erste Frau des Abendlandes versucht hat, das Wesen der Liebe in Worte zu fassen, so daß «ihre süßbittere Wirklichkeit in ihren Grundgestalten und Notwendigkeiten von nun an gegenwärtig und in neuem, zweiten Sinne ‹da› war.»

Sapphos Lyrik ist im Gegensatz zu der des Alkaios ganz und gar unpolitisch, und das sagt sie auch selbst: «Reiterheere mögen die einen, andre | halten Fußvolk oder ein Heer von Schiffen | für der Erde köstlichstes Ding, – ich aber | das, was man lieb hat.» Eine erst von den Römern und den Menschen der Neuzeit aufgeworfene Frage ist es, ob Sappho mit ihren Schülerinnen homoerotische Beziehungen unterhalten hat. Für die Griechen war gleichgeschlechtliche Liebe weder unnatürlich noch anstößig. Die lesbische Liebe zwischen Frauen störte niemanden, denn

sie tangierte weder die Jungfräulichkeit der Mädchen noch führte sie zu Nachkommen. Unter solchen Voraussetzungen waren Sex und Eros eine Privatangelegenheit. Die Griechen hätten den von preußischer Prüderie bestimmten Eifer Ulrich von Wilamowitz-Moellendorffs überhaupt nicht verstanden, wenn er seinen Zeitgenossen den Vorwurf macht, bei Sappho mehr an geschlechtliche Perversion als an eine bedeutende Poetin zu denken. «Um die

Abb. 16 Lesbos: Das Theater von Mytilene.

Reinheit der großen Dichterin» führte er einen ebenso verzweifelten wie aussichtslosen Kampf. Die Gedichte Sapphos, in denen sie den Sexappeal ihrer Schülerinnen beschreibt, sprechen eine eindeutige Sprache und machen die vermeintlich notwendige Ehrenrettung der Dichterin von lesbischen Neigungen zur Farce: «So komm doch, | Gongyla, du meine Abanthis, mit der | Leier, während noch deiner Jugend Reiz und | Anmut umschweben || dich, du Schöne: Bringt doch dein Jäckchen selbst schon | jede, die es sah, aus der Fassung: Freude | ist das mir, nichts fände daran zu tadeln | selbst Aphrodite.» Sappho betrachtet das aus Euböa stammende «Rübchen» – Abanthia ist nämlich ein poetischer Name für Euböa – nicht allein mit den Augen einer Lehrerin. Von sich selbst sagte die Dichterin: «Gliederlösender Eros treibt wieder mich | um, süßbitter, unzähmbar, ein wildes Tier.» Die lesbischer Liebe nicht abgeneigte Lesbierin hätte aber in keinem Fall dem Männerhaß unserer zeitgenössischen Lesben das Wort geredet, die Sappho heutzutage nur allzu gerne für sich vereinnahmen. Gewiß, Sappho war eine selbstbewußte Frau, die das Selbstwertgefühl ihrer Schülerinnen immer wieder gestärkt und gefördert hat. In einem wunderschönen Gedicht, das ein Mädchen mit einem Apfel, der Frucht der Aphrodite, vergleicht, bringt sie recht spitzbübisch zum Ausdruck, daß so manche begehrenswerte Frau für einen Mann zu hoch hängen kann: «Wie der Honigapfel sich rötet oben am Aste, | oben, am obersten Ast! Die Apfelpflücker vergaßen – | nein, sie vergaßen ihn nicht, sie vermochten ihn nicht zu erreichen.» Auch wenn Sappho sich in ihren Gedichten eine eigene weibliche Welt schuf, so wollte sie keinen Kampf gegen die «Phallokratie der Männer» führen. Sie bereitete die Mädchen auf ein Miteinander der Geschlechter vor.

An die Bedeutung und Nachwirkung von Sappho und Alkaios kommen die zahlreichen späteren Dichter und Schriftsteller der Insel nicht mehr heran. Das gilt für den Universalhistoriker Hellanikos (ca. 480–400 v. Chr.), einen Zeitgenossen Herodots, genauso wie für den Rhetor Diophanes (2. Jh. v. Chr.). Dieser war einer der gefeiertesten Redner seiner Zeit, mußte aber aus politischen Gründen seine Heimatstadt verlassen und ging nach Rom, wo er zum Lehrer des Tiberius Gracchus (2. Jh. v. Chr., 132 erm.) wurde und dessen Denkweise stark beeinflußte. Zusammen mit seinem Schüler wurde er 132 v. Chr. in Rom erschlagen.

Schon wenige Jahrzehnte nach Sappho, Alkaios und Pittakos eroberten die Perser die Insel; dann unterdrückte der Delisch-Attische Seebund die Freiheit von Lesbos. Mytilene entging im Jahre 427 v. Chr. nur knapp der völligen Zerstörung und Versklavung seiner Einwohner durch Athen. Alexander der Große setzte dem persischen Einfluß auf der Insel ein Ende. In hellenistischer Zeit führten die Städte von Lesbos unter rasch wechselnden königlichen Oberherren meist ein recht beschauliches Dasein.

Abb. 17 Lesbos: Aquädukt der römischen Wasserleitung nach Mytilene.

Nach dem Sieg der Römer über die Makedonen wandte die Insel sich rasch der neuen Macht vom Tiber zu. Unglücklicherweise unterstützten die lesbischen Städte mit Ausnahme von Methymna im Jahre 88 v. Chr. den pontischen König Mithridates VI. (reg. 120–63 v. Chr.) und ermordeten die römischen Händler und Bankiers, die in ihren Mauern lebten. So groß war der Haß auf die fremden Pfeffersäcke und ihre hemmungslose Gewinnsucht, daß die Mytilenäer den kriegstreiberischen römischen Feldherrn Manius Aquilius, der sich in ihre Stadt geflüchtet hatte, an Mithridates auslieferten. In Pergamon wurde der verhaßte Römer auf grausame Weise hingerichtet: Mithridates ließ ihm geschmolzenes Gold in den Hals gießen, um zu demonstrieren, daß ein Römer endlich seinen Hals mit dem gelben Edelmetall vollbekommen habe. Mytilene wurde für diesen Verrat von den Römern belagert, geplündert und entrechtet, schon kurz darauf aber von Pompeius (106–48 v. Chr.) begnadigt, weil ein führender Bürger der Stadt namens Theophanes ein enger Berater und Freund des römischen Feldherrn war. Der diplomatisch geschickte Mytilenäer hatte nämlich den eitlen Generalissimus zu einem Dichterwettstreit in seine Heimatstadt eingeladen. Thema aller Aufführungen waren die unvergleichlichen Taten des Pompeius, der den Osten von der Piratenplage befreit hatte. Pompeius gefiel die Vorstellung so gut, daß er Mytilene seine alte Freiheit zurückgab. Das Theater, in dem jene für die Geschicke der Stadt so wichtigen Vorstellungen stattfanden, haben die Ausgräber freigelegt: Auf dem Luftbild ist es in einer baumbestandenen archäologischen Zone am unteren Bildrand gut zu erkennen (Abb. 15. 16).

Zu Beginn der römischen Kaiserzeit hielt der engste Vertraute des Augustus, Agrippa, sich mehrmals längere Zeit in Mytilene auf. Im Jahre 23 v. Chr. wurde er von seinem kaiserlichen Herrn als Oberbefehlshaber über den Osten aus Rom weggeschickt, da es zu Spannungen mit Marcellus gekommen war, den Augustus mit seiner Tochter Iulia verheiratet hatte und anscheinend als Nachfolger favorisierte. Agrippa, darüber sichtlich verschnupft, verbrachte von 23–21 v. Chr. die Winter, vielleicht aber auch seine übrige Zeit, in Mytilene, das ein angenehm mildes Klima zu bieten hatte. Im nahen Thermi gab es heiße Quellen, wo er kuren und baden konnte. Die vielen Kriege, die Agrippa für den wenig kampftüchtigen Augustus geführt hatte, waren nicht spurlos an ihm vorübergegangen. In dieser Zeit wurde Mytilene zu einer Art zweiter Kaiserresidenz und zu einer Hauptstadt des Ostens, die die spätere Rolle von Konstantinopel vorwegnahm. Einer der berühmtesten Besucher war Herodes der Große (ca. 73–4 v. Chr.), den wir aus der Bibel kennen. Später, zwischen 17 und 13 v. Chr., residierte Agrippa, erneut oberster Repräsentant des Augustus im Osten, immer wieder in Mytilene, diesmal in Begleitung seiner neuen Frau Iulia, der Tochter des Augustus, die nach dem Tod des Marcellus mit dem beinahe 25 Jahre älteren Mann in zweiter Ehe verheiratet worden war.

In der Kaiserzeit wurde Mytilene mit einer 26 km langen Fernwasserleitung ausgestattet, die frisches Naß vom lesbischen Olymp, dem höchsten Berg der Insel, in die Stadt führte. Ein 27 m hoher Aquädukt dieser Leitung bei dem Dorf Moria hat bis heute allen Erdbeben getrotzt und erinnert an die großartigen Ingenieurleistungen der Römer in dieser Zeit (Abb. 17).

Vermutlich im 2. Jh. n. Chr. schrieb ein gewisser Longus einen Roman, der in der Umgebung von Mytilene spielt. Darin geht es um das Erwachen von Liebe und Leidenschaft bei zwei Hirtenkindern namens Daphnis und Chloe in der arkadischen Insellandschaft von Lesbos. Der Roman machte in der Antike anscheinend wenig Furore, erlangte aber in der europäischen Literatur und Kunst eine ungeheure Nachwirkung. Wenn auch immer wieder Literaturkritiker und Altphilologen – unter ihnen der bereits erwähnte Philologenpapst Ulrich von Wilamowitz-Moellendorff mit dem Bannspruch, der Roman sei von «gänzlicher Unnatur» – an dem Werk herummäkelten, konnte sich die Mehrheit der Leser dem Reiz dieses gefälligen Büchleins nicht entziehen. Goethe war unter verschiedenen Aspekten von dem Roman begeistert, lobte aber v. a. die lichterfüllte Stimmung, die ihn an die hellen Tage seines Italienaufenthaltes erinnerte: «Es ist darin der hellste Tag, und man glaubt, lauter herkulanische Bilder zu sehen, wie auch diese Gemälde auf das Buch zurückwirken und unserer Phantasie beim Lesen zu Hülfe kommen … Und nun die Landschaft, die mit wenigen Strichen so entschieden gezeichnet ist, daß wir in der Höhe hinter den Personen Weinberge, Äcker und Obstgärten sehen, unten die Weideplätze mit dem Fluß und ein wenig Waldung, sowie das ausgedehnte Meer in der Ferne. Und keine Spur von trüben Tagen, von Nebel, Wolken und Feuchtigkeit, sondern immer der blaueste reinste Himmel, die anmutigste Luft und ein beständig trockener Boden, so daß man sich überall nackend hinlegen möchte.» Nach vielen anderen Künstlern, die den lesbischen Roman des Longus seit der Renaissance in Bildern nachzuempfinden suchten, haben Aristide Maillol (1861–1944) und Marc Chagall (1887–1985) das Büchlein mit Holzschnitten bzw. Lithographien illustriert. Diese Hirtendichtung war, bevor die Augen der alten Götter sich von der Insel abwandten, das letzte bedeutende literarische Geschenk des antiken Lesbos an das Abendland. (JN)

Lesbos ❖ Eresos – Wo die Götter ihre Gerste kauften

Alles zählt längst nicht soviel wie
herrlichkörnige Gerste,
die denn zu Lesbos auf wogenumfluteter
Höh' des berühmten
Eresos weißer als himmlischer Schnee ist.
Und wollen die Götter
Gerstenbrei essen, macht Hermes sich auf
und kauft sie von dorten.

Archestratos von Gela

Eresos war eine recht kleine Stadt, die etwas östlich des Südwestkaps von Lesbos unmittelbar am Meer lag. Die antike Siedlung erstreckte sich zu Füßen einer «wogenumfluteten Höh'», wie es in einem Gedicht des Archestratos heißt, von dem unten noch die Rede sein wird. Auf diesem schildkrötenpanzerartigen Rücken lag einst die Akropolis von Eresos, an ihrem westlichen Fuß befand sich die Agora, an ihrem südlichen der Hafen mit einer künstlichen Mole, die noch heute genutzt wird. Das antike Eresos wird heute von der modernen Siedlung Skala Eresu (d. h. «Hafen von Eresos») überdeckt (Abb. 19); überall im Dorf stößt man bei Bauarbeiten auf antike Ruinen. Das neugriechische Eresos liegt weiter im Landesinnern, da die Bewohner des Städtchens am Meer im 18. Jh. aus Furcht vor dauernden Piratenüberfällen ins Landesinnere umgezogen sind und den altehrwürdigen Namen dorthin mitgenommen haben.

Eresos war im Altertum für seinen exzellenten Wein bekannt. Der kaiserzeitliche Mediziner Galen (129–199 n. Chr.), der aus dem von Lesbos nicht weit entfernten Pergamon stammte, hielt den Wein von Eresos für den besten unter den an sich schon guten lesbischen Weinen. Geschätzt wurde der eresische Wein schon in viel früherer Zeit. Zu Beginn des 6. Jhs. v. Chr. verkaufte Sapphos Bruder Charaxos Wein aus Eresos und vielleicht auch noch andere gute Tropfen von der Insel nach Ägypten. In einem bekannten Gedicht fleht Sappho Aphrodite und die Meeresgöttinnen an, ihren Bruder von einer dieser Handelsfahrten sicher heimkehren zu lassen. Dabei geht es der Dichterin nicht nur um die Gefahren auf See, sondern auch um die gefährliche Attraktivität einer gewissen Doricha, in die sich im fernen Ägypten der betuchte Handelsherr aus Lesbos verliebt hatte. Mehr über die Skandalgeschichte um Sapphos Bruder plaudert Herodot aus. Er – an jederlei Klatsch interessiert – erzählt, daß Doricha ein bekanntes Freudenmädchen war, das unter dem Künstlernamen Rhodope, d. h. «Rosenauge», seinem einträglichen Gewerbe nachging. Charaxos hatte sie, vermutlich für eine hohe Summe, von ihrem Besitzer freigekauft. Von da an arbeitete sie auf eigene Rechnung und verewigte sich schließlich noch mit einer kuriosen Weihung in Delphi: Sie stiftete dem Tempel eine Reihe riesiger Bratspieße. Sappho fürchtete, wie aus ihrem Gedicht hervorgeht, daß die schöne Hetäre aus Naukratis ihren Bruder erneut umgarnen und um viel Vermögen bringen könnte, so daß ihm von den riskanten Handelsreisen nichts übrigbliebe. Spuren des intensiven antiken Weinanbaus im Hinterland von Eresos haben Archäologen unserer Tage bei Surveys entdecken können: Im Altertum waren viele Hänge terrassiert und mit Weinstöcken bepflanzt.

In den Küstenebenen von Eresos wuchs eine bekannte, wohlschmeckende Gerste, die in der Antike oft für die Herstellung von Gerstenbrei hergenommen wurde. Von Archestratos aus dem sizilischen Gela, der um die Wende vom 4. zum 3. Jh. v. Chr. einen kulinarischen Reiseführer schrieb, sind einige Verse erhalten geblieben, in denen er die Gerste von Eresos über alles lobt: Wenn die Götter Gerstenbrei essen wollten, schickten sie Hermes nach Eresos, um dort die Gerste dafür einzukaufen. Kleine Bronzemünzen von Eresos tragen auf der Vorderseite den Kopf des Hermes, auf der Rückseite eine Ähre, als ob sie auf diese Geschichte von den Müsli essenden Göttern anspielen wollten.

Ansonsten gilt für das kleine Städtchen Eresos das, was der zu Unrecht fast vergessene deutsche Dichter Wieland in seiner «Geschichte der Abderiten» gesagt hat: An keinem Ort der Welt kann die Luft so dünn sein, daß nicht doch einmal ein berühmter Mann aus ihm stammen kann. Aus dem abgelegenen Landstädtchen Eresos sind gleich zwei bekannte Persönlichkeiten hervorgegangen: Die bereits erwähnte Dichterin Sappho wurde um 600 v. Chr. in Eresos geboren. 372 v. Chr. erblickte Theophrast (gest. 287 v. Chr.) dort das Licht der Welt. Sein äolischer Vater hatte ihn Tyrtamos genannt, doch da er unter diesem Namen litt, hatte Aristoteles ihn in Theophrast, «der von Gott Begabte», umbenannt. Theophrast war ein Schüler von Platon und Aristoteles und übernahm von letzterem die Leitung der peripatetischen Philosophenschule in Athen. Sie erlebte unter ihm eine Blüte. Er war ein ähnliches Universalgenie wie Aristoteles und ebenso fleißig wie er – 225 Schriften soll er verfaßt haben, von denen die meisten allerdings verloren sind. Das Schwergewicht seines Schaffens lag auf der Erforschung der Natur. Sein bekanntestes Werk sind jedoch die «Charaktere», 30 Einzelstudien über menschliche Typen, wie etwa «Der Pfennigfuchser» («Wenn er etwas verkauft, berechnet er seinen Preis so, daß der Käufer ja keinen Vorteil davon hat») oder der «Alte Narr» («Wenn er in ein Mädchen verliebt ist, wütet er mit Brecheisen gegen ihre Tür, bezieht vom Nebenbuhler Prügel, und die Geschichte hat noch ein gerichtliches Nachspiel»). Der berühmte Humanist Willibald Pirckheimer hat den griechischen Text des Theophrast 1527 ins Lateinische übertragen und Albrecht Dürer gewidmet. Seit dem 17. Jh. bilden im Abendland die Skizzen des großen Gelehrten aus Eresos die Grundlage für die Darstellung menschlicher Charaktere. (JN)

Lesbos ◊ Methymna – Die Heimatstadt des Delphinreiters

Seeräuber stürzten vor Zeiten auf dem Tyrrhenischen Meere
grausam den Sänger von Bord, jäh in den Strudel hinab.
Doch ein Delphin bot jenem den Rücken, und während Arion
Kithara spielte, durchschoß schwimmend sein Retter die Flut,
bis er den Isthmos Korinths erreichte. So zeigen im Meere
Fische mehr Anstand und Recht, als je die Menschen es tun.

Bianor

Es ist das idyllische griechische Dorf Molivo (d. h. «Blei»), das die grandiose Lage des alten Methymna auf dem westlichen Nordkap von Lesbos geerbt hat. Von der antiken Stadt, welche einst auf jener Halbinsel lag, die sich nach Norden ins Meer vorschiebt, sind nur spärliche Reste erhalten, und es ist das große Verdienst des deutschen Archäologen Hans-Günter Buchholz diese in mühevollster Kleinarbeit aufgespürt und in einem akribisch ausgearbeiteten Buch bekannt gemacht zu haben (Abb. 18). Mittelalter und Neuzeit haben die Monumente

der Antike auf der Halbinsel aufgefressen; das gilt gleichermaßen für das «Bleidorf», in dem im Mittelalter Blei aus lesbischen Minen verarbeitet wurde, wie für die Genueserburg, die heute die antike Akropoliskuppe einnimmt. Gleiches trifft auch auf den modernen Hafen an

Abb. 18 Lesbos: Von Methymna, der zweitmächtigsten Stadt der Insel, sind nur spärliche Spuren erhalten geblieben. Die Akropolis wird seit dem Mittelalter von einer genuesischen Burg eingenommen.

der Südwestspitze der Halbinsel zu, der sich über die bescheidenen Reste seines antiken Vorgängers gelegt hat und diese mit Beton zudeckt. Insofern kann Molivo, das heute wieder Methymna heißt, dem Anspruch seines großen Namens kaum gerecht werden, und die Erwartungen eines altertumsbegeisterten Ruinenpilgers werden trotz des kleinen lokalen Museums enttäuscht. Nur Ausgrabungen könnten mehr Monumente ans Licht bringen. Bis dahin ist der Blick aus der Perspektive der Götter aufschlußreicher und erfreulicher als die irdische Annäherung.

Und dabei war Methymna in der Antike nach Mytilene, mit dem es rivalisierte, die mächtigste Stadt der Insel. Ihre Lage ermöglichte es ihr, die Durchfahrt zwischen der Insel Lesbos und dem gegenüberliegenden kleinasiatischen Festland zu kontrollieren. Die Kontrolle über diese verkehrsreiche Meerestraße war strikt, da Methymna auch das gegenüberliegende Festland der südlichen Troas beherrschte. Der antike Geograph Strabon erzählt nämlich, daß Methymna das dort liegende Assos unterworfen und zu einer griechischen Stadt gemacht habe. Auf Lesbos verfügte Methymna über ein ertragreiches Territorium, das es in recht aggressiver Weise erweiterte, indem es kleinere Städte wie Antissa und Arisba vereinnahmte. Eresos mußte sich durch eine Vielzahl stark befestigter Grenztürme vor dem gefährlichen Nachbarn schützen.

Methymna gehörte zu den großen Weinproduzenten der Insel, und so ist es nicht verwunderlich, daß Dionysos der Hauptgott der Stadt war. Er wurde in Methymna mit dem Beinamen Methymnaios verehrt. Dieser Kultname wurde nicht nur mit dem Stadtnamen in Verbindung gebracht, sondern auch mit dem griechischen Wort *methy*, das soviel wie «Rauschgetränk, Wein» bedeutet; das deutsche Wort Met ist aus derselben indoeuropäischen Wurzel gebildet. So konnte der Name Methymna als «Stadt des berauschenden Getränks bzw. des Berauschers», d. h. des Dionysos, verstanden werden. Wenn diese Herleitung des Stadtnamens auch der Volksetymologie zuzurechnen und er in Wirklichkeit wohl vorgriechischen Ursprungs ist, so war das doch keine schlechte Werbung für den Weinexport! Allerdings war Dionysos in Methymna weitaus mehr als ein bloßer Schützer der Reben. Er war auch ein Fruchtbarkeitsgott, der als Phallen, «der Phallische», bezeichnet wurde. Sein Kopf aus Ölbaumholz war angeblich vor langer Zeit von Fischern aus dem Meer gezogen worden und wurde seitdem als gottgesandtes Kultbild hoch verehrt und auf Münzen der Stadt wappenartig abgebildet. Ein delphischer Orakelspruch hatte der Stadt den ungewöhnlichen Fang ihrer Fischer gedeutet und erklärt, daß es sich um ein Bild des Dionysos Phallen handele und die Stadt es als göttliches Geschenk verehren müsse. Später haben sich ein heidnischer Religionskritiker und der Bischof und Kirchenhistoriker Eusebios von Kaisareia (ca. 260–340 n. Chr.) über diese Geschichte lustig gemacht: Allein menschliche Phantasie habe ein Stück Ölbaumholz, das durch eine Laune der Natur einem menschlichen Gesicht glich und ins Meer gefallen war, in ein Gottesantlitz verwandelt.

Der berühmteste Sohn von Methymna war der Kitharasänger und Dichter Arion. Er soll die Vorform der griechischen Tragödie, den Dithyrambos, entwickelt haben. Um 600 v. Chr. hielt er sich am Hof des korinthischen Tyrannen Periander auf. Da sein Werk fast völlig verloren ging, ist er für uns eher eine mythische Gestalt als eine literarische Realität. Berühmtheit erlangte er durch eine Geschichte, die uns neben anderen Herodot ausführlich erzählt hat: Auf einer Reise von Italien nach Korinth raubte die Mannschaft des Schiffes, auf dem er fuhr, ihn aus, ließ ihn noch ein Abschiedskonzert geben und warf ihn dann kurzerhand ins Meer. Angelockt von den bezaubernden Tönen des Arion kamen Delphine herbei, und einer von ihnen nahm den Sänger auf seinen Rücken und trug ihn sicher zum Tainaron an der Südspitze der Peloponnes. Von hier ging er nach Korinth, wo er noch vor den Seeleuten ankam und Anzeige erstattete. Die schöne Geschichte sollte einerseits zeigen, daß Apollon seine Dichter nicht im Stich läßt, und andererseits, wie musikliebend und menschenfreundlich Delphine sein können. Die Bürger von Methymna waren stolz auf diesen berühmtesten Sohn ihrer Stadt und bildeten ihn auf ihren Münzen ab. Ein anderer bekannter Sproß Methymnas war der Lokalhistoriker Myrsilos, der in der 1. Hälfte des 3. Jhs. v. Chr. lebte und neben seinem Geschichtswerk auch ein Buch mit «Wundergeschichten» verfaßt hat. Sehr wahrscheinlich wird er darin auch über seinen Landsmann Arion geschrieben haben. (JN)

Auf der vorhergehenden Doppelseite:

Abb. 19 Lesbos: Blick auf das antike Eresos von Süden. Östlich des modernen Dorfes Skala Eresu, das über der antiken Siedlung liegt, erhebt sich der Akropolisberg, der heute Vigla heißt. Am Westfuß der Akropolis wurde die antike Agora lokalisiert. Der mit einer künstlichen Mole ausgestattete moderne Hafen überdeckt den antiken.

Die Arginusen – Ein Lehrstück über Volksgerichtsbarkeit

> Die Feldherrn der Athener beschlossen nun, Theramenes und Thrasybulos, die beide Trierarchen waren, sowie einige der Taxiarchen sollten mit 47 Schiffen auf die Suche nach den versenkten Schiffen und nach den darauf befindlichen Menschen ausfahren . . . An der Ausführung dieser Absicht wurden sie aber durch ein aufkommendes Unwetter mit heftigem Sturm gehindert.
>
> Xenophon, Hellenika

Vor dem kleinasiatischen Festland, südöstlich der Südspitze von Lesbos, ragen drei kleine Inselchen und einige Felsnasen aus dem Meer. Sie heißen Arginusen und bezeichnen in den Annalen des Peloponnesischen Krieges einen Seesieg der Athener über die Spartaner, der im Jahre 406 v. Chr. in ihrer unmittelbaren Nähe erfochten wurde. Stünde ihr Name nur für dieses Seegefecht, er wäre längst wie andere Schlachten dieses langen und blutigen Krieges vergessen, doch der mit ihnen verbundene Arginusenprozeß hat sich für immer ins Gedächtnis der Nachwelt eingegraben.

Im Jahre 406 v. Chr., nachdem es den Spartanern gelungen war, die athenischen Schiffe mitsamt ihrem General Konon im Hafen vom Mytilene auf Lesbos einzuschließen, schien das Schicksal Athens besiegelt und das Ende des schon fast 30 Jahre dauernden Krieges greifbar nahe. Doch Athen rüstete ein allerletztes Mal eine Flotte von 150 Trieren aus, die im August des gleichen Jahres bei den Arginusen auf die spartanischen Kriegsschiffe traf. Obwohl die athenischen Trieren weit in der Überzahl waren, nahm der spartanische Nauarch Kallikratidas den Kampf an. Er verlor insgesamt 70 Schiffe; als schließlich sein eigenes gerammt wurde, fiel er von Bord und ertrank in den Fluten. Die Peloponnesier lösten daraufhin ihre Gefechtsreihe auf und segelten nach Chios und Phokaia, während die siegreichen Athener sich bei den Arginusen sammelten.

Die See, die auf unserem Bild (Abb. 20) mit tiefblauem Wasser in heiterem Sonnenschein daliegt, bot nach der Schlacht ein Bild des Grauens: Das Wasser war, um mit Aischylos' Worten zu sprechen, «mit Schiffstrümmern und mit Menschenleichen voll», mit Überlebenden, die sich krampfhaft an zerborstene Schiffsteile klammerten und darauf hofften, an Land getrieben oder von einem zu Hilfe kommenden Schiff gerettet zu werden. Die athenischen Strategen, die «nur» den Verlust von 25 Trieren zu beklagen hatten, schickten sofort 47 Schiffe los, um die Überlebenden aufzusammeln, doch zog völlig unerwartet ein Sturm über der See auf, und die urplötzlich entfesselten Naturgewalten warfen viele der intakt gebliebenen Schiffe auf die Klippen und vereitelten jeden Rettungsversuch. Notgedrungen, wollten sie nicht noch weitere Menschenleben opfern, mußten die Athener die in schwerer See treibenden Schiffbrüchigen ihrem Schicksal überlassen.

Bei ihrer Heimkehr nach Athen erstatteten die Strategen getreulich Bericht über den Hergang der Dinge, doch wurden sie mit Ausnahme des belagerten Konon inhaftiert. Theramenes, jener Trierarch, der zur Rettung der Schiffbrüchigen ausgesandt worden war und das Vorhaben im Sturm wie alle anderen hatte aufgeben müssen, warf jetzt in der eilig einberufenen Volksversammlung den Strategen unterlassene Hilfeleistung vor. Dieser Theramenes, der bereits 411 v. Chr. bei dem oligarchischen Putsch aufgefallen war und zwei Jahre später von seinen revolutionären Genossen zum Trinken des Schierlingsbechers gezwungen werden sollte, sorgte auch dafür, daß sich ein gewissenloses Subjekt fand, das den Antrag stellte, das Volk öffentlich darüber abstimmen zu lassen, ob es die Feldherren für schuldig halte, die Seeleute dem Tod durch Ertrinken preisgegeben zu haben, und, wenn ja, sie zum Tode zu verurteilen. Abgesehen von der moralischen Unmöglichkeit dieses Ansinnens, war dieser Antrag gesetzeswidrig, da jedem Angeklagten nach athenischem Recht ein eigenes Verfahren zustand. Zudem wurde keinem eine Verteidigungsmöglichkeit gegeben, und bei dem geforderten Abstimmungsverfahren konnte auch die vorgeschriebene Geheimhaltung bei der Stimmabgabe nicht zur Durchführung kommen. Als sich endlich jemand aufraffte, das groteske Spektakel unter Verweis auf die geltende Rechtsordnung zu stoppen, «schrie die Menge, es sei doch unerhört, wenn man das Volk hindern wolle, zu tun, was ihm beliebe.» Auch die ausgestoßenen Drohungen verfehlten ihre Wirkung nicht: Unter dem Beifallsgekreisch des versammelten Pöbels knickte der Rat ein und ließ die gesetzeswidrige Abstimmung über Leben und Tod zu. Ganz demokratisch verurteilten jetzt die athenischen Bürger die bei den Arginusen siegreichen Strategen zum Tode, unter ihnen auch den gleichnamigen Sohn des Perikles aus dessen Verbindung mit Aspasia. Und obwohl jedem das schreiende Unrecht bewußt war, wurde das Urteil sogleich vollstreckt. Nur eine einzige Stimme erhob sich gegen dieses eklatante Unrecht. Es war Sokrates, der schon seit langem die Athener mit seinem ewigen Nach- und Hinterfragen nervte und der damals zufällig Ratsherr seiner Phyle war. Er setzte mit seinem mutigen Auftreten nicht weniger als sein Leben aufs Spiel, denn der in seinem Wahn gefangene, richtende athenische Souverän hätte ihn um ein Haar gelyncht. Die Athener scheinen dem Sokrates seinen Widerstand gegen die Volksmeinung nachgetragen zu haben; wenige Jahre später dürfte nicht zuletzt dieses Veto zu seiner willkürlichen Verurteilung wegen Gottlosigkeit beigetragen haben. (HS)

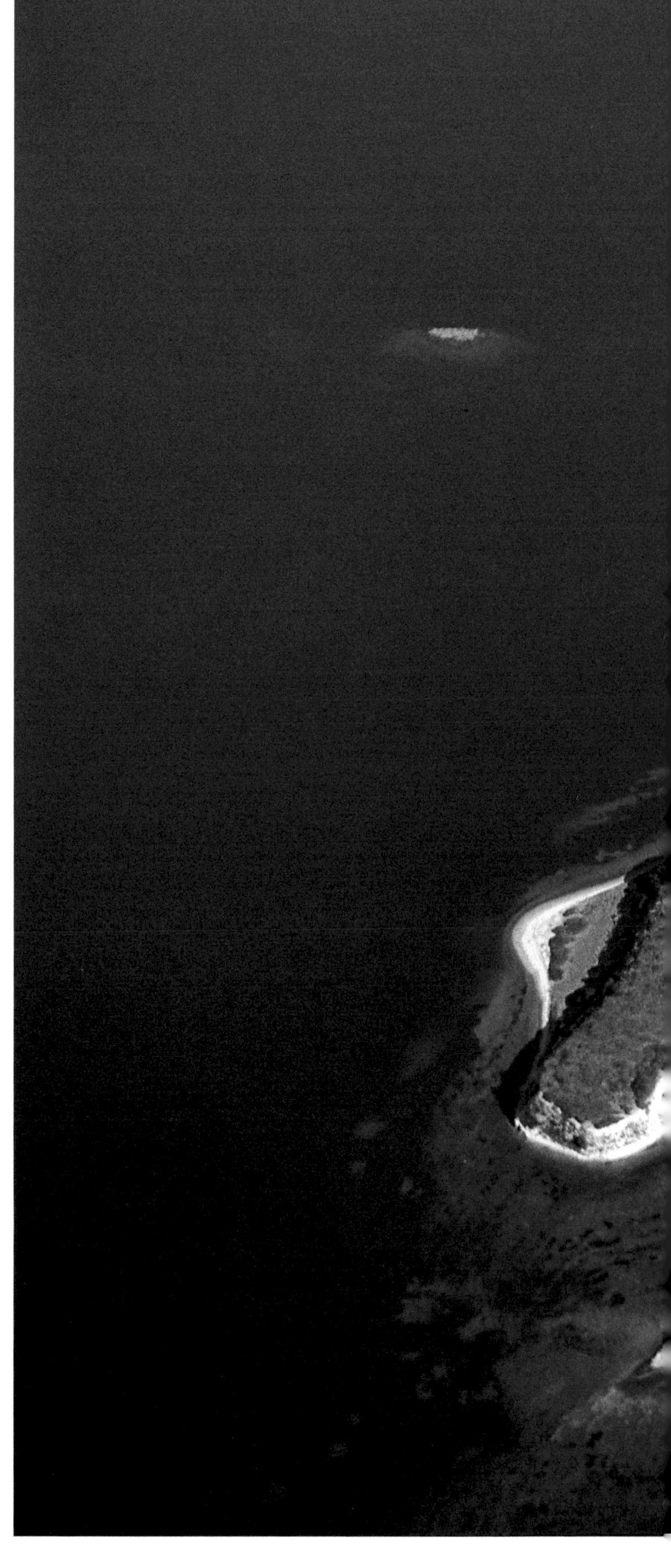

Durch Ägäis' Wogen fahrend, kommt
so mancher Krug aus Chios' Weinland her.

Kallimachos

Les Turcs ont passé là. Tout est ruine et deuil.
Chio, l' île des vins, n' est plus qu' un sombre écueil,...
(Die Türken waren da. Alles ist zerstört und in Trauer,
Chios, die Insel der Weine, ist nur noch eine düstere
Erinnerung.)

Victor Hugo, L' enfant grec

Chios – Wein und Mastix

Ungefähr 8 km liegen zwischen der Halbinsel von Erythrai (heute Çeşme-Halbinsel), die sich vom kleinasiatischen Festland in die Ägäis vorschiebt, und Chios, der 858 km² großen Insel in Form einer stilisierten Niere. Noch heute macht die Insel mit den ausgedehnten Kiefernwäldern ihrem antiken Beinamen Pityussa, die «Tannenreiche», alle Ehre. Doch sind es nicht die Wälder im gebirgigen Norden, die das Bild der Insel bestimmen, sondern der nur im flacheren Süden wachsende immergrüne Mastixstrauch, die Pistacia lentiscus, aus deren

Abb. 20 Die Inselgruppe der Arginusen vor der Küste Kleinasiens gegenüber der Südspitze von Lesbos.

Früchten ein grünliches bis farbloses Harz gewonnen wird, das noch heute der wichtigste Exportartikel der Insel ist. Man kann es einfach als Kaugummi konsumieren, es ist aber auch zur Herstellung unterschiedlichster Produkte geeignet, für Zahnpasta ebenso wie für Lackstabilisatoren.

Schon die Antike schätzte diese Tränen des Mastixstrauches als Heilmittel und Weihrauch. Seit jeher widmen sich die Chier hingebungsvoll der Pflege verschiedener Kulturpflanzen – Mastixsträucher erfordern wie Reben und Oliven eine lange Vorlaufzeit, ehe sie nach rund zehn Jahren die ersten «Früchte» tragen – und ringen so dem nur eingeschränkt ergiebigen Boden reiche Erträge ab. In der Antike war auch der auf Chios angebaute Wein ein echter Exportschlager: Es handelte sich um einen dunkelroten und süßen Wein, den schon Homer als feurig und höchst belebend pries. Der Historiker Theopomp (2. Hälfte des 4. Jhs. v. Chr.), ein gebürtiger Chier, behauptet, daß dieser dunkle Rotwein zuerst auf Chios gewachsen sei, denn die Insulaner hätten das Anpflanzen und Aufziehen der Reben als erste aller Menschen direkt von Oinopion, dem Sohn des Dionysos, gelernt. Von diesem Lokalpatriotismus abgesehen, belegen die über die ganze alte Welt verbreiteten Amphorenstempel aus Chios, wie begehrt der Wein von dieser Insel tatsächlich war. Im 5. Jh. v. Chr. kostete eine Amphore mit ca. 30 hl in Athen ungefähr eine Mine, also 100 Drachmen. Wenn man weiß, daß damals 2–3 Obolen (6 Obolen bildeten eine Drachme) den Tagesbedarf einer Familie deckten und den durchschnittlichen Tageslohn bildeten, kann man ermessen, was für ein Luxusgut ein Krug Chierwein gewesen sein muß, auf den im Laufe der Jahrhunderte so manches Epigramm verfaßt wurde.

Um 1000 v. Chr. ließen sich ionische Griechen auf der Insel nieder und verbreiteten auf ihr die griechische Sprache und Kultur. Chios gehörte zu den Städten, die den Anspruch erhoben, Heimat des blinden Sängers Homer zu sein. Die chiotische Rhapsodengilde der Homeriden gab vor, sein Erbe zu pflegen, und betrieb schulmäßig epische Dichtkunst. Selbst die moderne Insellegende beansprucht den berühmten Dichter für Chios: In Vrondados, einem Städtchen einige Kilometer nördlich von Chios-Stadt, zeigt man die sog. Daskalopetra, den «Lehrerstein». Es ist eine Felsplattform, von der aus Homer zu seinen Schülern gesprochen haben soll, und im Gedenken an den größten griechischen Dichter nennt sich der Ort auch Omirupolis, «Homerstadt». Doch Homer stammte wahrscheinlich nicht aus Chios, sondern eher aus Smyrna, und der «Lehrerstein» ist in Wirklichkeit ein Heiligtum der Naturgöttin Kybele aus dem 6. Jh.v. Chr.

Das Zentrum der Insel war stets die der kleinasiatischen Küste zugewandte Polis Chios an der Ostseite der Insel. Im 7. Jh. v. Chr. erlebte die Stadt eine wirtschaftliche und kulturelle Blüte. Sie beteiligte sich an der griechischen Kolonisation und gründete in Thrakien die Städte Ainos und Maroneia. Die fünftgrößte Insel Griechenlands galt zu Recht als eine der reichsten, wenn nicht gar als die reichste griechische Insel – ein Zustand, an dem sich bis heute nichts geändert hat. Sind es heute die Einnahmen aus der Seefahrt – auf Chios haben bedeutende Reedereien ihren Sitz – und dem Mastixexport, beruhte der antike Reichtum neben der Mastix- und Weinproduktion auch auf der Findigkeit und dem Geschäftssinn seiner Bürger. Glaukos, ein einheimischer Handwerker, soll das Schweißen von Eisen erfunden haben, während vorausschauende Unternehmer in den Werkstätten der Insel angeblich zum ersten Mal in großem Stile Industriesklaven eingesetzt haben.

Trotz oder gerade wegen ihrer Geschäftstüchtigkeit standen die Chier bei den anderen Griechen offenbar in recht schlechtem Ruf. «Die Chier sind Lumpen», behauptete im 5. Jh. v. Chr. der Epigrammdichter Demodokos von Leros, «nicht manche, | alle sind's; Proklos nur nicht, doch ist ein Chier auch er.» Auch wurde eine nicht gerade hohe Würfelkombination «Chier» genannt, was in der Literatur häufig Anlaß zu Hohn und Spott bot. Und noch heute spricht der Neid und die Mißgunst der weniger Wohlhabenden und Tüchtigen aus so manchem neugriechischen Sprichwort, wenn es heißt, «Leben bzw. Essen oder Lachen wie auf Chios» oder «Alle Chioten sind verrückt, die einen mehr, die anderen weniger!»

Obwohl Chios immer eine reiche und damit eine interessante Insel war, wissen wir auffallend wenig über seine Geschichte. Während des Peloponnesischen Krieges entwickelten sich die Gewässer um die Insel zu einem Hauptschauplatz kriegerischer Auseinandersetzungen. Chios selbst hatte 412 v. Chr. dem athenischen Bündnis den Rücken gekehrt und sich auf die spartanische Seite geschlagen. Trotz der lästigen, unbezahlten Söldnermannschaften der Peloponnesier, die einmal sogar die Stadt Chios überfallen wollten, um ihrem ärgsten Mangel abzuhelfen, hat die Insel es irgendwie geschafft, relativ unbeschadet diesen zerstörerischen Krieg zu überstehen. Knapp 100 Jahre später begann mit Alexanders Globalisierung erneut eine wirtschaftliche Blütezeit, als die Insel ein wichtiger Umschlagplatz für Waren wurde, die vom Schwarzen Meer und dem nördlichen Kleinasien nach Westen, in die Levante und nach Ägypten gehandelt wurden.

Den ersten schweren Schlag, von dem wir wissen, traf die Insel im Jahre 88 v. Chr., nachdem sie sich Mithridates VI. von Pontos bei seinem Feldzug gegen Rom angeschlossen hatte. Mithridates war trotz seiner schönen Parolen ein pathologischer Mörder und orientalischer Despot, der wahllos Menschen erschlagen ließ. Ein mit ihm verbündetes Kriegsschiff aus Chios hatte in der Seeschlacht bei Rhodos sein königliches Flaggschiff gerammt, weswegen er einen tiefen Groll gegen alle Chier hegte. Er ließ bei Nacht die Insel durch seinen Feldherrn Zenobios besetzen und die Bürger zu einer Versammlung zusammenrufen. Zenobios eröffnete ihnen kurz und

Abb. 21 Chios: Das Kastron von Chios-Stadt im Nordwesten des modernen Stadtzentrums.

bündig, daß der König ihnen mißtraue und argwöhne, sie wollten sich auf die Seite der Römer schlagen. Diesen Verdacht könnten sie aber von sich abwenden, wenn sie ihre Waffen und die Kinder der angesehensten Familien als Geiseln auslieferten. Kaum waren die Chier dieser Forderung nachgekommen, mußten sie auch schon die Folgen ihres Nachgebens erkennen: Mithridates ließ sie postwendend wissen, seine Berater seien der Meinung, Leute, die immer noch den Römern zugetan seien und deren Schiff das seinige gerammt hätte, könne man nicht am Leben lassen. Er aber sei gnädig, und verurteile sie «nur» zu einer Geldstrafe von 2000 Talenten, was selbst für die reiche Insel eine Unsumme war. Da die Chier sich selbst ihrer Waffen beraubt hatten, konnten sie den barbarischen Besatzern keinen Widerstand mehr entgegensetzen. Von überall her trugen sie Geld und Edelmetall zusammen, die Schätze aus den Tempeln ebenso wie den Schmuck der Frauen, um die Forderung des Mithridates zu erfüllen. Doch am Ende erklärte der Beauftragte des Königs, die geforderte Summe sei nicht zusammengekommen, strich das Geld ein und ließ die Einwohner, ganz gleich ob es nun Kinder, Frauen oder Männer waren, im Theater zusammentreiben. Von hier brachte man sie auf Schiffe und verfrachtete sie unter allerlei Mißhandlungen durch die Geleitmannschaften zum Schwarzen Meer.

Von der antiken Stadt, in der sich all die Höhen und

Tiefen der Geschichte des alten Chios abspielten, ist nichts mehr erhalten geblieben. Dafür hat allein schon die kontinuierliche Besiedlung des Ortes gesorgt; was von dieser verschont blieb, haben das türkische Massaker von 1822 und das schwere Erdbeben von 1881 beseitigt. Heute sehen wir an der Stelle der antiken Polis das Kastron im Norden des modernen Stadtzentrums mit Resten, An- und Umbauten späterer Jahrhunderte (Abb. 21). Zum Zeitpunkt seiner Entstehung im 10. Jh. umfaßte das Kastron die ganze Stadt, doch bald wuchs es über den von Gräben umgebenen Mauerring hinaus. Es diente Byzantinern, Venezianern, Genuesen, und Türken als Wohnort und Festung zugleich. 1828 wurde es durch Artilleriebeschuß stark beschädigt, beim Erdbeben von 1881 schwer in Mitleidenschaft gezogen und zu Beginn des 20 Jhs. beinahe völlig zerstört, als die ganze Südseite für den Hafen der neuen Stadt abgetragen wurde.

Die langen Jahrhunderte des römischen Friedens fanden auf Chios im 7. Jh. n. Chr. mit der Besetzung durch die Sarazenen ein jähes Ende. Die Venezianer eroberten die Insel im Jahre 1172, konnten sie aber nicht lange halten und verloren sie an die Genuesen. 1347 schloß Genua mit dem Kaiser in Byzanz einen Vertrag, der Chios erneut Ruhm und Wohlstand bringen sollte. Genua übernahm die Verwaltung der Insel und erhielt im Gegenzug das Monopol für die Produktion und den Verkauf von Mastix. Dieses Privileg übertrug Genua auf die Maona, eine genuesische Handels- und Aktiengesellschaft, die auf Chios auch die Kultur von Zitrusfrüchten und die Seidenraupenzucht einführte. Jedem Dorf war eine bestimmte Anbaufläche und ein Erntesoll vorgeschrieben, was für die optimale Nutzung des Landes sorgte. Die Maona betrieb auch auf dem alten Festlandbesitz von Chios beim antiken Phokaia – italienisch Foglia genannt – Alaungruben, die der Gesellschaft wahrscheinlich noch mehr einbrachten, als die Exporte von der Insel selbst. Die Teilhaber der Maona, die sich Giustiniani nannten, bezogen hohe Jahresdividenden. Trotz des ausgeprägten Wirtschaftsdenkens kam die Kultur auf Chios nicht zu kurz. In der «homerischen Villa» hatte der Dichter Andriolo Banca Giustiniani (1385–1456) eine Bibliothek mit 2000 Handschriften eingerichtet. Dort kehrte z. B. der berühmte Reisende Cyriacus von Ancona ein; am Ende des 15. Jhs. stattete auch Christoph Columbus, der spätere Entdecker der Neuen Welt, dem Haus einen Besuch ab. Dennoch war das Verhältnis der Maona zur griechischen Bevölkerung nicht ungetrübt, obwohl dieser freie Religionsausübung zugesichert worden war. Die bäuerliche Bevölkerung hatte nämlich nur einen halbfreien, an die Scholle gebundenen Status und war zu verschiedenen Frondiensten verpflichtet, während der einheimische Adel rangmäßig weit unter dem genuesischen Bürgertum stand und in einem eigenen Viertel der Altstadt wohnte.

Nachdem Genua formell seine Kolonie aufgegeben hatte, besetzten die Türken im Jahre 1566 Chios. Als Gut der Sultanin, die – wie die meisten Haremsdamen – den Mastix sehr schätzte, bewahrte sich die Insel zahlreiche Privilegien und bildete eine eigene Provinz. Ihre Mastixproduktion war so wichtig, daß die Türken die Insel Sakız, «Mastix», nannten. Die Mastixdörfer, deren Bewohner – ähnlich wie die Janitscharen – einen weißen Turban tragen durften, standen unter besonderem Schutz. Auch die Seiden- und Textilproduktion blühte auf Chios weiter; die feinen Damaste, Brokate und Satins aus Chios fanden ihren Weg nicht nur nach Smyrna, Konstantinopel und Saloniki, sondern bis nach Kairo und in den ferneren Orient. Damit war 1822 schlagartig Schluß, als Lykourgos Logothetis, ein Aufständischer aus Samos, nach Chios kam, um die Insel in einer dilettantischen Aktion zu befreien. Obwohl sich die Bevölkerung von Chios seit Ausbruch des griechischen Aufstandes 1821 dem Osmanischen Reich gegenüber loyal gezeigt hatte, fuhr der Kapudan Pascha Kara Ali, der Oberbefehlshaber der türkischen Ägäisflotte, in den Hafen von Chios ein und begann mit der Zerstörung der Insel und der systematischen Ausrottung der Bevölkerung. Innerhalb von 15 Tagen schlachteten die Türken mit Ausnahme der Mastixbauern mehr als 100 000 Einwohner der Insel ab oder verschleppten sie in die Sklaverei. Nur ungefähr 15 000 gelang es, sich in Sicherheit zu bringen. Kurze Zeit später überfiel Konstantin Kanaris, der von der kleinen Nachbarinsel Psara stammte, die türkische Flotte im Hafen von Chios und brannte das türkische Flaggschiff nieder. Blind vor Wut töten die Türken jetzt auch die bislang verschonten Mastixbauern. Diese Türkengreuel empörten damals ganz Europa und fanden einen Nachhall in der zeitgenössischen Kunst. Berühmt wurden v. a. das Gemälde «Das Massaker von Chios» von Eugène Delacroix und Victor Hugos Gedichtzyklus «Les Orientales», und daraus besonders «L'enfant grec». Der Druck der europäischen Öffentlichkeit wurde damals so stark, daß selbst jene europäischen Regierungen, die sich bis dahin durch das Ignorieren unangenehmer Tatsachen ausgezeichnet hatten, gezwungen wurden, ihre Neutralitätspolitik zugunsten der Osmanen aufzugeben und die griechischen Aufständischen zu unterstützen. Erst nach dem Ende des Krieges konnten die Überlebenden des Massakers auf die Insel zurückkehren, doch zerstörte im Jahre 1852 ein strenger Frost die Mastixplantagen. 1881 legte ein schweres Erdbeben, das 3500 Menschenleben forderte, die gesamte Insel mit dem, was die vorausgehenden Zerstörungen übriggelassen hatten, in Schutt und Asche.

Im Kloster Nea Moni, dem «Neuen Kloster» westlich von Chora, kann man heute noch Spuren dieser Zerstörungen sehen, denn in der Kapelle der Kreuzerhöhung werden die sterblichen Überreste von Opfern des türkischen Massakers gezeigt, das auch vor den Pforten des Heiligen Ortes nicht halt gemacht hatte. Die Menschen, die im Kloster Schutz gesucht hatten, wurden erschlagen, der Klosterschatz und die Bibliothek geplündert. Beim Erdbeben des Jahres 1881 erlitt dann die Kuppel der Klosterkirche schwere Schäden, während der Glockenturm ganz einstürzte. Nea Moni, über viele Jahrhunderte der religiöse Mittelpunkt der Insel und größter Grundbesitzer, war 1042 von dem frisch gekürten Kaiser Konstantinos Monomachos in Erfüllung eines Gelübdes gegründet worden (Abb. 22). Zwei Mönche hatten ihm die Kaiserwürde prophezeit, als er sich wegen der Teilnahme an einer Verschwörung in der Verbannung befand. Er versprach ihnen, sollten sie Recht behalten, das neue Kloster mit einer Stiftung zu bedenken. Und der Kaiser, in dessen letzte Jahre das Schisma zwischen Ost- und Westkirche fiel, hielt Wort: Er versah das Kloster reichlich mit ausgedehnten Ländereien, verschiedenen Privilegien und prächtigen Mosaiken, die es zu einem der künstlerisch bedeutendsten Kirchenbauten in der Ostägäis machen. Besonders beeindruckend ist die Klosterkirche der Mutter Gottes, deren oktogonale Grundform einer durch acht Pfeiler gestützten Kuppel von Konstantinopel übernommen wurde. Im inneren Narthex und im dem lichten, hohen Hauptraum leuchten goldglänzend die für die Ewigkeit ausgeführten Mosaiken. (HS)

Abb. 22 Chios: Das 1042 gegründete Kloster Nea Moni westlich von Chios-Stadt.

Abb. 23
Samos: Blick von Norden auf Pythagorion, das an der Stelle der antiken Polis Samos liegt. Unter dem modernen Ortskern wird die Agora vermutet. Südwestlich des Hafens das Kastron des 19. Jhs. mit der Metamorphosis-Kirche und antiken Resten.

Er stand auf seines Daches Zinnen,
und schaute mit vergnügten Sinnen
auf das beherrschte Samos hin.
«Dies alles ist mir untertänig»,
begann er zu Ägyptens König,
«Gestehe, daß ich glücklich bin.»

Friedrich Schiller,
Der Ring des Polykrates

Samos – Die Insel der Hera

Zwischen Priene und Milet schiebt sich vom kleinasiatischen Festland das hochaufragende Gebirge der Mykale gegen Westen ins Meer. Ihm gegenüber liegt greifbar nahe die Insel Samos mit ihren bewaldeten Bergen, deren homogener grüner Farbteppich wohltuend von den dunklen, auf der Insel allgegenwärtigen Zypressen aufgelockert wird. Die einzige antike Polis der Insel lag an der Ostküste, genau an der Stelle des heutigen Pythagorion (Abb. 23). Sie war der Mykale und dem Festland zugewandt, obwohl es an der Nordküste der Insel, an der die heutige Hauptstadt im 19. Jh. gegründet wurde, viel bessere Naturhäfen gibt. Aber Samos' Interessen waren v. a. auf das Festland ausgerichtet. Seit dem 8. Jh. v. Chr. war es Mitglied des «Ionischen Bundes der zwölf Städte», dessen kultisches Zentrum, das Panionion, auf der Mykale lag.

Samos, auf dem sich um die Wende vom 2. zum 1. Jt. v. Chr. ionische Siedler niederließen, trat während des 7. Jhs. v. Chr. ins Rampenlicht der Geschichte, als die Insel am Marmarameer die Kolonie Perinthos, in Kilikien die Städte Nagidos und Kelenderis gründete und Siedler auf die Insel Amorgos schickte. Von Anfang an hatte Samos bei seinen Unternehmungen eine glückliche Hand und erlangte dank seiner weitverzweigten Handelsverbindungen bald überregionale Geltung. Nach und nach entwickelte es sich zu einem Zentrum der östlichen Ägäis, das kulturell wie wirtschaftlich Griechenland und den Orient

miteinander verband, indem es für einen regen Austausch von Gütern aller Art sorgte. Nach längeren innenpolitischen Wirren griff um 538 v. Chr. ein gewisser Polykrates nach der Macht, und es gelang ihm schließlich, sich zum Tyrannen von Samos aufzuschwingen. Das Schicksal war ihm lange hold, denn unter seiner Herrschaft erlebte

Samos seinen kulturellen und politischen Höhepunkt. Nie zuvor und nie wieder danach konnte Samos über so weite Teile Griechenlands Macht ausüben: Polykrates schloß vielerlei Bündnisse, u. a. mit Ägypten, löste diese wieder, wenn die Zeitläufte es erforderten, eroberte und erpreßte die griechischen Inseln und die Städte Ioniens, und häufte so ein großes Vermögen an. Dabei spielte ein neuer Schiffstypus, den er bauen ließ, eine entscheidende Rolle. Das nach der Insel Samaina genannte Kriegsschiff konnte trotz großer Ladekapazitäten schnell segeln und somit eher als gewöhnlich am Einsatzort sein. Zusammen mit einer starken Flotte von Fünfzigruderern und Trieren war es eine der Hauptstützen des samischen Seereiches.

Das Samos des Polykrates scheint – wenn man nach dem Umfang der Stadtmauern und der Nekropolen urteilt – viel größer gewesen zu sein als das heutige Pythagorion. Die Mauern liegen auch in einiger Entfernung vom modernen Ort, so daß sie nicht mehr auf unserem Luftbild (Abb. 23) zu sehen sind. Schätzungen gehen von 20 000 Einwohnern aus, zu deren Versorgung im Belagerungsfall auch die Wasserleitung des Eupalinos gegraben wurde. Die von Norden her in die Stadt geführte Leitung ist aufgrund ihrer unterirdischen Lage ebenfalls nicht zu sehen. In einem Zeitraum von 15 Jahren hatte Eupalinos aus Megara einen 1036 m langen, nirgends mehr als 1,80 x 1,80 m dimensionierten Gang durch den Berg geführt, indem er gleichzeitig von beiden Seiten des Berges einen Tunnel zur Mitte hin vortrieb. Für die Zeitgenossen war es ein Wunder, daß die beiden Stollen sich trafen und die Berechnungen des Eupalinos sich als richtig erwiesen. Während Ein- und Ausgang des Tunnels auf exakt der gleichen Höhe lagen, lieferte im Inneren eine Rinne das nötige Gefälle. Nachdem ein erster Versuch zu seiner Freiräumung im Jahre 1882 gescheitert war, wurde er zwischen 1971 – 1973 von Hermann Kienast, einem Bauforscher des Deutschen Archäologischen Instituts, erforscht. Er konnte Indizien dafür finden, daß die Leitung über tausend Jahre lang in Betrieb war.

Während viele Reste von Häusern aus der Zeit nach Polykrates entdeckt wurden, ist uns bis jetzt die genaue Lage des alten Stadtmittelpunktes, der Agora, unbekannt geblieben. Man vermutet sie unter dem heutigen Siedlungszentrum von Pythagorion. Auch über die Lokalisierung des Polykrates-Palastes, von dessen «Daches Zinnen» Friedrich Schiller den Tyrannen über Samos blicken läßt, gibt es nicht mehr als Mutmaßungen. Vielleicht lag er auf jener kleinen Anhöhe westlich des Hafens, wo heute das sog. Logotheten-Schloß und die Metamorphosis-Kirche stehen. Dort fanden sich zwar Reste einer prähistorischen Siedlung aus dem 4./3. Jt. v. Chr., doch wurden durch die gewaltigen Baumaßnahmen, die mit der Errichtung der Festung zwischen 1822 und 1824 einhergingen, alle archäologisch auswertbaren Schichten und Überreste unwiederbringlich vernichtet. Es müßte schon ein Wunder geschehen, um das Stadtschloß des Polykrates zu entdecken, in dem, am Hof des Tyrannen, einst die Lyriker Anakreon von Teos und Ibykos von Rhegion wie auch der berühmte Arzt Demokedes von Kroton zu Gast waren. Dort dürfte um die Zeitenwende auch jener Palast gestanden haben, in dem Kleopatra und Marcus Antonius ihre ausschweifenden Feste feierten, nachdem sie 32 v. Chr. ihr Hauptquartier nach Samos verlegt hatten. Später versuchte Kaiser Augustus, als er die Winter der Jahre 21 – 19 v. Chr. auf der Insel verbrachte, die von den beiden angerichteten Schäden wiedergutzumachen. In dieser Residenz empfing er auch Gesandtschaften der Königin Kandake von Äthiopien, die ihm als Oberherrn huldigten, und eine Delegation aus Indien.

Im heutigen Stadtbild erinnern nur noch die Form des Hafens und die beiden Molen an Polykrates: Die Nord-Süd-Mole, die den Hafen abschließt, ist, wie leicht zu sehen ist, eine moderne Konstruktion, doch verläuft sie genau auf ihrer Vorgängerin aus archaischer Zeit. Damals wurde sie im Süden durch eine weitere Mole ergänzt, die den Hafen bis auf seine schmale Einfahrt abschloß. Sie lag an der Stelle, wo heute ein kurzer Steg ins Hafenbecken ragt, von dem aus sich die große Mole ins Meer erstreckt. Diese stammt zwar aus dem 19. Jh., doch verlief an ihrer Stelle im 7. Jh. v. Chr. der mehr als 296 m lange Damm, den Herodot als technische Meisterleistung feiert.

Anders als die umliegenden Inseln und die Städte des Festlandes brachte Samos keinen guten Wein hervor. Der Weinbau stand auf der Insel offenbar von Anfang an unter keinem guten Stern, denn der mythische König der Insel, Ankaios, nach dessen Sohn Samos die Insel ihren Namen erhielt, mußte mit der Weinproduktion eine tödlich endende Erfahrung machen: Ein Sklave hatte ihm nämlich prophezeit, er werde tot sein, bevor er noch einen Tropfen von dem Saft jener Weinstöcke getrunken habe, die er so fleißig kultivierte. Als die Trauben reif waren, ließ Ankaios sie pressen, rief voller Übermut den Unglückspropheten herbei und sagte ihm, daß er immer noch lebe und jetzt vorhabe, den ersten Rebensaft zu trinken. Der Diener konnte ihm darauf gerade noch «Viel liegt zwischen eines Bechers und der Lippen Rand» antworten, als dem König auch schon gemeldet wurde, eine Sau verwüste seine Weinberge. Ohne etwas von dem Traubensaft getrunken zu haben, stürzte er los, um das Wildschwein zu erlegen, und fand dabei den Tod.

Dieses Sprichwort hätte der Tyrann Polykrates, der sich

für sehr glücklich hielt, vielleicht beherzigen sollen, als er voller weitschweifender Pläne und offenbar ohne Argwohn eines Tages einer Einladung an den Hof des persischen Statthalters in das nahe Magnesia am Mäander folgte. Er war zwar mit ihm verfeindet, aber das war er mit vielen seiner Zeitgenossen, doch der Perser wollte sich mit ihm angeblich über die Gewinnung großer Reichtümer besprechen. Polykrates war entweder habgierig oder in Geldnot, vielleicht auch beides, denn er ging dem Perser in die Falle, der ihn, einen lästigen Konkurrenten um die Macht in der Region, gefangennahm und hinrichten ließ. Zur Abschreckung heftete er die Leiche des toten Tyrannen auf der Mykale, genau gegenüber der Stadt Samos, wo der Palast des Tyrannen nun leerstand, ans Kreuz. Das jähe wie furchtbare Ende des bis dahin so glücklichen Mannes hat nicht nur die griechische Welt nachhaltig beeindruckt, sondern auch Friedrich Schiller zu seiner berühmten Ballade inspiriert, die von der mangelnden Dauerhaftigkeit des Glücks und der Unabwendbarkeit des Verhängnisses erzählt.

Samos, die Stadt des Polykrates, war im Laufe der Zeiten immer wieder die Heimat berühmter Griechen. Die bekanntesten sind der Philosoph Epikur (341–270 v. Chr.), der Mathematiker Konon (3. Jh. v. Chr.) und der Astronom Aristarch (ca. 320–250 v. Chr.), der bereits wußte, daß sich die Erde um die Sonne dreht. Der berühmteste von allen war jedoch Pythagoras, mit dessen Namen wir heute v. a. einen mathematischen Lehrsatz verbinden – wie bereits in der Antike. In Wirklichkeit war diese Anleitung zur Berechnung von rechtwinkligen Dreiecken schon um 1700 v. Chr. den Babyloniern bekannt und ist somit keine Erfindung des Pythagoras. Um 530/25 v. Chr. wanderte er von Samos nach Unteritalien aus. In späteren Zeiten glaubte man zu wissen, daß dies aus politischen Gründen geschehen sei. In Kroton gründete er eine religiös-philosophische Gemeinschaft mit strengen Regeln, die sich sehr schnell in den unteritalischen Städten ausbreitete. Seine bekannteste Lehre ist die von der Seelenwanderung. Er hielt sich selbst für einen Gott, der vorübergehend in eine irdische Existenz geschlüpft war, eines Tages aber wieder in seine göttliche Natur zurückkehren werde. Seinen Mitmenschen drohte er dagegen weniger vorteilhafte Inkarnationen nach ihrem Tode an. Viele Wundergeschichten wurden von ihm berichtet. So soll er eine goldene Hüfte besessen und mit einem Fluß gesprochen haben. Er war eher ein religiöser Spinner als ein Mathematiker und so spottet Timon von Phleius zu Recht: «Menschenfang treibt Pythagoras mit geschwollenen Reden, läßt sich herab zum eitlen Ruhm eines Taschenspielers.» Der berühmte ephesische Philosoph Heraklit (um 500 v. Chr.) bezeichnete ihn gar als einen «Vielwisser und Gauner».

Mit dem unerwarteten Tod des Polykrates ging für Samos nicht nur eine Ära zu Ende, vielmehr verabschiedete sich die Insel mit ihm aus der großen Geschichte. Eben selbst noch Initiator von vielerlei Aktivitäten kam Samos zunächst unter persische Oberhoheit. In der Seeschlacht bei der Mykale im Jahre 479 v. Chr. schloß sich Samos den griechischen Siegern an und wurde kurze Zeit später Gründungsmitglied des Delisch-Attischen Seebundes, der die Abwehr der Perser und den Schutz der kleinasiatischen Griechen leisten sollte. Die Athener waren damals von der Idee besessen, mit ihrem Modell von Demokratie die ganze Welt zu beglücken, ganz gleichgültig, ob diese sie wollte oder nicht. So geschah es auch auf Samos, doch die Ergebnisse des athenischen Demokratieexportes unterschieden sich nur graduell von den Demokratisierungsbemühungen unserer Tage. Es kam auf Samos zu innenpolitischen Auseinandersetzungen, in deren Verlauf die frisch eingeführte Demokratie abgeschafft wurde und Oligarchen das Regiment übernahmen, die sofort den Austritt aus dem Seebund erklärten. Nach mehreren Seeschlachten mit wechselndem Ausgang schloß Perikles die Stadt von See her ein und belagerte sie neun Monate lang, bis sie schließlich kapitulierte. Böse Zungen warfen ihm vor, dies nur seiner Geliebten Aspasia zu Gefallen getan zu haben, die aus Milet stammte, das mit Samos verfeindet war. Die Friedensbedingungen für die abgefallene Stadt waren hart: Schleifung der Mauern, Stellung von Geiseln, Auslieferung der Flotte und Reparationszahlungen an Athen, die Samos in Raten abstottern mußte. Samos hat nie wieder gemeutert, stand fortan treu zu Athen und war noch an den letzten Seegefechten des Peloponnesischen Krieges auf athenischer Seite beteiligt. Wie eine Inschriftenstele dokumentiert, verliehen die Athener daher allen Samiern in den letzten Kriegstagen des Jahres 405 v. Chr. das athenische Bürgerrecht, doch da war dieses schon nichts mehr wert. 404 v. Chr. eroberte der Spartaner Lysander die Insel und erhielt als erster Grieche im Heraion göttliche Ehren zu Lebzeiten. Selbst die Festspiele zu Ehren der Hera, der göttlichen Schutzherrin der Insel, wurden vorübergehend in Lysandreia umbenannt. Im weiteren Verlauf der Geschichte rutschte Samos immer tiefer in die Bedeutungslosigkeit hinab, bis es schließlich nur noch zur Verfügungsmasse verschiedener Mächte gehörte. Ein absoluter Tiefpunkt war erreicht, als die Genuesen, die Samos seit 1304 als Lehen innehatten, im Jahre 1475 die Bevölkerung der Insel nach Chios umsiedelten und die menschenleere Insel den Türken überließen. Die Türken nannten sie Sısam. (HS)

Samos · Heraion – Von der Göttermutter zur Jungfrau

Abb. 24
Samos: Das Heraion von Südosten; bestimmend ist der Tempel des Polykrates mit der Kolona. Östlich davon liegen weitere Tempel, der große Altar des Rhoikos und Gebäude unterschiedlicher Epochen. Nach Nordosten führt die Heilige Straße Richtung Samos.

Im Frühling, wenn die Knospen der Bäume aufbrechen und die ganze Insel blüht, setzte sich von der Agora des antiken Samos eine Prozession in Bewegung, die westwärts aus der Stadt hinauszog und über die Heilige Straße dem Heraheiligtum an der Mündung des Flüßchens Imbrassos zustrebte (Abb. 24). Junge Mädchen in weißen Gewändern und schmucke Jünglinge trugen die für die Göttin bestimmten Weihgaben, während die erwachsenen Männer in Waffen den Festzug begleiteten, der auch die festlich geschmückten Opfertiere mitführte. Nach etwa 7 km erreichte die Prozession das Heraion, wo es die Heilige Hochzeit von Zeus und Hera zu feiern galt. Das Gedenken daran sollte die Fruchtbarkeit der Natur und der Menschen beschwören und sichern.

Die Göttin wurde auf Samos aber nicht nur als Gattin des Zeus, Göttermutter und mächtigste Frau des Olymp gefeiert, sondern auch als Jungfrau und Braut, zu deren Ehren die Samier ein weiteres Fest begingen, das sog. Strickfest bzw. die Toneia. Im Hochsommer, Ende Juli, zur Zeit der «Lygosblüte», kurz bevor die Hitze ihren

Höhepunkt erreichte, setzte sich wieder eine Prozession in Bewegung, die in diesem Fall das alte Kultbild von seiner Basis im Tempel hob und ans Meer führte, wo es gebadet, mit neuen Gewändern bekleidet und mit Ruten vom heiligen Lygosbaum (Keuschlamm) umwunden wurde. Dadurch, so glaubte man, gewann die Göttin ihre Jungfräulichkeit zurück, um sie im nächsten Frühjahr am Tag der Heiligen Hochzeit erneut ihrem Gatten Zeus zu schenken. In historischer Zeit erklärten sich die Samier den merkwürdigen Brauch des Umstrickens des Götterbildes mit elastischen Lygoszweigen mit einer Legende vom Raub des alten Kultbildes der Hera: Von den Argivern gedungene Piraten hätten einst das Bild aus dem Tempel geraubt und mit ihm davonsegeln wollen. Doch das Schiff mit dem aufgeladenen Kultbild ließ sich nicht mehr von der Stelle bewegen, weshalb die Diebe die Statue der Göttin schließlich am Strand ablegten und dann – ohne ihr heiliges Diebesgut – davonfahren konnten. Am nächsten Morgen entdeckten die Samier das Bild der Hera im Sand, und da sie glaubten, es habe sich von alleine aufgemacht, fesselten sie es mit Ruten des Lygos, damit es nicht mehr davonlaufe.

Das doppelgestaltige Wesen der Hera von Samos – Jungfrau und Mutter – war im Laufe der griechischen

Abb. 25 Samos: Tempelbezirk des Heraions mit dem großen Heratempel des Polykrates im Westen und dem großen rechteckigen Rhoikosaltar im Osten (am linken Bildrand). Dazwischen von Osten nach Westen befinden sich der kleine römische Heratempel, römische Bäder und die Reste eines Altars. Nördlich des kleinen Heratempels liegt der Aphroditetempel, Reste eines weiteren Heiligtums und der Beginn der Heiligen Straße. Südlich des kleinen Heratempels die halbrunde Basis des Ciceronendenkmals und unmittelbar an den Rhoikosaltar nach Süden anschließend die Basis für das Schiff des Kolaios.

Landnahme um 1000 v. Chr. entstanden, als die Neuankömmlinge, die aus dem uralten Heraheiligtum von Argos den griechischen Herakult mitbrachten, auf die einheimischen Bewohner der alten Siedlung am Imbrassos stießen, die dort seit dem 3. Jt. v. Chr. eine Vegetationsgottheit verehrten, der der Lygosbaum heilig war. In den verschiedenen, sich teils widersprechenden Mythentraditionen läßt sich noch heute die Verschmelzung der beiden Gottheiten zur Hera von Samos nachvollziehen. Während die offizielle Heiligtumslegende berichtete, eine Priesterin namens Admete habe ein Bild der Göttin aus Lygosholz gefunden, erzählt eine andere, von Pausanias überlieferte Geschichte, daß die Argonauten das Holzbild auf die Insel gebracht hätten. Noch eine andere Tradition will wissen, daß Hera auf Samos unter dem Keuschlamm geboren worden sei.

Im Zentrum des Herakultes stand auf Samos seit jeher ein Lygosbaum, dessen Spuren die seit 1910 im Heraion durchgeführten Grabungen des Deutschen Archäologischen Instituts gefunden haben, sowie ein zunächst einfacher Steinaltar, aus dem sich im Laufe des 8.–6. Jhs. v. Chr. immer prächtigere und größere Altäre entwickelten, auf die später alle Heratempel ausgerichtet waren. Den Höhepunkt bildete der um 550 v. Chr. errichtete Altar des Rhoikos mit der gewaltigen Größe von 36,5 x 16,5 m, der seine sechs Vorgänger unter sich begrub. Im Gelände (Abb. 24. 25) ist seine langgezogene rechteckige Form gut zu erkennen; nur von seiner einstigen figürlichen Pracht, die erst Jahrhunderte später wieder vom Pergamonaltar erreicht wurde, ist allerdings nichts mehr zu erahnen. Er ist mit dem Namen des genialen Baumeisters Rhoikos verbunden, der zusammen mit Theodoros von Samos, dem die Erfindung des Hohlgusses zugeschrieben wird, zwischen 570 und 560 v. Chr. das Heiligtum architektonisch grundlegend neu gestaltete.

Gegenüber dem Rhoikosaltar sind heute im Gelände die Fundamente jenes großen Dipteros zu sehen, den Polykrates 538 v. Chr. an die Stelle des durch Brand zerstörten Rhoikostempels hatte bauen lassen (Abb. 25). Mit seinen Abmessungen von 55,16 x 112,20 m, das entspricht in etwa der Fläche des Kölner Doms, ist er als der größte Tempel Griechenlands niemals fertiggestellt geworden, obwohl man sich in verschiedenen Jahrhunderten immer wieder um seine Vollendung bemüht hat. Dennoch galt diese samische Bauruine als eines der antiken Weltwunder. Auf dem Luftbild läßt sich die komplizierte Bauabfolge der samischen Heratempel nicht mehr nachvollziehen: Der Ostteil des heute sichtbaren großen Tempels erhebt sich über einem nicht minder berühmten und v. a. bauhistorisch sehr wichtigen Vorgängerbau, der seinerseits mit seiner Osthälfte die beiden ersten Heratempel des 8. und 6. Jhs. v. Chr. überdeckte. Heute wird diese Stelle von den Resten eines kleinen römischen Tempels überlagert, in dem in römischer Zeit das Kultbild der Hera stand.

Wie alle griechischen Heiligtümer war auch das Heraion vollgestopft mit kostbaren Weihgeschenken; bereits die von der Stadt herführende Heilige Straße war beiderseits von Statuen und Bronzen gesäumt, die das Herz jedes heutigen Museumsdirektors höher schlagen lassen. Es war schon seit langem bekannt, daß im Altertum irgendwo im Heraion wenigstens zwei Kuroi von dreifacher Lebensgröße standen, doch rechnete niemand damit, jemals mehr als ein paar kümmerliche Fragmente von ihnen zu finden. Am 1. September 1980 aber stießen die Ausgräber des Deutschen Archäologischen Instituts nördlich der Heiligen Straße unter einer spätantiken Schuttschicht auf einen der beiden steinernen Jünglinge: Er ist über 5 m groß und bringt mehr als vier Tonnen Marmor auf die Waage. Ganz in der Nähe fand sich 1984 auch sein Gesicht, und so steht er heute fast vollständig im Museum von Vathy – amtlich Samos-Stadt – und lächelt spöttisch über den staunenden Besucher hinweg.

Unmittelbar südlich des Rhoikosaltars hatte ein vom Glück besonders begünstigter Kaufmann der Göttin sein Schiff geweiht: Nachdem ein starker Sturm den samischen Handelsherren Kolaios in die Straße von Gibraltar verschlagen hatte, gelangte er nach Tartessos, das unweit der heutigen Guadalquivirmündung lag. Es war ein für die Griechen damals noch völlig unberührter Handelsplatz, an dem das kaufmännische Geschick der Griechen noch unbekannt war und die Geschäfte für Kolaios entsprechend günstig liefen. Als er mit seinem Schiff glücklich heimkehrte, erzielte er mit den erhandelten Waren einen so reichen Gewinn wie kein Kaufmann vor ihm. Aus dem Zehnten davon – es waren 6 Talente – ließ Kolaios einen bronzenen Mischkrug herstellen und weihte ihn ins Heraion, ebenso drei «eherne Kolosse von sieben Ellen in kniender Stellung.» Von all der Pracht haben sich uns nur die dürftigen Reste der Basis erhalten, auf der einst jenes Schiff aufgestellt war, mit dem er an das westliche Ende der damals bekannten Welt gelangt war.

Von den zahlreichen Bauten, die das Heraion umgeben, sei nur noch der Aphroditetempel nördlich des Heiligtums erwähnt. Alexis von Samos, ein Lokalhistoriker, erzählt, daß er ein Weihgeschenk rühriger Athenerinnen war: Gestiftet haben ihn nämlich jene attischen Hetären, die sich im Gefolge des Perikles befanden, als er Samos belagerte, «nachdem sie hinreichend aus ihrer blühenden Jugend Nutzen gezogen hatten.»

(HS)

Ikaros – Das Grab des Ikaros

Hingeschmolzen das Wachs; er rührt die nackenden Arme,
kann, seiner Flügelruder beraubt, keine Lüfte mehr fassen.
Und seinen Mund, der «Vater» noch ruft, verschlingen die dunklen
Wogen der blauen Flut, die seinen Namen erhalten.
Doch der Unselige – Vater nicht mehr – «Mein Ikaros!» ruft er,
«Ikaros» ruft er, «wo bist du?» «Wo soll in der Welt ich dich
suchen?»
«Ikaros» rufend sieht er im Wasser treiben die Federn –
und verflucht seine Kunst. Er birgt im Grabmal des Toten
Leib. Dem Eiland ward des Bestatteten Namen gegeben.

Ovid, Metamorphosen

Wie eine unüberwindliche Barriere ragt südwestlich von Samos ein über 1000 m hoher, von tiefen Schluchten und schroffen Rissen zerfurchter Bergkamm steil aus dem Meer empor, um nach 40 km unvermittelt wieder ins Meer abzustürzen. Die wilde und abweisende Insel, die heute Ikaria heißt, führte in der Antike verschiedene, vornehmlich poetische Beinamen. Manche nannten sie aufgrund ihrer Form Doliche, «die Lange», andere wieder «die Fischreiche» oder auch Makris, «die Weite». Bekannt wurde sie aber unter dem Namen Ikaros, den sie in nur leicht abgewandelter Form bis heute behalten hat. Die antiken Autoren stimmen darin überein, daß der Name sich von dem Sohn des berühmten Baumeisters Dädalos aus Athen herleitet, der dort verunglückte und bestattet wurde. Uneinig sind sie nur über den genauen Hergang der Dinge: Neid gepaart mit der Furcht, von einem anderen übertroffen zu werden, hatte Dädalos, einen begnadeten Baumeister und Erfinder aus Athen, zum Mord getrieben. Er tötete den Sohn seiner Schwester, einen unmündigen Jungen, nachdem dieser, den Kiefer einer Schlange dafür hernehmend, die erste Säge erfunden hatte. Auf der Flucht vor der verdienten Strafe gelangte Dädalos nach Kreta zu König Minos, der den findigen Handwerker bereitwillig aufnahm. Doch auf Kreta verdarb es sich Dädalos mit seinem Gastgeber, weil er dessen Gattin Pasiphae behilflich war, sich in einer von ihm geschaffenen, lebensecht wirkenden Bronzekuh von einen Stier bespringen zu lassen. Nachdem Pasiphae aus dieser perversen Verbindung ein Ungeheuer mit Menschenkörper und Stierkopf geboren hatte, das dem gehörnten Ehemann zum Spott Minotaurus, also «Stier des Minos» genannt wurde, mußte der Kuppler Dädalos ein sicheres Gefängnis für das menschenmordende Mischwesen bauen, das berühmte Labyrinth. Nach seiner Fertigstellung sperrte Minos auch den findigen Dädalos mitsamt seinem Sohn Ikaros darin ein. Der Kreterkönig hatte genug von dem Erfinder, doch geschickt wie Dädalos war, konstruierte er für sich und seinen Sohn Flügel aus Federn und Bienenwachs, mit deren Hilfe sich beide in die Lüfte schwangen und entwichen. Trotz der väterlichen Ermahnung, der Sonne nicht zu nahe zu kommen, packte den jugendlichen Ikaros während des Flugs in die Freiheit der Übermut: Er stieg immer höher Richtung Sonne auf, bis das Wachs in der zunehmenden Hitze schmolz und er abstürzte. Das Meer zwischen Samos und Kos bzw. zwischen Samos und Mykonos, in das er fiel, sollte seither Ikarisches Meer heißen, während die nächstgelegene Insel, auf der ihn sein Vater bestattete, den Namen Ikaros erhielt. Noch in römischer Zeit wurde auf der Insel ein Hügel als sein Grab gezeigt. Eine Variante des Mythos berichtet, daß Dädalos und Ikaros mit speziellen Schiffen von Kreta geflohen seien, doch sei das Schiff des Jungen gekentert und er selbst ertrunken. Sein Leichnam wurde an der damals noch namenlosen Insel bei Samos angetrieben, wo ihn Herakles fand und auf einem weit ins Meer hinausragenden Vorgebirge bestattete.

Die attische und v. a. die hellenistische Dichtung hat bei der Gestaltung des beliebten Dädalos-Ikaros-Motivs fast immer die Version mit den künstlichen Flügeln bevorzugt. Offenbar bringt sie das tief verwurzelte Bedürfnis des Menschen zum Ausdruck, sich aus den Fesseln seines irdischen Daseins zu befreien und auf und davon zu fliegen. Es überrascht daher kaum, daß das Thema zu allen Zeiten von Dichtern und bildenden Künstlern aufgegriffen und je nach Gemütslage ihrer Zeit neu bearbeitet wurde. Allerdings gibt es zwei völlig gegensätzliche Deutungen des mythischen Geschehens. So gilt Ikaros den einen als genialer Künstler, Rebell, Märtyrer oder gar Freiheitskämpfer, der sich zum Höchsten erheben und die Sonne schauen will, während er den anderen als die personifizierte Hybris erscheint. Lachen die einen über den dummen Jungen, beklagen wiederum andere das furchtbare Schicksal des Vaters. Wolf Biermann, der die Derbheit von Sprache und Gedanken zu seinem Markenzeichen gemacht hat, erwägt hingegen, ob Dädalos, «diesem abgebrühten Tausendkünstler der Tod des eigenen Kindes nicht am Arsch vorbeiging». Die ganze Nichtigkeit menschlichen Strebens und Tuns, die auch in die Ikaros-Geschichte hineingelesen wurde, hat Pieter Breughel d. Ä. in seinem «Sturz des Ikaros» eingefangen: Anders als in Ovids «Metamorphosen», wo diejenigen, die Vater und Sohn sehen, «ein Fischer vielleicht, der mit schwankender Rute | angelt, ein Hirte, gelehnt auf den Stab, auf die Sterzen gestützt, ein | Pflüger, sie schauen und staunen und glauben Götter zu sehen, | da durch den Äther sie nahn», scheren sich der Bauer, der Schäfer, der Angler und die Seeleute Breughels nicht um den zappelnden Ikaros, von dem nur noch die Beine aus dem Wasser ragen. Niemand kommt ihm zu Hilfe, die Menschen gehen ungerührt ihrem vorgegebenen Tagwerk nach und nehmen nicht einmal Notiz von dem vorwitzigen Jüngelchen und seinen Ambitionen.

Ähnlich unbeachtet wie der Sturz des Ikaros auf Breughels Bild blieb auch die nach Ikaros benannte Insel. Der Homerische Hymnus an Dionysos nennt zwar Drakanon und das «stürmische Ikaros» als Geburtsort des Weingottes, doch die antike, auf einem W-förmigen Kap gelegene Stadt Drakanon an der Ostspitze der Insel hat nichts von Bedeutung zu bieten (Abb. 26). Die erhaltenen antiken Reste stammen vorwiegend aus dem 4. Jh. v. Chr. und der große, dreistöckige Rundturm hellenistischer Zeit diente den Insulanern lange Zeit als Leuchtturm, nach dem schließlich die ganze Gegend ihren Namen, Phanari, erhielt. Alexander der Große scheint die Insel Ikaros gekannt zu haben, denn auf seinen Feldzügen im Orient fühlte er sich beim Anblick der Insel Failaka bzw. Feledj im Persischen Gold so sehr an das griechische Ikaros erinnert, daß er ihr auch den Namen Ikaros gab. Seit dem Mittelalter, als die Einheimischen die Ägäisinsel Nikaria nannten, diente sie immer wieder als Verbannungsort, und noch während des griechischen Bürgerkrieges von 1945–1949 schickte die griechische Regierung mißliebige Kommunisten und linke Intellektuelle in den einsamen Westen der Insel. Zu ihnen zählte auch der wohl berühmteste Komponist Griechenlands, Mikis Theodorakis, der 1947 als Verbannter einige Zeit auf Ikaria zubringen mußte.

(HS)

Abb. 26
Ikaros: Ruinen der antiken Stadt Drakanon mit dem großen Signalturm aus hellenistischer Zeit.

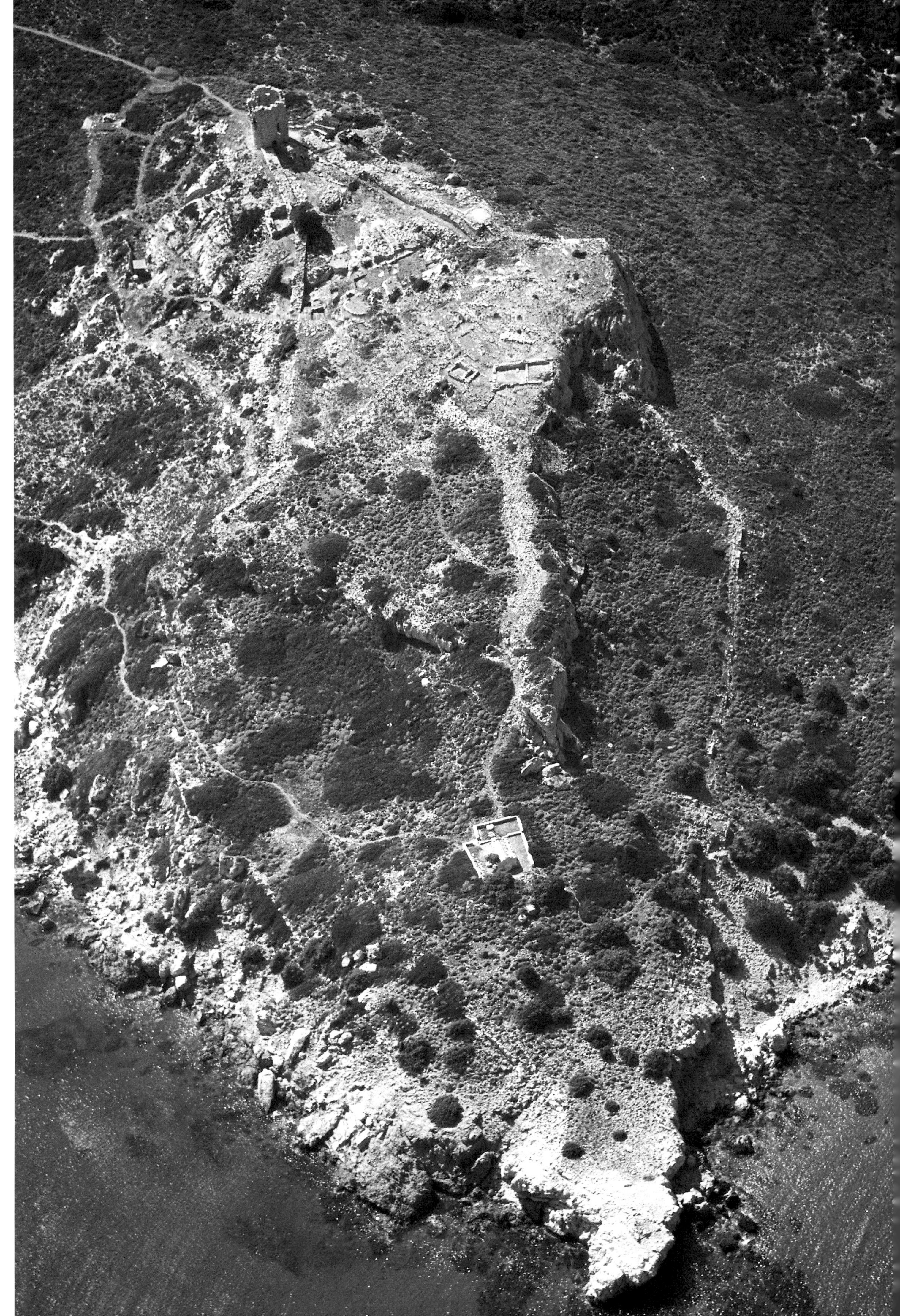
N

DODEKANES

Dodekanes bedeutet «Zwölfinseln». Mit diesem geographischen Begriff werden heute alle Inseln südlich von Samos und östlich von Kreta bezeichnet, also – um nur die größeren zu nennen – Astypalaia, Patmos, Leros, Kalymnos, Kos, Nisyros, Telos, Chalke, Syme, Karpathos, Kasos, Rhodos und Megiste. Ein kurzer Blick auf die Karte zeigt, daß es sich um weitaus mehr als zwölf Inseln handelt. Allein schon deshalb ist die alte Bezeichnung für diese Inseln – Südliche Sporaden – in mancherlei Hinsicht besser. Der Begriff der Dodekanes kam im byzantinischen Mittelalter auf; allerdings wurde er damals für die Kykladeninseln verwendet. Erst zu Beginn des 20. Jhs. bezeichnete die griechische Presse die Inseln vor der Küste Kleinasiens als Dodekanes. Als die Italiener 1912 dort ihr Ägäisimperium errichteten, übernahmen sie diese Bezeichnung und gaben ihrem neuen ‹possedimento Italiano› den Namen Dodecaneso. Seit dieser Zeit hat sich der unzutreffende geographische Terminus allgemein durchgesetzt. (JN)

Patmos – Die Insel der Offenbarung

Ich, euer Bruder Johannes, der wie ihr bedrängt ist, der mit euch an der Königsherrschaft teilhat und mit euch in Jesus standhaft ausharrt, ich war auf der Insel Patmos um des Wortes Gottes willen und des Zeugnisses für Jesus.

Offenbarung des Johannes 1,9

Es rauschen aber um Asias Tore | hinziehend da und dort | in ungewisser Meeresebene | der schattenlosen Straßen genug. | Doch kennt die Inseln der Schiffer. | Und da ich hörte, | der nahegelegenen eine | sei Patmos, | verlangte mich sehr, | dort einzukehren und dort | der dunkeln Grotte zu nahn. Denn nicht, wie Cypros, | die quellenreiche, oder | der anderen eine | wohnt herrlich Patmos, | gastfreundlich aber ist | im menschenlosen Hause | sie dennoch, ...» Mit diesen hymnischen Worten eröffnet der deutsche Dichter Friedrich Hölderlin (1770–1843) sein Patmosgedicht. Es führt uns direkt zu dem, was die kulturelle Bedeutung jener kleinen, nur 34 km² großen Sporadeninsel, die zwischen Ikaria und Kos in einer Herde anderer winziger Eilande liegt, für das Abendland ausmacht: Patmos ist die Insel des Johannes, der dort von Gott seine Apokalypse («Die geheime Offenbarung») empfing und niederschrieb.

Gastfreundlich nennt Hölderlin die Insel. Ihre Menschen mögen das auch heute noch sein, aber die Landschaft ist alles andere als einladend und gastlich. Patmos präsentiert sich dem Besucher unserer Tage als ein kahles und wasserarmes Eiland. Um so leichter ist es nachzuvollziehen, daß es in der römischen Kaiserzeit ein Verbannungsort war. Den eingangs zitierten Worten des Johannes hat man nämlich entnommen, daß er sich nicht freiwillig, sondern strafweise auf der Insel aufhielt. So konnte Patmos später zum Symbol für den erzwungenen Rückzug in eine wüste Gegend werden – wo aber die Offenbarung Gottes und damit Erleuchtung zu gewinnen war. In diesem Sinne hat Luther den Aufenthalt auf der Wartburg als «sein Patmos» bezeichnet. Die Parallele liegt auf der Hand: Dem Verweilen des sprachgewaltigen Reformators in der Abgeschiedenheit der thüringischen Burg verdanken wir die für die Entwicklung der deutschen Sprache und Kirchengeschichte so wichtige Übersetzung der Bibel ins Deutsche. Ob Patmos im Mittelalter und in der frühen Neuzeit, als es Palmosa, die «Palmenreiche», hieß, mehr Vegetation aufwies als heute, sei dahingestellt. Möglicherweise ist aber Palmosa keine Reminiszenz an schöne Palmbäume, sondern lediglich eine Verballhornung des Inselnamens.

Der Name Patmos oder Patnos ist nicht sicher zu deuten und geht wahrscheinlich auf eine vorgriechische Bevölkerung zurück. Das Eiland besteht eigentlich aus drei Inselchen, die jeweils durch schmale Landbrücken – sie heißen griechisch *isthmoi* – miteinander verbunden sind. Direkt oberhalb der nördlichsten Landbrücke lag auf einer etwa 170 m hohen Akropolis (heute Kastelli) das antike Siedlungszentrum. Es konnte drei Hafenbecken nutzen; bei dem größten von ihnen, dem östlichen, entstand eine Siedlung, die heute noch Skala heißt. Das Wort Skala, das italienische Seeleute in die Ägäis brachten, bedeutete ursprünglich «Stufe, Treppe, Leiter». Da man Treppen und Leitern verwendete, um vom Kai auf ein Schiff zu gelangen, nahm das Wort auch die Bedeutung von Hafen an. Die Türken, die aus dem Inneren Asiens kamen und kein Wort für Hafen besaßen, benutzen das italienische Wort in einer etwas abgewandelten Lautgestalt noch heute, wenn sie ihre Häfen «iskele» nennen. Oberhalb des patmischen Skala, ein wenig weiter nach Süden, liegt in der Mitte des zweiten bzw. mittleren Inselteils der heutige Hauptort der Insel, der Chora heißt. Dort erhob sich in der Antike auf einer sanften Kuppe von 216 m Höhe das bedeutendste Heiligtum von Patmos, der Tempelbezirk der Artemis Patnia (Abb. 27).

Artemis war in der Antike die göttliche Schutzherrin der Insel. Ihre Bewohner behaupteten, Orest, der seine

Schwester Iphigenie an der Schwarzmeerküste aus den Händen der barbarischen Taurer befreit und mit ihr zusammen das hochheilige Bildnis der Artemis Tauropolos entführt hatte, habe den Artemiskult auf Patmos begründet, indem er die geraubte Statue der Insel schenkte. Viele griechische Städte, unter ihnen Athen und Sparta, aber auch solche in Kleinasien und auf den Inseln, identifizierten ihre Artemiskultbilder mit jenem, das Orest den Taurern weggenommen hatte. Verkneifen wir uns den Spott über die wunderbare Statuenvermehrung! Unsere reliquiensüchtigen mittelalterlichen Vorfahren, verehrten Dutzende von Kreuzesnägeln oder mehrere Vorhäute Jesu. Ein Lokalmythos von Patmos, wahrscheinlich von einem ebenso patriotischen wie findigen Poeten der Insel ersonnen, erzählt außerdem, daß Patmos allein deswegen aus dem Meer aufgestiegen sei, um das Bildnis der Artemis aus dem Taurerland aufzunehmen. Ähnliche Mythen wurden von Delos, das sich für Letos Niederkunft aus der See erhob, und von Rhodos, das eigens für den Sonnengott aus dem Meer aufstieg, erzählt. Vielleicht liegt dem Mythos über die Entstehung von Patmos die Erkenntnis zugrunde, daß das vulkanische Eiland sich in grauer Vorzeit aus dem Meer erhoben hatte. Die Insel ist nämlich – wie Thera – das hohe Randstück einer Caldera. Diesen Lokalmythos über die Anfänge von Patmos kennen wir nur, weil im Johanneskloster der Insel ein Stein erhalten geblieben ist, auf dem ein antikes griechisches Gedicht steht, das einer Priesterin der patmischen Artemis gewidmet ist.

In späterer Zeit gehörte Patmos zum Territorium der Stadt Milet. Patmos war für diese kleinasiatische Hafenstadt und Metropole eine Art Frühwarnstation bei der Annäherung feindlicher Schiffe von Westen. In der Geschichte des Altertums hat die Insel keine große Rolle gespielt. Ohne viel Umstände zu machen, bringt es der berühmte Bonner Geograph Alfred Philippson (1864–1953) auf den Punkt: «Pátmos hatte i(m) A(ltertum) keine Bedeutung.»

Ihre Berühmtheit verdankt die Insel also allein der Tatsache, daß – wahrscheinlich im Jahre 95 n. Chr. – die römische Reichsverwaltung einen jüdischstämmigen Christen namens Johannes, der später mit dem Evangelisten identifiziert wurde, nach Patmos verbannte. In einer Höhle soll er Visionen gehabt und von Gott eine «Offenbarung», eine Apokalypse, erhalten haben. In ihrem Vorwort heißt es: «Offenbarung Jesu Christi, die Gott ihm gegeben hat, damit er seinen Knechten zeigt, was bald geschehen muß; und er hat es durch seinen Engel, den er sandte, seinem Knecht Johannes gezeigt. Dieser hat das Wort Gottes und das Zeugnis Jesu Christi bezeugt: alles, was er geschaut hat. Selig, wer diese prophetischen Worte vorliest und wer sie hört und wer sich an das hält, was geschrieben ist; denn die Zeit ist nahe.» Die «Offenbarung des Johannes», die das letzte Buch des Neuen Testamentes bildet und deren surrealistische Bilder und Gedanken stark in jüdischen Traditionen stehen, ist mit bizarren Visionen gefüllt, die den Untergang der Ungläubigen und das Kommen Jesu ankündigen. Sie ist das meistgelesene und das am häufigsten illustrierte Buch der Bibel. Das spricht nicht unbedingt für deren Rezipienten, und schon in der Antike hatte die sich langsam ausbildende Kirche ihre Probleme mit selbsternannten Propheten, realitätsfernen Schwärmern und endzeitlüsternen Gläubigen, die sich auf die Apokalypse des Johannes beriefen und den baldigen Untergang der Welt erwarteten. Von der Antike spannt sich ein Bogen durch die Jahrhunderte bis in unsere Tage. Angeblich soll derselbe Johannes auch das vierte Evangelium auf der Insel niedergeschrieben haben, um schon kurze Zeit später, nach dem Tod des tyrannischen Kaisers Domitian im Jahre 96 n. Chr., seinen Verbannungsort auf der Insel zu verlassen, nach Ephesos zu gehen und sich dort um Maria zu kümmern, die ihm von Jesus anvertraut worden war. In Ephesos bezeugen die ansehnlichen Reste der von Justinian erbauten mächtigen Johannesbasilika die große Verehrung, die Johannes in spätantiker Zeit erfuhr. Heute glauben nur noch wenige Theologen, daß der Verfasser des vierten Evangeliums und der der Offenbarung identisch sind. Zu unterschiedlich sind Stil und Mentalitäten, die hinter beiden Schriften stehen.

Die Verehrung des heiligen Johannes – die orthodoxen Christen nennen ihn «den Theologen» – nahm auf Patmos einen ungeheuren Aufschwung, als im Jahre 1088 der aus Nikaia stammende Mönch Christodoulos ein Kloster des Heiligen Johannes gründete, das, wie Johanna Schmidt schreibt, «einem Fort gleicht und eine gute Land- wie Seemarke bildet». Christodoulos errichtete es, um den Sieg des Christentums sichtbar zu machen, auf dem Grund des patmischen Artemistempels unweit jener Höhle, in der Johannes seine Visionen gehabt haben soll. Die Insel war damals rauh und trist, aber reich an geistigen Früchten, wie es in der Schenkungsurkunde des byzantinischen Kaisers heißt. Durch fromme Stiftungen und einen rasch einsetzenden regen Pilgerverkehr gewann das Kloster schon bald an Berühmtheit und Reichtum. Ihm wurden Immobilien auf vielen Inseln und auch auf dem kleinasiatischen Festland gestiftet oder hinterlassen. In der fruchtbaren Mäanderebene mit ihren guten Böden besaß es viel Land. Hatte in der Antike die Stadt Milet die Insel Patmos beherrscht, so gebot im Mittelalter das

Kloster von Patmos über das Land des mittlerweile niedergegangenen Milet. Das Kloster des Johannes Theologos auf Patmos wurde nicht nur zu einem religiösen Zentrum, sondern auch zu einem der Bildung. Von überallher trugen die Mönche wertvolle Bücher zusammen; so manche Handschrift wurde ihnen geschenkt oder vermacht. Zudem brachten Flüchtlinge von Konstantinopel und Kreta, die sich nach der Eroberung ihrer Heimat durch die Türken auf die Insel flüchteten, ihre Bücherschätze mit. So gelangten nicht nur Bibeltexte und religiöse Schriften, sondern auch altehrwürdige Codices mit den Texten antiker Autoren in die Bibliothek von Patmos.

Die Türken ließen Patmos und die Mönche gegen die jährliche Zahlung eines Tributs durch die Jahrhunderte völlig unbehelligt. Erst westliche Besucher der Insel hatten weniger Respekt vor dem ehrwürdigen Kloster und den Schätzen seiner Bibliothek. Ein besonders schwerer Verlust traf sie im Jahre 1801. Damals «erwarb» der Cambridger Mineraloge E.D. Clarke bei einem Besuch auf der Insel eine Platonhandschrift der Klosterbibliothek. In seinen Reiseerinnerungen behauptet er, das Buch habe völlig unbeachtet auf der Erde herumgelegen und sei in der Gefahr gewesen, ein Raub von Feuchtigkeit und Würmern zu werden. Der englische «Retter» der Handschrift verbrachte sie von der kleinen auf die große Insel. Acht Jahre später kaufte sie die Oxforder Universitätsbibliothek und integrierte sie unter der Signatur «Bodleianus Clarkianus 39» in ihre Handschriftensammlung. Der von Clarke einem offensichtlich ungebildeten oder geldgierigen Mönch abgeluchste Codex ist für einen großen Teil der Schriften Platons die älteste und wichtigste Handschrift. Sie war 895 für den byzantinischen Metropoliten und Philologen Arethas angefertigt worden und enthält 24 Werke des athenischen Philosophen. Zwischen 1201 und 1355 war sie, wie sich aus den Buchverzeichnissen der Klosterbibliothek ergibt, nach Patmos gelangt. Ein Markusevangelium aus dem 6. Jh. n. Chr., das auf purpurgefärbten Blättern geschrieben ist, kam auf ähnliche Weise der

Abb. 27 Patmos: Auf dem mittleren Teil von Patmos lag einst auf der Kuppe eines sanft ansteigenden Hügels das Heiligtum der Artemis Patnia. In der Nähe soll nach christlicher Tradition der Evangelist Johannes in einer Höhle das vierte Evangelium und die Apokalypse niedergeschrieben haben. Deshalb errichteten im Mittelalter christliche Mönche auf der Kuppe, wo einst der Artemistempel stand, das Kloster des Evangelisten Johannes, eine der heiligsten Stätten Griechenlands.

Klosterbibliothek abhanden und wurde blattweise auf verschiedene europäische Bibliotheken aufgeteilt. Trotz dieser Verluste «lohnt es, ein Maultier zu besteigen und schwankend den steilen Weg zum Kloster zu erklimmen – für die Bibliothek und natürlich für den Rundblick», wie Lawrence Durrell in seinem Inselbuch schreibt.

(JN)

Kos – Die Geburt des ärztlichen Ethos

Ich schwöre bei Apollon dem Arzt, bei Asklepios, Hygieia und Pankeia ... Diätetische Maßnahmen werde ich zum Nutzen der Kranken entsprechend meiner Kraft und meinem Urteilsvermögen anwenden; vor Schaden und Unrecht werde ich sie bewahren. Auch werde ich niemandem auf seine Bitte hin ein tödlich wirkendes Mittel geben, noch werde ich einen derartigen Rat erteilen ... Rein und heilig werde ich mein Leben und meine Kunst bewahren ... In alle Häuser, die ich betrete, werde ich eintreten zum Nutzen der Kranken.

Aus dem Hippokratischen Eid

Kos ist mit 298 km^2 Fläche die zweitgrößte der Dodekanesinseln. Die längliche, sich von Südwesten nach Nordosten etwa 43 km erstreckende Insel verschließt weitgehend jenen Golf, der im Norden von der Halbinsel von Halikarnassos (heute Bodrum) und im Süden von dem langen Arm der Halbinsel von Knidos gebildet wird. In seinem Nordteil präsentiert Kos sich als fruchtbare Ebene, im Süden hingegen als karges und wenig besiedeltes Bergland.

Einige griechische Mythendichter wollen aus Kos einen Grabdeckel machen: Poseidon soll beim Kampf der olympischen Götter gegen die Giganten die große Insel auf den Riesen Polybotes geschleudert haben, so daß er seitdem unter ihr begraben liegt. Andere erzählen dies von der Nachbarinsel Nisyros. Die ältesten Bewohner von Kos hießen nicht Koer, sondern Meroper. Benannt waren sie nach einem sagenhaften König Merops, den angeblich die Mutter Erde in einer Art Parthenogenese aus sich heraus geboren hatte. Er verliebte sich in die Nymphe Echemeia, die ihm eine Tochter gebar. Merops nannte sie Kos, und nach ihr hieß die Insel in späterer Zeit. Die Geburts- und Jagdgöttin Artemis erschoß die Nymphengattin des Merops, weil sie sich geweigert hatte, die Götter zu ehren und ihnen Opfer darzubringen. Sie war die erste Atheistin.

Abb. 28 Kos: Der kreisrunde Hafen der Stadt Kos mit der Johanniterburg auf seiner Ostmole.

Merops, so berichtet der Mythos weiter, habe sich nach diesem tragisch endenden Konflikt zwischen menschlicher Selbstbestimmung und den tatsächlichen oder auch nur vermeintlichen Forderungen einer metaphysischen Welt darum bemüht, die Menschen zur Verehrung der Götter anzuhalten. Trotz dieser anstrengenden Tätigkeit habe der fromme Mann den Verlust seiner geliebten Gattin nicht verwinden können. Schließlich hatte Hera Mitleid mit Merops, verwandelte ihn in einen Adler und versetzte ihn als Sternbild des Adlers («Aquila») an den Himmel. Einige erzählen, dieser Adler sei jener, der den Göttervater Zeus begleitet und später seinen Liebling

Ganymed in den Himmel entführte. Mit diesem Mythos stilisierten die Meroper bzw. die Koer sich zu Nachfahren eines frommen Mannes, der schließlich nach seiner wunderbaren Verwandlung Zeus sehr nahe war.

Abgesehen von dem in fernster Vergangenheit geborenen, götterehrenden Ureinwohner Merops schmückten sich die Koer mit einem ganzen Kranz von mythischen Gestalten, die ihnen und ihrer Heimatstadt Ehre einbringen sollten. So war auch die Rede davon, daß Zeus und Leto auf der Insel zur Welt kamen und dadurch das Eiland als ihr Bethlehem geheiligt hatten.

Während die Griechen mangels archäologischer Spatenforschung und wegen des Fehlens effizienter naturwissenschaftlicher Untersuchungsmethoden ihre Urgeschichte mit Mythen und ebenso geistvollen wie unterhaltsamen Konstrukten füllen mußten, kennen wir heutzutage wenigstens in groben Umrissen die Vor- und Frühgeschichte der Insel. Besiedelt wurde sie in der Jungsteinzeit anscheinend vom nahen kleinasiatischen Festland aus. In der Bronzezeit kamen von Kreta die Minoer, die, als ihr Seereich beinahe die gesamte Ägäis umfaßte, auch Stützpunkte auf Kos anlegten. Die Kreter wurden etwa um 1450 v. Chr. von den ersten Griechen abgelöst – von mykenischen Abenteurern, die vom Festland oder von Kreta, das sie erobert hatten, aufgebrochen waren. Die mykenischen Siedlungen hielten sich bis um die Jahrtausendwende, als ein anderer griechischer Stamm Kos eroberte: die Dorier. Sie sollen von Epidauros gekommen sein und von dort den Asklepioskult nach Kos gebracht haben. Nach der dorischen Landnahme bildete Merope/ Kos zusammen mit Halikarnassos, Knidos und den drei rhodischen Städten einen Sechserbund, die sog. dorische Hexapolis. Festgesandte dieser Gemeinden trafen sich alljährlich auf der Landspitze der nahen knidischen Halbinsel, um dort beim Heiligtum des Apollon Triopios ein Fest zu feiern und auf diese Weise die Gemeinschaft der dorischen Städte sichtbar werden zu lassen und zu stärken.

Der berühmteste Koer ist zweifellos Hippokrates, der für uns eine paradigmatische wie mythische Lichtgestalt ohne klare historische Konturen ist. Plinius d. Ä. bezeichnet ihn als den *princeps medicinae*, d. h. als «den Kaiser unter den Ärzten»; er ist mit Sicherheit der berühmteste Arzt des Altertums. Zuverlässige Nachrichten über den zwischen 460 und 370 v. Chr. lebenden Hippokrates gibt es allerdings nur wenige. Die auf uns gekommenen Lebensbeschreibungen wurden erst 500 Jahre nach seinem Tod verfaßt und enthalten meist nur Fabeleien und Anekdoten. Hippokrates stammte aus einer adligen Familie der Insel, die den thessalischen Heilgott Asklepios – und letztlich dessen göttlichen Vater Apollon – als Urahn ihres Geschlechtes beanspruchte. Ihre Mitglieder nannten sich deshalb Asklepiaden, Nachfahren des Asklepios. Alle männlichen Sprosse dieses Clans wurden Ärzte. Der Vater gab sein medizinisches Wissen und Können an Söhne und gelegentlich auch Schwiegersöhne weiter, so daß beides in der Familie blieb. Hippokrates brach mit dieser Tradition, indem er eine Schule eröffnete und auch Fremde, die nicht zur Familie gehörten, die ihm aber für den Arztberuf geeignet erschienen, gegen Bezahlung unterrichtete. Er hatte erkannt, daß es unverantwortlich war, die medizinische Bildung nur in einer einzigen aristokratischen Großfamilie zu monopolisieren. Die Welt brauchte viele gut ausgebildete Ärzte.

Bei seinem Unterricht legte Hippokrates offenbar größten Wert auf drei Dinge: Zum einen verbannte er religiöse und magische Praktiken aus Diagnose und Behandlung. Allein mit Vernunft und aufgrund der erworbenen Erfahrung sollte der Arzt praktizieren. Damit wollte er aber nicht ausschließen, daß ein Arzt fromm und dem Asklepios und den anderen Göttern für Heilerfolge dankbar war. Zum anderen verlangte Hippokrates von seinen Schülern, daß sie sich gleichermaßen theoretisches Wissen und handwerkliche Fähigkeiten verschafften, da ein guter Arzt beides brauche. Ersteres war nötig, um einzelne Phänomene in die größeren Zusammenhänge zu stellen, zweiteres, um den Patienten eine möglichst zielgerichtete und schmerzfreie Behandlung zukommen zu lassen. Schließlich forderte Hippokrates von allen, die dem Arztberuf nachgingen, ein ärztliches Ethos, das sich im Hippokratischen Eid niedergeschlagen hat. Es war ihm besonders wichtig, daß ein Mediziner seine Fähigkeiten unabhängig von Bezahlung und öffentlicher Anerkennung den Hilfsbedürftigen zukommen ließ. Angeblich starb Hippokrates nicht auf Kos, sondern in der Fremde: In der Antike wurde sein Grab in der Nähe des thessalischen Larissa, in der Urheimat seines Ahnen Asklepios, gezeigt.

Auf das Wirken des Hippokrates und seine Schriften baute die berühmte koische Ärzteschule auf, die besonders vom 4. bis zum 2. Jh. v. Chr., also in hochhellenistischer Zeit, blühte. Sie hat die Schriften des Hippokrates und seiner Nachfolger im sog. «Corpus Hippocraticum» gesammelt und bis in die römische Kaiserzeit hinein Ärzte in Theorie und Praxis ausgebildet. Viele koische Mediziner wurden von griechischen Städten angeworben, damit sie sich um kranke Bürger kümmerten und den Ausbruch von Seuchen verhinderten. Diese städtischen Amtsärzte wurden griechisch als *archiatroi* bezeichnet; daraus ist – über die Zwischenform *arziater* – am Ende unser Wort «Arzt» entstanden. Andere Mediziner der Insel traten in den Dienst von Herrschern, sei es als Leibärzte oder als

Begründer von neuen medizinischen Hochschulen, wie sie in hellenistischer Zeit etwa in den Residenzstädten Antiochia in Syrien oder Alexandria in Ägypten eingerichtet wurden. So wissen wir, daß Philipp II. von Makedonien, Alexander der Große, der karische Dynast Hekatomnos (reg. ca. 390–377 v. Chr.; der Vater des Maussolos) und der persische Großkönig Artaxerxes I. (465–424 v. Chr.) koische Leibärzte hatten. Der Arzt des letztgenannten handelte allerdings nicht im Sinne des Hippokrates, da er sich an einer Patientin aus dem Herrscherhaus verging, weshalb er am Ende nach guter alter persischer Sitte lebend eingegraben wurde. Der letzte uns bekannte koische Arzt im Dienst eines Herrschers war ein gewisser Gaius Stertinius Xenophon, der von sich behauptete, ein Nachkomme des Hippokrates zu sein. Ihm war die Gesundheit des Kaisers Claudius (41–54 n. Chr.) anvertraut. Wie die meisten Leibärzte hatte auch er durch die Nähe zum Herrscher großen politischen Einfluß. So konnte er es erreichen, daß seine Heimatinsel seit der Zeit des Claudius keine Steuern mehr an Rom bezahlen mußte. Durch seine erfolgreiche Tätigkeit gewann er große Reichtümer, die er z. T. für seine Heimat und insbesondere für das Aklepiosheiligtum ausgab, dessen Priester er war. In diesem bedeutendsten Tempelbezirk der Insel ließ er auf seine Kosten eine Bibliothek bauen und alte Kultstätten erneuern und verschönern. Außerdem sorgte er für eine Verbesserung der Wasserversorgung ins Heiligtum: Möglicherweise sollte die Hydrotherapie – wir würden heute von «Kneippkuren» sprechen – eingeführt oder verbessert werden. Kos dankte dem Stertinius Xenophon sein Engagement mit vielen Ehrenstatuen und einer Münze, auf deren Vorderseite er dargestellt war.

Auf Hippokrates stützte sich auch der größte Arzt der Römerzeit, der pergamenische Mediziner Galen (129–199 n. Chr.). Seine Schriften bildeten das ganze Mittelalter hindurch die Grundlage für das Medizinstudium und stellen eine direkte Verbindung zwischen der Insel vor Kleinasien und der abendländischen Medizin her.

366/5 v. Chr. wurde durch Zusammenlegung – griechisch spricht man von Synoikismos – die Stadt Kos gegründet. Viele der Inselbewohner, die bis dahin zerstreut in zahlreichen kleinen Städtchen oder ländlichen Siedlungen gelebt hatten, zogen in die neue Großstadt (Abb. 28. 29). Das neue Zentrum an der Nordspitze der Insel wurde mit einem großen Handelshafen ausgestattet und erhielt eine demokratische Verfassung, die dem alten Streit zwischen den reich gewordenen Kaufleuten, die mehr politische Rechte forderten, und dem alten Adel, der seine ererbte exklusive Machtstellung behaupten wollte, ein Ende setzte. Die neue Stadt Kos wurde dort angelegt, wo bei der alten Hauptstadt der Meroper die wichtigste Schiffsroute der Region am Nordkap der Insel vorbeiführte. Kos erstarkte durch die neugegründete Stadt wirtschaftlich wie politisch und gewann damit auch die Kraft, gegenüber Athenern und dem karischen Dynasten Maussolos (reg. 377–353 v. Chr.), die die Freiheit der Insel bedrohten, ein gewisses Maß an Selbständigkeit zu wahren. Damals scheinen die Koer einen schwunghaften Weinhandel begonnen zu haben, denn der Wein der Insel war wegen seiner Qualität berühmt. Merkwürdigerweise wurde ihm Meerwasser zugesetzt, einerseits um ihn haltbarer zu machen, andererseits um ihm ein spezielles

Abb. 29 Kos: Ausgrabungen am Fuß der Akropolis von Kos und das südlich davon gelegene Odeion.

Bouquet zu verschaffen. Koische Kaufleute verkauften ihn besonders in die Gebiete um das Schwarze Meer und nach Ägypten, wovon bis heute in vielen Städten der nördlichen Schwarzmeerküste wie auch in Alexandria koische Weinamphoren zeugen, die bei Ausgrabungen immer wieder in großer Zahl gefunden werden. Aber auch Italien war ein Absatzgebiet. Der nationalrömisch eingestellte Politiker, Gutsbesitzer und Geizkragen Cato (234–149 v. Chr.), der den Einfluß Griechenlands auf Rom einzudämmen suchte, gibt in seinem Buch «Über den Ackerbau» ein Rezept, wie man den in Italien teuren koischen Wein billig nachahmen konnte. Keramikfabriken in Italien waren in der Lage, für derartigen «Koerwein made in Italy» die passenden, ebenfalls gefälschten koischen Amphoren zu liefern. Produktpiraterie gab es also auch schon im Altertum! Außer für Wein war Kos für seine Parfumindustrie bekannt. Hinzu kamen die Seidenstoffe: Spätestens seit dem 4. Jh. v. Chr. sammelten die Koer von einer einheimischen Seidenspinnerraupe die Kokons und stellten aus den abgewickelten Seidenfäden enorm teure Stoffe her, die sie meist mit Purpur einfärbten und die als durchsichtige Reizwäsche in der ganzen Mittelmeerwelt begehrt waren. In vielen ihrer erotischen Phantasien stellen sich die klassischen römischen Liebesdichter ihre Angebeteten in *Coiae vestes*, in einem verführerischen Nichts, vor. Die Seidenindustrie von Kos ging aber schon wenig später im Laufe des 1. und 2. Jhs. n. Chr. zugrunde. Grund dafür war die einsetzende Globalisierung. Chinesische Quellen berichten davon, daß im Jahre 166 n. Chr. eine römische Delegation des Kaisers An-tun (gemeint ist Mark Aurel, der auch Antoninus als Kaisernamen führte) am chinesischen Kaiserhof vorsprach und auf diese Weise direkte politische Kontakte zwischen China und dem Römerreich herstellte. Über die Seidenstraße und den Indischen Ozean gelangte chinesische Seide, die feiner als die koische war, in immer größeren Mengen nach Westen. Erst in der Spätantike gelang es wagemutigen byzantinischen Abenteurern, chinesische Seidenraupen auszuschmuggeln und im Abendland eine eigene Seidenindustrie aufzubauen.

N

Abb. 30
Kos: Das Asklepiosheiligtum westlich der Stadt Kos von Süden aus. Es erstreckte sich über drei Terrassen, die durch Treppenaufgänge miteinander verbunden waren. Die unterste (im Norden) bestand aus einem großen Hofbezirk, der von Säulen umgeben war. In römischer Zeit wurde östlich davon eine große Thermenanlage angebaut. Auf der mittleren Terrasse stand im Westbereich der alte Asklepiostempel mit einem großen Prunkaltar davor. Auf der obersten Terrasse wurde schließlich, auf drei Seiten von Hallen umgeben, ein neuer monumentaler Asklepiostempel errichtet.

Seine Blütezeit erlebte Kos im 3. Jh. v. Chr., als die Ptolemäer über die Insel wachten und sie außerordentlich freundlich und respektvoll behandelten. Die Ägypterkönige liebten den Aufenthalt auf Kos; der zweite Ptolemäer – er trug den Beinamen Philaldelphos («der Geschwisterliebende»), weil er seine leibliche Schwester heiratete – wurde 309/8 v. Chr. auf Kos geboren. Die Insel war reich, das Leben dort angenehm, zumindest dann, wenn man genügend Geld hatte. Neben den Kaufleuten liebten die Künstler die Insel. Der größte Maler der Antike, Apelles – von ihm behaupten einige antike Schriftsteller, er stamme von Kos –, verbrachte im ausgehenden 4. Jh. v. Chr. dort seine letzten Lebensjahre. Eines seiner am meisten bewunderten Bilder, jenes mit der berühmten Aphrodite Anadyomene, der «auftauchenden Aphrodite», weihte er in das Asklepiosheiligtum. Es zeigte, wie die aus dem Meer aufsteigende Liebesgöttin, deren nackter Oberkörper zu sehen ist, sich ihre Haare auswringt. Eine ganze Schar von Epigrammdichtern hat sich vom Hellenismus bis in die Spätantike daran versucht, den Liebreiz dieses koischen Bildes und der auf ihm dargestellten Göttin in Worte zu fassen. Einer von ihnen, Leonidas von Tarent, ein Zeitgenosse des Apelles, dichtete in der 1. Hälfte des 3. Jhs. v. Chr.: «Wie Kypris (= Aphrodite), noch vom Schaum umbrandet, aus dem Schoß | der Mutter tauchte, schon zur Liebeswonne lockend, | so malte, voll verführerischer Reize, sie | Apelles – nein, so stellte er sie lebend hin! | Anmutig wringt das Haar sie mit den Fingern aus, | anmutig glänzt, noch sanft, die Sehnsucht in den Augen, | die Brüste schwellen, quittengleich, und zeigen schon | die Reife an. Athene selbst und Hera sagen: | ‹Wir treten, Zeus, an Schönheit hinter ihr zurück!›» Gleich zwei Geschichten kursierten in der Antike über das Modell, das Apelles für die Aphrodite benutzt haben soll. Die eine Tradition erzählt, das berühmteste und teuerste Callgirl der Antike, Phryne, habe das Vorbild für die Liebesgöttin abgegeben: Als sie bei einer religiösen Feier oben ohne ins Meer gestiegen sei, habe sie beim Hinauswaten aus der See Apelles zu dem Bild der Aphrodite Anadyomene angeregt. Eine andere Tradition sagt, daß die Hetäre Pankaste – ihr Name bedeutet «die Schmucke» – für die «auftauchende Aphrodite» Modell gestanden habe, und dies sei so gekommen: Alexander der Große habe dem Apelles den Auftrag für mehrere Porträts von sich gegeben, wollte dann aber auch seine thessalische Maitresse Pankaste von ihm malen lassen. Bei der Anfertigung ihres Bildes habe sich Apelles unsterblich in die Schöne verliebt. Als Alexander davon erfuhr, habe er dem Maler das Mädchen geschenkt, und dieser habe voller Begeisterung die Reize seiner neuen Geliebten in dem Bild der Aphrodite Anadyomene festgehalten. Wir dürfen vermuten, daß das königliche Geschenk es mit diesem Wechsel nicht schlecht getroffen hat, da durch dieses Bild die Erinnerung an ihre Schönheit durch die gesamte Antike bis heute gewahrt blieb und Alexander, empfänglicher für männliche Schönheit als für weibliche Reize, sich ganz offensichtlich nicht allzuviel aus ihr gemacht hat. Wie auch immer – Apelles weihte das Bild der Aphrodite in der Gestalt seiner Geliebten in das Heiligtum des Asklepios, wo es bis in die Zeit des Augustus blieb.

Ein Gewächs der Insel war der koische Dichter Philetas, der im Altertum berühmt war, von dessen Werken aber so gut wie nichts auf uns gekommen ist. Er war einer der Erzieher des auf der Insel geborenen Ptolemäerkönigs. Von Philetas wurde erzählt, er habe sich zu Tode gegrübelt, weil es ihm nicht gelingen wollte, exakt die gemeinsamen sprachlichen Merkmale jener Wort- und Satzkonstruktionen zu analysieren, die Menschen täuschen oder in die Irre führen. Er wurde somit zum warnenden Beispiel für alle, die das Theoretisieren auf die Spitze treiben. Neben Philetas genossen in der 1. Hälfte des 3. Jhs. v. Chr. die gefeierten Dichter Theokrit und Herondas das pralle Leben der Insel. Herondas läßt mit Gewißheit eine, wahrscheinlich aber zwei seiner in jambischen Versen abgefaßten Genreszenen auf Kos spielen: die eine im Milieu des auf der Insel blühenden Sexgewerbes, die andere – welch ein Kontrast! – im Asklepiosheiligtum. Möglicherweise war Herondas sogar Koer, und vielleicht sind auch die anderen kurzen Szenen auf Kos angesiedelt, doch wissen wir so gut wie nichts über das Leben dieses Dichters, der in der Antike dem berühmtesten Poeten des Hellenismus, Kallimachos, an die Seite gestellt wurde. Bis zum Jahre 1890, als eine Papyrusrolle mit acht der kurzen Dichtungen des Herondas aus dem Wüstensand Ägyptens gezogen wurde, konnten wir uns nicht einmal von seinen Werken ein Bild machen. Der hochberühmte Dichter Theokrit hingegen hat auf dem Weg von seiner sizilischen Heimat zum ägyptischen Alexandria nur eine Stippvisite auf der Insel Kos gemacht. Dort ist seine 7. Idylle entstanden, die als eines seiner gelungensten Werke gilt. Darin ist ein Erntedankfest für Demeter geschildert; wunderschöne Verse malen das ländliche Kos im Sommer: «Im Schatten der Büsche übten ihr Zirpen | geschäftig die Grillen, die Sonnenkinder. | Fern in den Dornen brummte der Laubfrosch, | sangen ihr Lied die Lerchen und Finken, | die Taube gurrte. Über den Spiegel | des Wässerchens huschten die braunen Bienen. | Und über allem der Duft des Sommers, | des Erntesegens, in Flur und Garten. | Äpfel und Birnen rollten in Fülle | zur Rechten und Linken; fruchtbeladen | hingen zu Boden die Schlehenzweige.»

In hellenistischer Zeit wurde auch das Heiligtum des Asklepios, das vor der Stadt liegt, prächtig ausgebaut (Abb. 30). Asklepios war in dieser Zeit auf dem Wege, einer der beliebstesten Götter der griechischen Welt zu werden, hieß es doch, er sei ein Mensch gewesen, der erst nach Leiden und Tod zum Gott geworden war und ein größeres Herz für die Menschen und ihre Leiden besaß, als die oft selbstverliebt gedachten olympischen Götter, die sich um die Sterblichen gar nicht oder nur wenig kümmerten. Der Wohlstand der Stadt Kos, die Patronage des Heiligtums durch ihre reichen Bürger – nicht zuletzt durch die Ärzte – sowie königliche Stiftungen ermöglichten im 3. und 2. Jh. v. Chr. die Konstruktion einer pompösen Anlage von theatralischer Wirkung. Hatte bis in diese Zeit die Kultstätte des Heilgottes aus einem heiligen Zypressenhain mit einem recht einfachen Altar bestanden, entstand in den zwei reichsten Jahrhunderten der Insel eine gewaltige Anlage auf drei Terrassen. Über eine breite Freitreppe stieg man zur ersten Plattform auf. Durch einen Torbau, ein sog. Propylon, betrat der Besucher einen weiten Hof, der an drei Seiten von Hallen umgeben war. In ihnen konnten zahlreiche betuchte Kranke, die zu einer Heilbehandlung gekommen waren, eine vermutlich teure Unterkunft finden. Die vierte Seite des Hofes wurde von der vorderen Stützmauer der nächsten Terrasse gebildet, zu der man über eine weitere Freitreppe gelangte. Auf ihr erreichte man das Zentrum des Heiligtums, denn dort stand ein sich recht bescheiden ausnehmender Antentempel des Asklepios, der Hygieia und vermutlich noch weiterer Heilgötter. Vor seiner Ostseite lag ein in hellenistischer Zeit prunkvoll ausgestatteter Altar. Einige kleinere Bauten, die der Heilbehandlung dienten, befanden sich ebenfalls auf dieser Terrasse. Schließlich wurde oberhalb dieses zentralen Kultbezirkes noch eine dritte Terrasse aufgeschüttet, die an drei Seiten von Hallen umgeben war und einen großen Tempel mit Ringhalle umschloß. Dieser Tempel sollte den Asklepiostempel im mutterländischen Epidauros nachahmen, war aber um ein Drittel größer als dieser. Kos wollte sich im Wettbewerb der griechischen Kur- und Heilzentren als erstrangig präsentieren.

Nachdem die Römer im 2. Makedonischen Krieg (200–197 v. Chr.), den sie gegen König Philipp V. führten, die Kontrolle über ganz Griechenland gewonnen hatten, geriet auch das blühende Kos in das Blickfeld römischer Kaufleute. Die guten Geschäfte, die sich dort mit Wein, Parfum und Seide machen ließen, zogen sie magisch an. Obwohl die Koer im Jahre 88 v. Chr. gegen Auslieferung der angehäuften Schätze ihre römischen Mitbürger im Asylbezirk des Asklepiosheiligtums vor den mordenden Horden des Mithridates geschützt hatten, wurde die Insel in den letzten Jahrzehnten des Bürgerkriegs schwer mitgenommen. Ein Admiral des Marc Anton ließ kurzerhand den heiligen Zypressenhain des Asklepieions nahezu vollständig abholzen, um Schiffe für die Flotte seines Herrn zu bauen. Zwar konnte der Gegenspieler des Antonius – der spätere Kaiser Augustus, der damals noch unter dem Namen eines «jungen Caesar» firmierte – den Heiligtumsschänder von Kos in seine Hände bekommen und auf der Insel köpfen lassen, doch sprang Augustus nicht viel besser mit den vom Bürgerkrieg gebeutelten Koern um: Er erpreßte das vielbewunderte Gemälde des Apelles mit der Venus Anadyomene und weihte die Stammutter seines Geschlechts in den Tempel seines Adoptivvaters Caesar nach Rom. Der Standortwechsel, insbesondere das römische Klima, scheint dem Bild nicht gut getan zu haben. Schon in der Zeit des Kaisers Nero (reg. 54–68 n. Chr.) war es so unansehnlich geworden, daß es durch eine Kopie ersetzt werden mußte. Erst unter Vespasian (reg. 69–79 n. Chr.) fand sich ein Restaurator, der das koische Bild noch einmal für einige Zeit vor dem unabwendbaren Verfall retten konnte.

In den folgenden Jahrhunderten lebten die Koer vorwiegend von der Erinnerung an ihre glorreiche Vergangenheit. Aus der Ruhe des römischen Kaiserfriedens wurden sie nur gelegentlich durch schwere Erdbeben aufgerüttelt. Im 6. Jh. n. Chr. wurde das Asklepiosheiligtum in eine christliche Kirche verwandelt, im 7. Jh. n. Chr. die Insel von den Arabern verwüstet. Im Mittelalter herrschten Byzantiner und Genuesen und von 1315–1522 die Johanniter über die Insel. Sie waren es auch, die das Kastell am Mandrakihafen (Abb. 28) erbauten. Die italienischen Kaufleute des Mittelalters und der frühen Neuzeit nannten die Insel Stancó, was nichts anderes als eine Verballhornung des Griechischen «stan Ko», d. h. «zu Kos», ist. Daraus machten die Türken dann Istanköy, da sie st nur mit großer Mühe aussprechen können und die beiden Konsonanten durch ein vorgeschlagenes i auf zwei Silben verteilen. Köy bedeutet «Dorf», und tatsächlich verkam Kos unter seinen osmanischen Herren zu einem armseligen Nest. Erst durch die intensive Forschungs- und Grabungstätigkeit auf der Insel sind im 19. und 20. Jh. viele Denkmäler des antiken Kos wieder ans Tageslicht gekommen und lassen den Besucher der Insel die große Bedeutung der Insel im Altertum zumindest erahnen.

(JN)

Nisyros – Der Mühlstein auf dem Giganten

Wie die Theräer lebten die Bewohner von Nisyros auf einem Vulkan (Abb. 31). Seine Caldera mit einem Durchmesser von etwa 4 km ist noch heute auf der Insel gut auszumachen. Sie ist auch das einzige, was Touristen, etwa von Kos, zu einem Tagesausflug nach Nisyros lockt, denn überall auf der Insel kann man Spuren des Vulkanismus entdecken. Heiße Quellen schütten an mehreren Stellen der nur 41 km^2 großen, fünfeckigen Insel; an vielen Stellen dampfen kleine Schlote Schwefelgase aus; auf dem Grund der Caldera blubbern Schlammkrater. Geologen wollen sogar festgestellt haben, daß deren Temperatur in den letzten Jahren merklich angestiegen ist, so daß die Gefahr eines neuen Ausbruchs wächst. Auf dem kleinen vorgelagerten Inselchen Giali steht vulkanisches Glas, d. h. Obsidian, an.

Die antiken Nisyrier waren sich des vulkanischen Ursprungs ihrer Insel bewußt, denn der Vulkan brachte sich durch kleine Ausbrüche – der letzte fand am 4. Mai 1873 statt – immer wieder in Erinnerung und ließ noch häufiger die Erde beben. Da sie aber keine Vorstellung von dem Aufbau der Erde und den Kräften in ihrem Innern hatten, erklärten sie diese Besonderheit ihrer Insel mit einem Mythos. Danach war Nisyros in der Urzeit bei dem Kampf der olympischen Götter gegen die Giganten entstanden. Poseidon habe gegen den Giganten Polybotos gekämpft und ihn vom Olymp über die Ägäis bis hin nach Kos verfolgt. Dort habe er schließlich mit seinem Dreizack ein fel-

> Legt nur die Hand in den Schoß, Mühlmädchen, und schlafet nur lange,
> wenn auch der Hähne Geschrei kündet den Morgen bereits.
> Euer Geschäft hat Demeter heute den Nymphen befohlen.
> Diese schwingen im Sprung oben aufs Rad sich hinauf,
> drehen die Achse im Kreis, und die mit gedrechselten Speichen
> rollt des nisyrischen Steins hohles Gewicht nun im Kreis.
> Sieh, wir genießen das Leben der Vorzeit erneut, wenn wir ohne
> Arbeit Deôs Geschenk uns zu bereiten verstehn.
>
> Antipatros von Thessaloniki

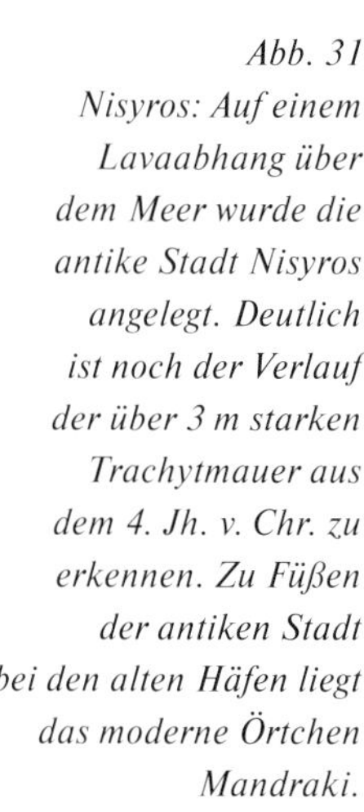
Abb. 31
Nisyros: Auf einem Lavaabhang über dem Meer wurde die antike Stadt Nisyros angelegt. Deutlich ist noch der Verlauf der über 3 m starken Trachytmauer aus dem 4. Jh. v. Chr. zu erkennen. Zu Füßen der antiken Stadt bei den alten Häfen liegt das moderne Örtchen Mandraki.

siges Stück dieser Insel abgestochen und diesen riesigen Brocken, der von Gestalt und Material einem Mühlstein glich, auf den fliehenden Riesen geworfen. So sei die Insel Nisyros für ihn zu einem überdimensionalen Grabdeckel geworden, aber noch immer rege sich der unsterbliche Sohn der Mutter Erde unter dem Mühlsteinfels, bringe die Erde zum Zittern oder spucke vor Zorn über sein Schicksal Feuer. Poseidon gilt aufgrund dieses Mythos' als Gründer der Insel. Sein Dreizack ist auf den Münzen von Nisyros abgebildet.

Nisyros war in der Antike bekannt für seine vortrefflichen Mühlsteine, die aus dem groben, aber nicht allzu schweren Vulkangestein gefertigt und überall im Ägäisraum verkauft wurden. Sie waren so weit verbreitet und allen so gut bekannt, daß der Mühlstein in weiten Teilen der griechischen Welt einfach «nisyrischer Stein» genannt wurde, so auch in jenem hübschen Gedicht, daß der um Christi Geburt lebende Epigrammdichter Antipatros von Thessalonike auf eine Wassermühle verfaßt hat. Darin sagt er, daß die «Mühlmädchen» – gemeint sind wohl die Sklavinnen, die üblicherweise in den reichen Haushalten das Getreide mit dem Mühlstein schroten mußten – jetzt beruhigt länger schlafen könnten. Die Nymphen, d. h. die Gewässergottheiten, erledigen jetzt für sie diese schwere Arbeit, indem sie den «nisyrischen Stein», also den Mühlstein, mit dem Mühlrad, in das sie sich ergießen, antreiben. Wenn die Nymphen bzw. der Bach jetzt das Mahlen des Getreides übernehmen, können die Menschen ihr Brot – das Geschenk der Göttin Demeter oder Deô, wie ihr Name in der Kurz- und Koseform lautet – wie im Goldenen Zeitalter ohne Arbeit genießen.

Wie andere Inseln vor der Küste dürfte auch Nisyros in früher Zeit vom Festland aus besiedelt worden sein. Das sagt auch jene antike Tradition, die Karer als Ureinwohner der Insel bezeichnet. Möglicherweise haben sie der Insel auch ihren Namen gegeben, der in der Region häufiger vorkommt. So heißt eine Stadt auf Karpathos und ein Ort in Lydien ebenfalls Nisyros.

Die ersten Griechen kamen möglicherweise über Kos auf die Insel. In Homers «Ilias», in der die Insel bereits erwähnt wird, führen die Herren von Kos das nisyrische Schiffsaufgebot in den Krieg gegen Troia. Der Vater der Geschichte, Herodot, der aus dem nahen Halikarnassos stammte, behauptet, daß Griechen aus Epidauros die Insel erobert hätten. Schließlich habe ein Erdbeben die Insel heimgesucht und entvölkert. Danach seien es erneut koische Siedler gewesen, die die Stadt besiedelten. Deren Siedlung wiederum ging an einer Seuche zugrunde und am Ende verleibten die Rhodier die Insel ihrem Staat ein.

(JN)

Rhodos – Die Insel des Sonnengottes

Schon in der Frühzeit Griechenlands, als diese Verse ihren Eingang in Homers «Ilias» fanden, galt Rhodos als eine Insel, die von den Göttern geliebt und mit Reichtum überhäuft worden war. Zeus habe sogar goldenen Schnee auf Rhodos niedergehen lassen, als ihm seine geliebte Tochter Athena dort aus seinem Kopf entsprang, erzählt im 5. Jh. v. Chr. der Dichter Pindar. Und dabei wußten beide Dichter noch nichts von der Hochblüte der Insel in hellenistischer Zeit, als Rhodos zu einer maritimen Supermacht des östlichen Mittelmeers aufstieg und durch ihre wirtschaftliche Dynamik, militärische Stärke, ihr diplomatisches Geschick wie auch durch den Glanz der auf der Insel gepflegten Künste und des feinen Lebensstils ihrer Bewohner zu einer antiken Präfiguration Venedigs wurde.

Was den Venezianern der Flügellöwe des Heiligen Markus bedeutete, war für die Rhodier der Sonnengott Helios. Sie erzählten nämlich, ihre Insel sei aus dem Meer aufgestiegen, damit auch der Sonnengott ein Herrschaftsgebiet und eine Kultstätte auf Erden habe. Auf der eigens für ihn entstandenen Insel habe er eine Tochter des Meeresgottes Poseidon und der aus dem Meer geborenen Liebesgöttin Aphrodite, die Rhodos hieß, zur Gattin gewinnen können. Die Griechen dachten bei dem Namen der Nymphe Rhodos an eine prächtige Rose, und Pindar nennt die Schöne, die der Insel ihren Namen gab, «die meerumströmte, Aphrodites Tochter und Helios' Braut.» Die strahlende Seemacht der rosenschönen Insel wurde mit solchen Bildern und Worten zu einer Tochter des Meeres und der Liebe wie auch zur Gattin der Sonne stilisiert! Enkel des Helios und der Rhodos sollen die drei großen Städte der Insel gegründet und nach sich Ialysos, Lindos und Kamiros benannt haben. Ialysos beherrschte den nördlichen Teil von Rhodos, Kamiros übte die Kontrolle über den mittleren Westen der Insel aus und Lindos,

> Und sie bauten sich an, geteilt in dreierlei Stämme,
> wurden von Zeus geliebt, dem Herrscher der Götter und Menschen,
> und mit des Reichtums Fülle beschüttet vom Sohne des Kronos.
>
> Homer, Ilias

das über das größte Stadtgebiet verfügte, gebot über den gesamten Südosten. Diese Mythen erfreuten sich besonders großer Beliebtheit, als die Insel so glänzte und strahlte, daß man meinte, ihr die Abstammung vom goldenen Sonnengott und der schönen Nymphe ansehen zu können. Auf ihren hellenistischen Münzen bildeten die Rhodier auf der Vorderseite den Kopf des Helios mit Strahlenkrone ab, auf der Rückseite erinnerte eine Rose an seine Gattin Rhodos. Andere Entstehungsmythen hielten die Erinnerung an die griechische Besiedlung der Insel und an kulturelle Einflüsse aus dem Osten wach. Schon Homer erzählt, daß es der aus dem dorischen Argos geflohene Heraklessohn Tlepolemos war, der die drei rhodischen Städte erbaut hatte. Und schließlich verknüpften die Rhodier den Ursprung ihrer Städte noch mit dem griechisch-ägyptischen Kulturbringer Danaos, der mit seinen 50 Töchtern aus Ägypten geflohen war und auf seinem Weg nach Griechenland einen Zwischenstopp auf Rhodos einlegte. In Lindos soll er die Griechen gelehrt haben, einen größeren, sichereren und schnelleren Schiffstyp zu konstruieren, nämlich jenen Fünfzigruderer, mit dem er seine 50 Töchter aus Ägypten fortgeschafft hatte. Auf Rhodos seien drei seiner Töchter gestorben und zu ihrem Gedenken die drei gleichnamigen rhodischen Städte gegründet worden.

Mit 1404 km^2 ist das ovale Rhodos nach Kreta, Euböa und Lesbos die viertgrößte Insel des Ägäisraumes. Es bildet das nordöstlichste Stück des Kretischen Inselbogens, der mit Kythera, Kreta, Kasos und Karpathos den Ägäisraum gegen die insellose hohe See nach Süden hin abschirmt. Rhodos profitierte v. a. von seiner verkehrsgünstigen Lage: Es war eine Art Relaisstation, von der aus man übers Meer zu den kulturellen Zentren des Ostens, nach Ägypten und Syrien gelangen konnte, und selbst Kyrene und Karthago waren noch häufig angelaufene Ziele rhodischer Schiffe. Zypern, der Schmelztiegel vieler Völker, war rasch zu erreichen. In Sichtweite, geradezu vor der Haustür, erstreckte sich das waldreiche südwestliche Kleinasien, das Rhodos immer wieder – nicht zuletzt wegen seines Reichtums an Schiffbauholz – unter seine Herrschaft zu zwingen suchte. Andererseits liefen von Westen her alle wichtige Seerouten der Ägäis bei Rhodos zusammen, so daß die Insel als Zentrum eines einträglichen Zwischenhandels für den Ost-West-Handel geradezu prädestiniert war. Zu seinem Glück war Rhodos von allen diesen Regionen jedoch so weit entfernt, das es bei geschicktem Taktieren nicht unbedingt in deren Konflikte hereingezogen wurde.

Abgesehen von seiner verkehrsgünstigen Lage profitiert Rhodos davon, daß es verhältnismäßig wasserreich ist und fruchtbare Böden besitzt. Etwa drei Viertel der Insel können bebaut werden. Im Altertum war Rhodos für seine Palmen, seinen vorzüglichen Wein und seine Feigen berühmt; auf der Insel wurde viel Öl und reichlich Getreide produziert. Das Klima war selbst im Sommer wegen der frischen Seewinde sehr angenehm und zog durch die Jahrhunderte Menschen an, die in dieser ewigen Sommerfrische leben wollten. Allerdings war der Boden der angeblich aus dem Meer aufgestiegenen Insel nicht fest. Rhodos wurde immer wieder von katastrophalen Erdbeben heimgesucht. So verwüstete 316 v. Chr. ein Tsunami die Küsten der Insel; wenige Jahre später traf im Jahre 303 v. Chr. erneut ein schweres Erdbeben die Insel. Eines der verheerendsten war aber das des Jahres 227 v. Chr., dem der Koloß von Rhodos zum Opfer fiel, das aber auch eine der größten Hilfsaktionen der Antike auslöste. 142 n. Chr. zerstörte ein schweres Erdbeben die Stadt Rhodos fast völlig; eine beeindruckende Schilderung der Katastrophe durch einen zeitgenössischen Redner ist uns erhalten geblieben.

Ungewöhnlich für griechische Mentalitäten war es, daß – im Gegensatz zu den Städten auf Kreta und Lesbos, die durch die Jahrhunderte miteinander im Streit lagen – die drei rhodischen Städte im Jahre 408/7 v. Chr. ihre Egoismen, Individualismen und Streitigkeiten überwanden und einen gemeinsamen Staat mit der Hauptstadt Rhodos schufen. Dieser wurde Grundlage einer grandiosen Erfolgsgeschichte und bescherte der Insel für etwa 250 Jahre eine großartige Blüte und enormen Wohlstand. (JN)

Rhodos ◇ Ialysos – Die Stadt der Boxer

Die Bürger von Ialysos, die Ialysier, glaubten, ihre Stadt trage den Namen ihres Stadtgründers, der als ein Enkel des Helios galt. Der Maler Protogenes von Kaunos hat gegen Ende des 4. Jhs. v. Chr. ein in der Antike berühmtes Bild von ihm gemalt, das bei der Belagerung von Rhodos dem König Demetrios Poliorketes (336 – 283 v. Chr.) in die Hände fiel und später nach Rom gelangte. Obwohl Protogenes sieben Jahre an seinem «Ialysos» gemalt hat und es ein bedeutendes Kunstwerk war, fehlte dem Bild, wie sein Konkurrent Apelles urteilte, der Charme, der ein Kunstwerk zum Meisterwerk macht.

Dem antiken Ialysos gehörte vor der Gründung der Stadt Rhodos die gesamte Nordspitze der Insel. Das städtische Zentrum lag 16 km südlich der späteren Hauptstadt zu Füßen eines ca. 267 m hohen Tafelberges, dessen Plateau als Akropolis genutzt wurde (Abb. 32). Der markante Stadtberg von Ialysos heißt heute nach einem Einsiedlermönch, der sich nach der Christianisierung der Insel dort oben niederließ, Philerimo. Von der antiken Stadt und ihren Gebäuden haben sich aufgrund der kontinuierlichen Nutzung des Berges als Festung bisher nur wenige Spuren gefunden.

> Es sproß aus dem Naß des Meeres | die Insel und wurde zu eigen dem Stammvater der scharfen Strahlen, | dem Herrn der feuerschnaubenden Rosse. Dort verband er sich einst mit Rhodos | und zeugte sieben Söhne, die von ihm den kunstfertigsten Geist unter den frühen Menschen erhielten. | Einer von diesen zeugte Kamiros, als ältesten Ialysos, und Lindos.
>
> Pindar, VII. Olympische Ode

N

Abb. 32
Rhodos: Der Burgberg von Ialysos, die sog. Achaia, benannt nach den mykenischen Siedlern, die sich auf ihm niederließen. Auf der Ostspitze sind die Reste einer byzantinischen Festung zu sehen, westlich davon das Kloster des heiligen Philerimos mit den ergrabenen Tempelfundamenten.

Die ältesten Siedlungsspuren in Ialysos reichen in die minoische Zeit zurück. Kretische Keramik, die dort gefunden wurde, beweist, daß schon die Minoer den von der See aus gut sichtbaren und leicht zu verteidigenden Platz wie auch seinen Hafen bei Trianda nutzten. Nach der Zerstörung des minoischen Reiches um 1450 v. Chr. kamen mykenische Seefahrer nach Ialysos. Einige blieben dort und gaben der Akropolis von Ialysos den Namen Achaia. Die Benennung geht darauf zurück, daß jene Griechen, die wir als Mykener bezeichnen, sich selbst Achäer nannten.

Im späteren 9. Jh. v. Chr. ergoß sich eine neue Welle von Griechen über Rhodos. Diesmal waren es Dorier, die anscheinend von Argos kamen. Ihnen machten Phöniker, die um diese Zeit nach Westen expandierten, den strategisch wichtigen Platz von Ialysos streitig. Griechische Mythen haben die Erinnerung an die Kämpfe zwischen Griechen und Phönikern bewahrt und erzählen im Detail wenig glaubwürdige, aber unterhaltsame Geschichten davon, wie es am Ende den Griechen gelang, die konkurrierenden Phöniker zu vertreiben bzw. zu unterwerfen. Als erster Phöniker soll Kadmos – der Bruder der Europa, der von den Griechen als wichtiger Kulturbringer angesehen wurde – in Ialysos an Land gegangen sein und dort ein Heiligtum des Poseidon gegründet haben. In seiner Nachfolge habe später der phönikische Herrscher Phalanthos auf der Akropolis von Ialysos gesessen. Als die Griechen ihn belagerten, hätten sie keinen Erfolg gehabt, da die Phöniker die Festung voller Selbstvertrauen verteidigten. Ein Orakel hatte dem Phalanthos nämlich prophezeit, er würde Ialysos so lange halten können, bis Fische in seinen Weinkrügen schwömmen und weiße Raben über den Köpfen der Phöniker hinwegflögen. Da beides unmöglich erschien, leitete Phalanthos aus dem Orakelspruch ab, die Phöniker könnten die Burg von Ialysos auf ewig halten. Die Griechen aber bestachen einen Diener des Phalanthos, der Fische in dessen Weinkrug einsetzte. Außerdem fingen sie Raben und bestrichen sie mit Gips. Als Phalanthos sah, daß die vom Orakel genannten Zeichen wider Erwarten eingetroffen waren, gab er Ialysos verloren und verhandelte mit den Griechen über die Übergabe. Diese stellten harte Bedingungen: Die Phöniker sollten freien Abzug erhalten, aber nur das mitnehmen dürfen, was sie im Magen trügen. Im Gegenzug würden die Griechen ihnen Schiffe für die Abreise zur Verfügung stellen. Phalanthos, den der Verlust des vielen Goldes, das die Phöniker in Ialysos aufgehäuft hatten, schmerzte, ließ Opfertieren die Mägen herausnehmen und mit Gold füllen. Als er damit vertragsgemäß abziehen wollte, entfernten die Griechen Ruder und Segel von den bereitgestellten Schiffen und beriefen sich darauf, sie hätten den Phönikern nur Schiffe versprochen, nicht aber die Mittel, um sie von der Stelle zu bewegen. So mußten Phalanthos und seine Leute Ialysos ohne ihr Gold verlassen. In Wirklichkeit dürfte der Sieg der Griechen über die Phöniker nicht so glorreich gewesen sein wie im Mythos. Historisch richtiger scheint jene Überlieferung zu sein, die davon berichtet, daß Griechen und Phöniker in der Siedlung von Ialysos lange Zeit neben- und miteinander gelebt und sich teilweise auch vermischt hätten.

Das griechisch dominierte Ialysos wurde Mitglied des dorischen «Sechserbundes», dessen Mitglieder sich jährlich im Heiligtum des Apollon Triopios an der Spitze der knidischen Halbinsel trafen. Der Gründer dieses Heiligtums, Triopas, war dem Mythos nach ein Onkel des halbgöttlichen Stadtgründers Ialysos.

Ialysos gehörte zu jenen griechischen Städten, die um 620 v. Chr. im ägyptischen Naukratis eine griechische Handelsniederlassung gründeten. Es waren aber nicht nur die Kaufleute von Ialysos, die nach Ägypten reisten. Ialysier, die zu Hause keine Lebenschancen für sich sahen und von Abenteuerlust getrieben wurden, machten sich um diese Zeit ebenfalls dorthin auf und verdingten sich Pharao Psammetich II. (reg. 595–589 v. Chr.) als Söldner. Mit ihm unternahmen sie einen Kriegszug weit nach Nubien hinein. Mehrere von ihnen ließen im Jahre 593 v. Chr. ihre Namen in die Kolossalstatuen des Tempels von Abu Simbel einritzen. Noch mehr als 2500 Jahre später können wir auf ihnen die Namen eines Telephos und Anaxanor aus Ialysos entziffern.

Im frühen 5. Jh. v. Chr. brachte Ialysos mit Timokreon einen bemerkenswerten Dichter hervor. Er war nicht nur Poet, sondern auch Fünfkämpfer und ein im gesamten Mittelmeerraum bekannter Vielfraß. Im Gegensatz zu den meisten Griechen seiner Zeit, war er ein Freund der Perser und wurde eines Tages sogar an den Hof des Großkönigs eingeladen. Nachdem dieser ihn aufs großzügigste bewirtet hatte und erstaunt war, was alles in Timokreons Magen paßte, fragte ihn der König, was er in den folgenden Tagen in Persien zu tun gedenke. Timokreon soll geantwortet haben: «Unzählige Perser zusammenschlagen.» Tatsächlich hielt er bei Boxkämpfen, die am nächsten Tag ausgetragen wurden, sein Versprechen. Da sich keine Gegner mehr fanden, die gegen ihn antreten wollten, konnte man ihn an den folgenden Tagen beim Schattenboxen erleben. Als er gefragt wurde, was er damit bezwecke, gab er zur Antwort, daß er noch einiges an Schlägen übrighabe. In Ialysos machten ihn die engen Kontakte zu den Persern verdächtig; so wurde er nach den Siegen der Griechen über die Perser aus seiner Heimatstadt verbannt. Angeblich hatte bei seiner Exilierung der athenische Feldherr Themistokles – der Sieger von Salamis – seine Finger im Spiel. Deshalb beschimpfte Timokreon in einem wütenden Gedicht den athenischen Politiker und warf ihm vor, er sei bestechlich. Nur gegen Geld seien von Themistokles «Persilscheine» zu erhalten. Als wenig später Themistokles von den Athenern beschuldigt wurde, mit den Persern gegen Athen konspiriert zu haben, dichtete Timokreon voller Schadenfreude: «Timokreon steht nicht allein im Bunde mit den Persern, der Schelme gibt's noch mehr. Ich wär der einz'ge Fuchs? O nein! Es gibt noch andre Füchse ...» Ein weiterer Feind des Timokreon war der berühmte Dichter Simonides von Keos (ca. 556–468 v. Chr.), der unter anderem die bekannten Grabepigramme auf die Helden der Perserkriege gedichtet hatte. Auf ihn verfaßte er ein Spottgedicht, das nur aus zwei Versen bestand: «Was für ein blödes Stammeln erschallt zur Pein mir von Keos! | Was von Keos für ein blödes Stammeln mir zur Pein erschallt!» Jeder Vers enthielt dieselben Wörter, die aber anders angeordnet waren, was in der griechischen Verskunst mit ihren wechselnden Längen und Kürzen nicht einfach zu bewerkstelligen war. In Simonides fand der unverschämte Poet jedoch seinen Meister. Simonides rächte sich mit einem vorweggenommenen Grabepigramm auf Timokreon: «Nun, da ich vieles gegessen und vieles getrunken und viele | Menschen verleumdet, lieg ich, Rhodos' Timokreon, hier.»

Im 5. Jh. v. Chr. brachte Diagoras aus der führenden Aristokratenfamilie der Eratiden mit mehreren Siegen in panhellenischen Spielen der Stadt Ialysos Ruhm und Ehre ein. Erhalten ist uns jenes Festlied, daß Pindar auf dessen Sieg im Faustkampf im Jahre 464 v. Chr. in Olympia komponierte. In ihm preist der berühmteste Festliedschreiber seiner Zeit den Sieger und seinen rhodischen Hintergrund. Diagoras war so stolz auf das Lied des Pindar, daß er es mit Goldtinte aufzeichnen ließ und ins Heiligtum der Athena Lindia weihte. Diagoras war ein erfolgreicher Boxer, vielleicht so schlagkräftig wie Timokreon. Außer

Abb. 33 Rhodos: Die Fundamente des Tempels für Athena und Zeus und das Kloster des heiligen Philerimos auf der Akropolis von Ialysos.

bei den Olympischen Spielen siegte er noch viermal bei den Isthmien, mehrmals bei den Nemeen und den Pythien. Pausanias (2. Hälfte des 2. Jhs. n. Chr.) erwähnt eine Statue von ihm in Olympia; ihre Basis mit der Inschrift blieb dort erhalten und ist noch heute zu sehen.

Ialysos verlor seine Bedeutung, als im Jahre 408 v. Chr. die drei großen rhodischen Städte auf seinem Territorium an der Nordspitze der Insel eine gemeinsame Hauptstadt, die sie Rhodos nannten, gründeten und ein Teil der ialysischen Bevölkerung dorthin umsiedelte.

Erst im Mittelalter gewann Ialysos erneut eine gewisse Bedeutung. 1308 benutzten die Johanniter die Akropolis der antiken Stadt als Ausgangspunkt für ihre Angriffe auf das byzantinische Rhodos, 1522 setzten sich dort oben die Türken fest, um Angriffe auf das Rhodos der Johanniter vorzutragen. Auf dem Burgberg von Ialysos stand damals das Zelt Suleimans des Prächtigen. Schließlich war der ialysische Burgberg im Jahre 1943 noch einmal umkämpft, als Deutsche und Italiener um den Besitz der Insel stritten. Heute stehen auf der Ostspitze des Tafelbergs noch die Ruinen eines byzantinischen Kastells und weiter nach Westen hin das Kloster des heiligen Philerimos, das um 1000 gegründet wurde. Bei ihm haben die Archäologen die Fundamente eines Tempels freigelegt, der nach einer Inschrift der Athena und dem Zeus geweiht war (Abb. 33). Bodenfunde haben ergeben, daß dort schon im 9. Jh. v. Chr., also bei der Gründung der dorischen Stadt, eine griechische Kultstätte eingerichtet wurde. Bauteile, die dort gefunden wurden, lassen darauf schließen, daß aber erst im 5. Jh. v. Chr. an dieser Stelle ein erster Tempel errichtet wurde; eine letzte Restaurierung fand im 3. oder 2. Jh. v. Chr. statt. Der nicht sehr große Bau besaß keine Ringhalle, sondern nur sechs Säulen an seiner Vorder- und Rückseite. (JN)

Rhodos ◆ Lindos – Wo Athena geboren wurde

> Weithin berühmt war Lindos, das uralte, das sich zur Herrin
> himmelragender Burg Pallas, die Siegreiche, nahm.
> Stärker noch wuchs ihm auf Erden die Anziehungskraft,
> als die Jungfrau I ihm die grünliche Frucht reichlich als Gabe geschenkt.
> Heute bekennt sich das Land als blühende Heimstatt Athenes,
> sieht die Felsen sogar sprießen von reichem Ertrag.
>
> Aus einem Gedicht des lindischen Priesters Aglochartos

Die 116 m aus dem Meer aufsteigende markante Kalksteinkuppe von Lindos bildete schon in der ausgehenden Jungsteinzeit im 3. Jt. v. Chr. ein bedeutendes religiöses Zentrum der Insel Rhodos. Eine tief in der mediterranen Urzeit wurzelnde weibliche Gottheit namens Linthia wurde dort verehrt, zuerst anscheinend nur in einer Höhlung dieses Felsens, später aber auch genau oberhalb ihrer Kultgrotte in einem Olivenhain auf dem Akropolisplateau. Nach der Landnahme durch dorische Griechen im 9. Jh. v. Chr. wurde die mittelmeerische Göttin mit Athena identifiziert, bewahrte aber den uralten Götternamen in ihrem Beinamen Lindia. Nach ihm nannten sich die Menschen, die um das Heiligtum siedelten, Lindier. Pindar verlegte schließlich die Geburt der Athena nach Rhodos: Als der Kopf des Zeus mit einem Beil gespalten wurde, sei Athena herausgefahren und zugleich goldener Schnee auf Rhodos niedergegangen. Die Lindier verehrten sie auch als Göttin des Ölbaums, die ihnen diese so wichtige Kulturpflanze geschenkt habe. In dem eingangs zitierten Gedicht preist der Athenapriester Aglochartos Athena für diese Gabe und hebt die wirtschaftliche Bedeutung der Ölgewinnung für Lindos hervor.

Die geringe Fruchtbarkeit des umliegenden Landes wie auch die guten Häfen der Stadt verwiesen die Lindier von Anfang an aufs Meer. Sie mußten ihr Glück in der Fremde suchen, Handel treiben oder für immer auswandern. Lindische Kaufleute, Abenteurer und Siedler spielten das ganze 7. Jh. v. Chr. hindurch im östlichen Mittelmeerraum eine wichtige Rolle: Um 690 v. Chr. gründeten sie an der waldreichen Ostküste Lykiens die Stadt Phaselis und im fernen Kilikien Soloi. Beide Städte verfügten über viel Schiffbauholz und bildeten wichtige Stützpunkte für lindische Reeder, die mit der Levante oder Ägypten Handel treiben wollten. In dem berühmten griechischen Fondaco von Naukratis – er lag im Nildelta – hatten auch die Lindier einen Platz. Sie konnten sogar die Sympathien des

N

Abb. 34
Rhodos: Die Akropolis von Lindos von Norden.

ägyptischen Pharao Amasis (ca. 570–526 v. Chr.) gewinnen: Er machte der Athena Lindia kostbare Weihgeschenke, unter anderem zwei ägyptische Statuen mit Hieroglypheninschriften. Auch nach Westen griffen die Lindier aus: 688 v. Chr. gründeten sie zusammen mit ihrer Tochterstadt Phaselis die Stadt Gela auf Sizilien, die zu Beginn des 5. Jhs. v. Chr. zur mächtigsten Stadt Siziliens aufstieg. Ihr Unglück war, daß ihr Tyrann Gelon seine Residenz nach Syrakus verlegte. Gela fiel auf den Rang einer reichen Landstadt zurück und spielte historisch keine Rolle mehr.

Die goldene Zeit von Lindos setzte sich offenbar bis ins 6. Jh. v. Chr. hinein fort, als Kleobulos, einer der «Sieben Weisen», sein mildes wie umsichtiges Regiment führte. Über den historischen Kleobulos wissen wir wenig; Mythos und Realität sind kaum voneinander zu trennen: Bis in die Spätantike hinein findet sich das idealisierte Bildnis des großen Lindiers auf Mosaikfußböden; Anekdoten über ihn und gefälschte Dokumente von ihm kursierten schon in der Antike in großer Menge. Möglicherweise authentisch sind seine Mahnungen, das rechte Maß zu wahren, und seine tiefe Skepsis über den Verfall der Kultur: «Geistlosigkeit gibt es zuhauf unter den Menschen und eine Menge von Gefasel. Aber die Zeit wird Abhilfe schaffen.» – letzteres eine Aussicht, die auch uns für Kultur und Politik hoffen lassen könnte! Als einer der ersten plädierte der Lindier dafür, auch Mädchen Bildung zukommen zu lassen. Im Ölhain auf der Akropolis ließ Kleobulos einen neuen Tempel für Athena Lindia in griechischem Stil errichten.

Der Niedergang von Lindos setzte mit der Eroberung der Insel durch die Perser ein. An der Schlacht bei Salamis im Jahre 480 v. Chr. standen die Lindier auf der Verliererseite, denn sie hatten auf Seiten der Perser mitkämpfen müssen. Danach wurden sie Mitglieder des Seebundes, dessen Mitgliedsbeiträge die Athener immer weniger für den Kampf gegen die Perser als für sich selbst verwendeten.

Wie die anderen drei großen rhodischen Gemeinden verlor auch Lindos nach der Gründung von Rhodos im Jahre 408 v. Chr. viel von seiner alten Bedeutung. Im Jahre 392 v. Chr. wurde das Athenaheiligtum von einem verheerenden Brand heimgesucht. Erst gegen 300 v. Chr. hatten die rhodischen Städte genügend Geld zusammengekratzt, um es wiederaufbauen zu lassen. Die Überreste des Neubaus sind heute wieder auf der Akropolis zu sehen (Abb. 34. 35). In hellenistischer Zeit wurde der Tempel mit Hallen umgeben und erhielt ein prächtiges Entree, das den Besucher des Tempels auf die Heiligkeit des Ortes einstimmen sollte. Lindos entwickelte sich allmählich zu einem verschlafenen Wallfahrtsort, der allein von seiner großen Vergangenheit lebte: Nicht ohne Wehmut ließen 99 v. Chr. die Lindier eine Art Chronik ihres Athenaheiligtums in eine Stele meißeln, in der alle mythischen und historischen Verehrer der Athena Lindia mit ihren Weihgeschenken aufgelistet waren – eine Beschwörung des hohen Ansehens, das das lindische Heiligtum in längst vergangenen Tagen besessen hatte. Kadmos, Minos, Herakles und Helena sollen in grauer Vorzeit der Athena Lindia mit Gaben gehuldigt haben, in historischer Zeit waren es Alexander der Große, Ptolemaios I. von Ägypten (367–282 v. Chr.), Pyrrhos von Epirus (319–273 v. Chr.) und Hieron II. von Syrakus (306–215 v. Chr.). Bei den wiederholten Bränden auf der Akropolis waren ihre Votive ein Raub der Flammen geworden. Nur die steinerne Chronik hielt die Erinnerung an sie wach. Heute ist nicht einmal mehr sie dem alten Lindos geblieben: Die bei den dänischen Ausgrabungen ans Tageslicht gekommene Stele gehört jetzt zu den großen Schätzen des Kopenhagener Antikenmuseums.

Ein bedeutender Sohn des hellenistischen Lindos war der stoische Philosoph Panaitios (ca. 180–110 v. Chr.). Er war ein Freund des jüngeren Scipio, der im Jahre 146 v. Chr. Karthago zerstörte. Mit Scipio und dem bekannten Historiker Polybios (ca. 200–120 v. Chr.) hat Panaitios über den Lauf der Geschichte und die Rolle der neuen Weltmacht Rom lange Gespräche geführt. Als Scipio in den Jahren 141–139 v. Chr. den Osten bereiste, leistete der lindische Philosoph ihm Gesellschaft.

In den nächsten Jahrhunderten zog die große Geschichte an Lindos vorbei. Es geschah nur wenig, was der historischen Aufzeichnung wert gewesen wäre – vielleicht ein Glück für die Bewohner des stillen Städtchens. Der Sieg des Christentums unter Kaiser Konstantin (reg. 306–337 n. Chr.) brachte unweigerlich Niedergang und Ende des alten Wallfahrtsortes mit sich, der von den Anhängern der neuen Religion angefeindet und bekämpft wurde. Nach der von Kaiser Theodosius (reg. 379–395 n. Chr.) verordneten Schließung aller heidnischen Tempel im Jahre 391 n. Chr. wurde auch das Heiligtum der Athena Lindia entweiht, ihre berühmte Statue nach Konstantinopel verbracht und dort einer Kunstsammlung einverleibt; 476 n. Chr. wurde sie bei einem Feuer in der Hauptstadt zerstört. Die heilige Grotte der Athena Lindia weihten christliche Eiferer der Panagia Spiliotissa, der «Heiligen Jungfrau von der Höhle».

Im frühen Mittelalter umgaben die Byzantiner die Akropolis von Lindos mit starken Festungsmauern. Die Siedlung zu ihren Füßen wurde durch Bevölkerungsschwund immer kleiner, die Stadt schmolz zu einem Dorf zusammen, aus der griechischen Polis wurde eine byzantinische Festung (Abb. 34). Wiederholt plünderten Perser und Araber die Ansiedlung zu Füßen des Kastells.

Seit dem hohen Mittelalter kamen Venezianer, Genuesen und Kreuzfahrer nach Lindos. 1306 übernahmen die Johanniter Rhodos und versahen die Festung von Lindos mit jenem gewaltigen Zinnengürtel, der bis heute ins Auge fällt. Er ermöglichte es über längere Zeit, Angriffe der Türken abzuwehren. Der Großmeister Pierre d'Aubusson (1476–1505) ließ die Kreuzritterburg von Lindos noch einmal ausbauen und auch eine Kirche des Heiligen Johannes errichten, der in seiner Rolle als Schützer des Burgbergs den Platz der Athena Lindia einnahm.

Die Tage des christlichen Heiligen auf der Burg waren indes gezählt: 1522 mußte der Johanniterorden die Insel an die Osmanen abtreten; 1523 verließen die letzten Ritter Rhodos und zogen nach Malta. Über 300 Jahre wehte die Fahne mit den drei Halbmonden über der Burg, auf der lindischen Akropolis wurde zu Allah gebetet: Bis 1840 blieb Lindos in türkischer Hand.

Dänische Archäologen haben zu Beginn des 20. Jhs. die antike Vergangenheit auf dem Burgberg von Lindos wieder aufgedeckt, italienische Architekten die Trümmer zu einem ansehnlichen Ensemble rekonstruiert, dessen dorische Kapitelle sich heute über den mittelalterlichen Mauerring erheben (Abb. 35). In einem Kranz umziehen die weißgetünchten Häuser von Lindos die Burg. Die meisten von ihnen stammen aus dem 17. Jh. Sie sind in einem seltsamen Gemisch gotischer, byzantinischer und arabischer Stilelemente erbaut und spiegeln die multikulturelle Vergangenheit des Ortes wider. Wenn im zeitigen Frühjahr der Duft der Orangenblüten durch die engen Gassen von Lindos weht, überfällt ein Hauch von idyllischer Zeitlosigkeit und Ferienstimmung den Ort und macht nur allzu leicht seine historische Bedeutung vergessen. (JN)

N

Abb. 35 Rhodos: Der Burgberg von Lindos mit dem Heiligtum der Athena Lindia, den beiden Häfen und den weißen Häusern der neuzeitlichen Siedlung von Süden.

Abb. 37
Rhodos: Das ergrabene Stadtgebiet von Kamiros dehnt sich zu beiden Seiten einer Hauptstraße aus, die sich auf dem Talgrund hinzieht und von der langgestreckten Stoa im Süden zu dem Sakralbezirk im Norden führt. Der größte Tempel des Heiligtums ist der des Apollon Pythios; südlich davon befindet sich ein großer Platz mit rechteckigem Brunnenhaus. Östlich des Tempels ist eine Terrasse des Heiligtums mit mehreren Altären zu sehen.

Rhodos ◆ Kamiros – Die Stadt der Feigenbauern

Kamiros war die dritte und auch unbedeutendste der drei alten rhodischen Poleis. Die Stadt liegt an der Westküste von Rhodos (Abb. 36). Zu ihrem Territorium gehörten sowohl die kleine vorgelagerte Insel Chalki als auch der Gipfel des höchsten Berges der Insel, der Atabyros. Mythen bringen die Gründung von Kamiros und des Zeusheiligtums auf dem Atabyros mit den Minoern in Verbindung. Ob es dafür einen historischen Hintergrund gibt oder ob die Verbindungen der Stadt mit der Insel des Minos lediglich aus dem Namen des Hafens von Kamiros, der Kretenia hieß, herausgesponnen wurden, ist unklar. Archäologisch gesichert werden konnte bis jetzt nur, daß die Stadt im 14. Jh. v. Chr. – also in mykenischer Zeit – einige Bedeutung hatte. Wahrscheinlich kamen die ersten mykenischen Siedler aus Kreta, indem sie am östlichen Teil des Kretischen Inselbogens entlang über Kasos und Karpathos nach Rhodos segelten. Das könnten sie durchaus auf den Spuren der minoischen Seefahrer unternommen haben. Das Gebiet um Kamiros lockte mit seinen paradiesisch fruchtbaren Böden. Auf die reichen Erträge des Territoriums von Kamiros weisen seit dem 6. Jh. v. Chr. die Münzen der Stadt, die alle mit einem Feigenblatt geschmückt sind: Die Feigen von Kamiros waren in der Antike hoch geschätzt und erlangten eine gewisse Bekanntheit. Die Wirtschaftskraft dieser Bauern- und Handwerkerstadt ergibt sich auch aus dem verhältnismäßig hohen Tribut von 6–9 Talenten, den Kamiros im 5. Jh. v. Chr. dem Delisch-Attischen Seebund zu zahlen hatte.

Seine Blütezeit erreichte Kamiros nach der dorischen Einwanderung im 9. Jh. v. Chr. in der geometrischen und archaischen Zeit. Die Friedhöfe, die rings um Kamiros ergraben wurden, zeigen, daß seine Feigenbauern genügend Geld hatten, um teure Importkeramik zu kaufen und sie ihren Toten mit in die Gräber zu geben. In der Nekropole von Fikellura, die südwestlich der Stadt liegt, wurden bei Ausgrabungen so viele aus Milet stammende Gefäße aus der Zeit der ausklingenden orientalisierenden Epoche (zwischen 560 und 494 v. Chr.) gefunden, daß nach dieser Nekropole eine ganze Keramikgattung benannt wurde. Später teilte Kamiros jenes Schicksal der Insel, von dem schon mehrfach die Rede war: Eroberung durch die Perser, Mitgliedschaft im Seebund und Teilnahme an der Gründung der neuen Metropole Rhodos im Jahre 408/7 v. Chr. Nach der Gründung von Rhodos büßte auch Kamiros viel von seiner vormaligen Bedeutung ein. Nach dem Erdbeben von 227 v. Chr. wurde die Stadt noch einmal aufgebaut, erst dasjenige des Jahres 142 n. Chr. zog anscheinend das definitive Ende von Kamiros nach sich. Damals verließen die letzten Bewohner, die die Katastrophe überlebt hatten, die Stadt.

Die von den italienischen Ausgräbern 1852–1864 und 1928–1943 freigelegte Stadt zieht sich durch eine Senke, die nach Norden hin offen ist und einem Stadion gleicht (Abb. 37). Was sich den Besuchern heute präsentiert, sind die Grundmauern der hochhellenistischen Stadt, wie sie nach dem schweren Erdbeben von 227 v. Chr. wiederaufgebaut wurde. Von der etwa 120 m hohen Akropolis mit den spärlichen Resten eines Athenatempels im Süden und der davorliegenden langen hellenistischen Stoa führt die gerade Hauptstraße auf dem Talgrund durch einen Wohnbezirk hinab nach Norden. Sie mündet in einen trapezförmigen Platz, zu dessen Füßen ein rechteckiges Brunnenhaus und der Tempel des Apollon Pythios liegen. Apollon Pythios war neben Athena und Zeus der Hauptgott von Kamiros; sein Heiligtum war ein dorischer Doppelantentempel, d. h. ein einfacher Bau, der vorne und hinten zwischen seinen Seitenmauern zwei Säulen besitzt.

(JN)

Auf der vorhergehenden Doppelseite:

Abb. 36
Rhodos: In einem stadionartigen, nach Norden hin offenen Tal liegt Kamiros, im Süden oberhalb der Stadt die Akropolis, zu ihren Füßen eine langgestreckte Stoa. Nordwestlich der Stadt erstrecken sich die Nekropolen von Fikellura.

N

Abb. 38
Rhodos: Die Nordspitze der Insel mit der Johanniterstadt im Nordosten (am äußersten rechten Bildrand oben). Das antike Stadtgebiet steigt von Meeresniveau im Bereich der fünf Häfen bis auf etwa 100 m im Südwesten an, wo sich die Akropolis befand. Dem Verlauf der Westmauer folgt jetzt die moderne Ausfallstraße nach Süden. Die Südwestecke der Mauer lag bei dem gut erkennbaren Geländesporn. Etwa in der Mitte der von der Bebauung ausgesparten Fläche ist auf dem Plateau des sog. Mount Smith im antiken Akropolisbereich die langgestreckte Gerade des Stadions zu erkennen, darüber die wiederaufgerichtete Ringhallenecke des Heliostempels. Im heiligen Bezirk des Heliostempels hat wahrscheinlich der Koloß gestanden.

Rhodos ✧ Rhodos-Stadt – Ein antikes Venedig

Die Stadt Rhodos entstand erst im Jahre 408/407 v. Chr., nachdem die drei alten rhodischen Städte Lindos, Ialysos und Kamiros sich dazu durchgerungen hatten, an der Nordspitze der Insel auf ialysischem Territorium ein neues gemeinsames Inselzentrum zu gründen und einen großen Teil ihrer Bürger dorthin umziehen zu lassen (Abb. 38). Geburtshelfer der neuen Stadt war der Athener Alkibiades, der mit der athenischen Flotte die Insel Rhodos und ihre drei Städte geplündert hatte, weil sie vom Delisch-Attischen Seebund abgefallen waren und nicht mehr «Schutzgeld» an Athen bezahlen wollten. Die Rhodier waren die Fremdherrschaft, erst die der Perser und dann die der Athener, gründlich leid. Die drei alten Städte blieben zwar bestehen, gaben aber einen Großteil ihrer Bevölkerung ab und sanken auf den Rang von kleinen beschaulichen Landgemeinden herab. Ialysos und Kamiros sind schließlich eingegangen; nur Lindos blieb bis heute als Siedlung bestehen. Wie gut der Platz des neuen rhodischen Zentrums gewählt war, zeigt sich auch daran, daß die Stadt Rhodos kontinuierlich Hauptort der Insel geblieben ist.

In einer Art Reißbrettplanung legten die Rhodier auf dem Nordkap ihrer Insel die erste moderne Großstadt der Antike an. Sie beherrschte die Durchfahrt zwischen Rhodos und dem kleinasiatischen Festland – eine der wichtigsten Passagen des Altertums. Das Stadtgebiet der neuen rhodischen Metropole umfaßte 290 ha. Hinter seiner Planung steckte ein Mann namens Dorieus, der aus Ialysos stammte und an dem athenischen Kolonisationsunternehmen in Thurioi in Unteritalien teilgenommen hatte, wo er die Anlage einer modernen Streifenstadt nach dem Muster des Hippodamos kennengelernt hatte. Die neue Stadt Rhodos verfügte über fünf Hafenbecken, die teils natürlich waren, teils aber mit gewaltiger Kraftanstrengung neu geschaffen oder ausgebaut wurden (Abb. 40). Die Stadt war auf Wachstum konzipiert; ihr mächtiger Mauerring umschloß weite Gebiete, die bei der Gründung noch nicht bebaut waren. Im Westen erstreckte sich die Akropolis, auf der sich inmitten von Hainen der mächtige Tempel des Apollon und das Heiligtum des Zeus erhoben. Zu Füßen der Akropolis legten die Rhodier ein Odeion und ein Stadion an (Abb. 39). Zugleich mit der baulichen Konstruktion ihrer Stadt gaben die Rhodier sich eine durchdachte und effiziente Verfassung. Sie wollten es der Welt zeigen, aber auch ihrem Gegenspieler Athen: Das neue Rhodos sollte ein Athen des Ostens werden, aber auf ganz anderen Grundlagen aufbauen.

> Und was über allem und vor allem ein wundervoller Anblick und eine rechte Augenweide war, das war der Ring der Stadtmauer und die Schönheit und Größe der Türme, die ihr aufgesetzt waren und die den Heransegelnden gewissermaßen entgegenleuchteten, so daß denen die auf Rhodos zusteuerten und vom Meere aus darauf blickten, sogleich der Geist erhoben wurde wie nirgends sonst.
>
> Rhodischer (?) Redner der Kaiserzeit
> im Corpus des Aelius Aristides

N

Etwa 100 Jahre nach seiner Gründung konnte Rhodos im Jahre 305/304 v. Chr. dank seiner festen Mauern und der Tapferkeit seiner Bürger ein Jahr lang einer der denkwürdigsten Belagerungen der Antike standhalten. Hintergrund waren die Streitigkeiten der Erben Alexanders um die Seeherrschaft im östlichen Mittelmeer. Antigonos Monophthalmos (382–301 v. Chr.) und sein Sohn Demetrios Poliorketes kämpften mit Ptolemaios I. von Ägypten um die Kontrolle der Meere; Rhodos als selbständige Seemacht kam in ihren Plänen nicht vor. Mit diplomatischen Mitteln und ausgeklügelten Kriegsvermeidungsstrategien versuchten die rhodischen Kaufleute sich durchzulavieren, aber Demetrios hatte die Insel, die auf halbem Wege nach Ägypten lag, ebenso die rhodische Seemacht und schließlich das Geld der reichen rhodischen Kaufleute schon in seine Großmachtspläne einbezogen. Als die Rhodier nicht bereit waren, seinen Wünschen nachzukommen, verlegte er sich auf Gewalt und begann mit der Belagerung der rhodischen Hauptstadt. Wegen der Kampfeskraft der rhodischen Flotte konnte Demetrios die Stadt Rhodos von See her nicht lückenlos einschließen. Immer wieder gelang es den Rhodiern, große Mengen an Proviant und kriegswichtigen Gütern in ihre Stadt zu schaffen. Umgekehrt störten die Rhodier durch unerwartete Attacken und Überfälle empfindlich die Nachschublieferungen für Demetrios. Alle Angriffe, die von der Seeseite gegen die Stadt Rhodos vorgetragen wurden, scheiterten. Die Belagerung auf der Landseite der Stadt war nicht erfolgreicher. Als Demetrios versuchte, eine überdimensionale Belagerungsmaschine an die Mauer heranzufahren, blieb diese im Morast stecken und war nicht mehr von der Stelle zu bewegen, weil die Rhodier über Nacht den Boden mit Wasser und Kot aufgeweicht hatten. So mußte Demetrios die Belagerung schließlich aufgeben und sich mit den Rhodiern verständigen. Die Stadt hatte ihre Freiheit bewahren können.

Als Denkmal ihres unerwarteten wie überragenden Sieges errichteten die Rhodier eine überdimensionale bronzene Heliosstatue, die in der Antike zu den Sieben Weltwundern gerechnet wurde. Sie stand wahrscheinlich auf dem Gelände des Apollon-Heliostempels auf der Akropolis und war etwa 35 m hoch – ein technisches Wunderwerk, das ein Schüler des berühmten griechischen Bildhauers Lysipp, Chares von Lindos, geschaffen hatte. Zwölf Jahre soll der Künstler an der Kolossalstatue, die einen marmornen und eisernen Stützkern hatte, gearbeitet haben. Die Statue stellte Helios wahrscheinlich als einen nackten jungen Mann mit Strahlenkranz dar. Daß er mit gespreizten Beinen über einer Hafeneinfahrt von Rhodos gestanden habe und so die in den Hafen einlaufenden Schiffe unter ihm durchgefahren sind, ist eine mittelalterliche Phantasie. Lange Freude hatten die Rhodier an ihrer überdimensionalen Götterstatue nicht. Bei dem Erdbeben von 227 v. Chr. brach der Koloß über den Knien ab und stürzte um. Angeblich verbot ein delphischer Orakelspruch seine Wiederaufrichtung. Seine Trümmer, dem Gott Helios geweihtes heiliges Gut, blieben bis 653 n. Chr. unangetastet an Ort und Stelle liegen, bis arabische Händler das heidnische, aber wertvolle Gerümpel nach Syrien abtransportierten, um es dort einzuschmelzen.

Nach dem Sieg über Demetrios stieg Rhodos zu einer der führenden Mächte im östlichen Mittelmeerraum auf. Seine Reeder und Kaufleute betrieben einen bedeutenden Fernhandel, der mit dem allmählichen Niedergang Ägyptens in der 2. Hälfte des 3. Jhs. v. Chr. ein immer größeres Volumen gewann. Besonders der Handel mit dem in der antiken Welt fast immer knappen Getreide war fest in rhodischer Hand. Rhodische Handelsherren kauften alles überschüssige Korn in Ägypten und im Schwarzmeerraum auf und schafften es gegen hohe Gewinne dorthin, wo es dringend benötigt wurde und hohe Preise erzielte. Auch der Weinhandel lag zu einem hohen Prozentsatz in rhodischer Hand. Die bei Ausgrabungen im östlichen Mittelmeerraum allgegenwärtigen rhodischen Amphoren bezeugen noch heute den Umfang des rhodischen Handels. Mit ihren Kriegsschiffen hielten die Rhodier die Piraterie nieder und setzten sich überall für die Freiheit von Handelsschranken ein. Byzantion, das im Jahre 220 v. Chr. einen Zoll für die Passage durch den Bosporus einführen wollte, wurde ebenso bekämpft wie die Kreter, die sich nur allzu gerne auf die Piraterie verlegten, um ihren kargen Lebensunterhalt aufzubessern. Gewalt war allerdings das letzte Mittel, zu dem die Rhodier griffen. Im allgemeinen setzten sie darauf, Streitigkeiten durch Diplomatie und Verhandlungen lösen zu können. Geschickt versuchten rhodische Gesandte zwischen den hellenistischen Mächten ein Gleichgewicht der Kräfte zu erhalten. Auf dem Höhepunkt seiner Macht gegen Ende des 3. und zu Beginn des 2. Jhs. v. Chr. war Rhodos der zentrale Warenumschlags- und Bankplatz des östlichen Mittelmeers; rhodische Politiker galten als die erfahrensten und gefragtesten Schiedsrichter bei nahezu allen internationalen Konflikten. Um die Rechtssicherheit im maritimen Güterverkehr und in der Seefahrt zu erhöhen, kodifizierten die Rhodier ein vorbildliches Seerecht, das zumindest teilweise von den Römern übernommen wurde. Gewaltiger Reichtum floß in die Stadt: Jahr für Jahr nahmen die Rhodier ca. 1 Million Drachmen aus der 2%igen Hafensteuer ein – kein Wunder, denn alle große Firmen unterhielten Agenturen und Büros in Rhodos. So überrascht es nicht,

Abb. 39 Rhodos: Stadion, Theater und Tempelbezirk des Helios. Im Stadion und im Theater wurden die Spiele zu Ehren des Sonnengottes, die Haliaia, ausgetragen.

daß nach dem katastrophalen Erdbeben von 227 v. Chr., als der Koloß umstürzte, die meisten griechischen Staaten Rhodos in einer gigantischen Hilfsaktion unterstützten. Die hellenistische Welt brauchte die Wirtschafts-, Finanz- und Ordnungsmacht Rhodos; ohne sie hätte eine ökonomische und politische Krise gedroht. Der Historiker Polybios schreibt, daß die Rhodier in dieser Situation «die Städte, v. a. aber die Könige dazu brachten, sie nicht nur mit Geschenken zu überhäufen, sondern sogar noch zu meinen, sie schuldeten den Beschenkten Dank dafür, daß sie sich beschenken ließen.» So geschickte Diplomaten waren sie!

Dunkle Wolken zogen auf, als kurz nach 200 v. Chr. die Römer in den Ägäisraum vordrangen. Solange sie die Rhodier als Verbündete im Kampf gegen die Makedonen und den Seleukidenkönig Antiochos III. brauchten, überhäuften sie diese mit Ehren und Geschenken. Nach ihrem Sieg im Jahre 168 v. Chr. brüskierten und demütigten die Römer jedoch die große Handelsmacht, die Roms weiterer Expansion nach Osten und den Interessen der unersättlichen römischen Kaufleute und Bankiers im Wege stand. Um die Wirtschaftskraft der Insel zu brechen, eröffneten die Römer auf Delos einen Freihafen, in dem keine Hafensteuern erhoben wurden und der den Handel von Rhodos massiv schädigte. Damit endete die wirtschaftliche Glanzzeit der Insel; in Rhodos ging es – sicherlich auf hohem Niveau – bergab. Die Piraterie breitete sich im östlichen Mittelmeer aus und sollte für etwa 100 Jahre zu einer Geißel werden, die erst der römische Feldherr Pompeius in einer mittelmeerweit angelegten Kampagne beenden konnte. Zwar gelang es der Insel im Jahre 88 v. Chr., den von dem alten Reichtum angelockten Mithridates VI. von Pontos abzuwehren, doch wurde sie 42 v. Chr. im römischen Bürgerkrieg von dem Caesarmörder Cassius, der einst auf Rhodos studiert hatte, ausgeplündert.

Seit dem 1. Jh. v. Chr. war Rhodos ein beliebter Studienort für vornehme Römer geworden. Der Dichter Lukrez, Pompeius, Caesar, seine beiden Mörder Brutus

Abb. 40
Rhodos: Blick auf die von den Johannitern befestigte Stadt Rhodos mit drei ihrer Häfen. Der nördlichste von ihnen ist der ehemalige Kriegshafen, südöstlich davon der «Große Hafen» mit einer später eingezogenen Mole, südöstlich von ihm der westliche Teil des «Offenen Hafens». Das mittelalterliche Rhodos ist wesentlich kleiner als die antike Stadt, die sich auch vor den mittelalterlichen Mauern erstreckte.

und Cassius, und auch Cicero haben in Rhodos Philosophie und Rhetorik studiert. Im 1. Jh. v. Chr. wirkte dort der weithin berühmte stoische Universalgelehrte Poseidonios. Dieser hatte eine Biographie des von ihm bewunderten Pompeius geschrieben. Als der unendlich eitle Redner Cicero (106–43 v. Chr.) dem großen Gelehrten eine Zusammenstellung seiner Leistungen nach Rhodos schickte und ihn dazu aufforderte, ihm ein ähnliches literarisches Denkmal zu setzen, ließ Poseidonios ihn in einer sarkastischen Antwort wissen, daß die Größe Ciceros ihn von einem solchen Unternehmen abschrecke. Es ist Cicero selbst, der in seiner arglosen Eitelkeit den Spott des Poseidonios nicht bemerkt, ihn für höchstes Lob hält und diese für ihn so peinliche Antwort uns in einem Brief an Atticus sogar überliefert. Cicero war eben von der Natur jenes recht bekannten deutschen Althistorikers, der akribisch Buch darüber führt, wer alles ihn in noch so apokryphen Schriften jemals lobend erwähnte. Ein weiterer «römischer Rhodier» war der spätere Kaiser Tiberius (reg. 14–37 n. Chr.), der nahezu acht Jahre auf der Insel verbrachte. Er hatte sich dorthin zurückgezogen, nachdem Augustus seine beiden Enkel, die er adoptiert hatte, als Nachfolger aufbaute und ihn, seinen Stiefsohn, überging. Erst nach deren Tod kehrte er nach Rom zurück, wo dem alternden Augustus nichts anderes mehr übrigblieb, als den ungeliebten Stiefsohn zum Erben seiner Macht zu machen. Ein großer Einschnitt für das kaiserzeitliche Rhodos war das große Erdbeben von 142 n. Chr., bei dem die Stadt schwerste Zerstörungen erlitt.

Diese Naturkatastrophe war der Auftakt einer ganzen Reihe von Leiden, die über die Bewohner der Stadt in den nachfolgenden Jahrhunderten hereinbrachen. Auf die Plünderungen der Goten folgten die der Isaurer, dann kamen die Perser und Araber, und schließlich stritten sich Genuesen, Venezianer und Byzantiner um die Insel. Eine große Zeit erlebte die Stadt Rhodos noch einmal im Mittelalter, als der Johanniterorden von 1308–1522 die Insel beherrschte und als Sitz ihres Großmeisters nutzte. Bis heute erinnern die Befestigung der rhodischen Ritterstadt mit ihren bis zu 12 m dicken Bastionen an diese Zeit. Sie nimmt nur einen kleinen Teil des antiken Stadtgebietes ein

(Abb. 40). Den Großmeisterpalast in ihrem Herzen haben die Italiener, als sie von 1912 – 1943 Herren der Insel waren, wiederaufgebaut und so Rhodos-Stadt ein umstrittenes Stück pseudomittelalterlicher Ritterromantik aufgedrückt. Griechenland, das 1947 die Insel Rhodos mitsamt dem «Neuschwansteinensemble» übernahm, machte die Stadt Rhodos zur Hauptstadt seines Verwaltungsbezirkes Dodekanes. (JN)

Astypalaia – Die Brücke zwischen Kykladen und Sporaden

Von Eurem Gesandten Petronius, dem Sohn des Herakon, und aus Eurem Beschluß habe ich erfahren, wie Ihr Euch freutet, daß ich die väterliche Herrschaft übernommen habe. Dafür lobe ich Euch und bestätige nachdrücklich Eure Freiheit.

Aus einem Brief des Kaisers Hadrian an Astypalaia

Unter den Inseln der Ägäis ist Astypalaia der Schmetterling (Abb. 41). Jedenfalls fühlten sich neuzeitliche Geographen, wenn sie auf die Gestalt der Insel sahen, an einen Schmetterling erinnert: Die gebirgige westliche und östliche Partie des Eilands bilden die beiden, leicht ungleich großen Flügel; dazwischen liegt in der Mitte des 7 km langen Isthmos der leicht gedrungene Körper.

Die etwa 97 km^2 umfassende Insel ist landwirtschaftlich nicht besonders attraktiv. Sie ist gebirgig und fast baumlos. Wasser ist eine Kostbarkeit, und auch heute noch müssen die Insulaner mit dem in einem Stausee gesammelten Regenwasser sehr haushälterisch umgehen. Wenn die Insel von antiken Dichtern wegen ihrer Blumenpracht als «Tisch der Götter» bezeichnet wurde, so kann sich das nur auf das Frühjahr beziehen, wenn nach den Winterregen die Zwiebelgewächse austreiben und für kurze Zeit einen Blumenteppich über die kahlen Hänge legen.

Astypalaia verfügt bei dem ehemals gleichnamigen Vorort, der auf dem Westteil der Insel an einer Südbucht angelegt wurde und heute Chora heißt, über einen guten Hafen (Abb. 41). Da die Insel zwischen den Kykladen und den eigentlichen Dodekanesinseln liegt, hatte sie für den Seeverkehr die Funktion eines Bindeglieds zwischen beiden Inselgruppen und wurde zu einer wichtigen Station an einem vielbefahrenen Seeweg. So verwiesen die karge Natur und günstige Position ihrer Insel die Astypalaieer auf das Meer. Als Fischer und gute Seeleute konnten sie auf ihrer armen Insel zwar ein bescheidenes Auskommen finden, doch suchten manche ihr Glück in der Fremde. So ist es nicht verwunderlich, daß der Steuermann jenes Schiffes, das Alexander der Große auf dem Indus benutzte, ein Mann aus Astypalaia war. Er hieß Onesikritos und tat sich später als Verfasser eines Buches über den Welteroberer hervor. Onesikritos bewunderte Alexander und beschrieb ihn als Kulturbringer, der von den Lehren der griechischen Philosophie beseelt und getrieben war. Der gebildete Kapitän war übrigens ein Schüler jenes kynischen Philosophen Diogenes, der Alexander einmal gesagt haben soll, er möge ihm aus der Sonne gehen. Soviel Kritikfähigkeit und Witz besaß sein Schüler nicht.

Die Griechen brachten die Frühzeit der Insel mit den kleinasiatischen Karern in Verbindung. Es heißt, Astypalaia habe in karischer Zeit den Namen Pyrrha, «die Rote», getragen. Das klingt nicht sehr plausibel, da *pyrrhos* ein griechisches Wort ist. Pyrrha war eher ein poetischer Name Astypalaias, den griechische Dichter der Insel wegen ihrer rötlich schimmernden Felsen gaben. Eine andere Tradition erzählt, daß Astypalaia die Tochter des Phoinix, des Stammvaters der Phöniker, gewesen sei. Das könnte damit zu tun haben, daß die weitausgreifenden Seefahrer aus der Levante mit ihren Schiffen auch die Ägäis besegelten und dabei immer wieder Astypalaia angesteuert haben. Astypalaia liegt nämlich an der Schiffsroute Rhodos – Kos – Thera – Melos – Kythera, die die Phöniker für ihre Fahrten nach Westen verwendeten. Deshalb ist die Vermutung nicht abwegig, daß der Name der Insel nichts mit den griechischen Wörtern *asty* («Stadt») und *palaios* («alt») zu tun hat, sondern auf ein ähnlich klingendes phönikisches Wort zurückgeht, das soviel wie «Niederung zwischen zwei Höhen» bedeutet und die Lage des Isthmos von Astypalaia zwischen den beiden gebirgigen Schmetterlingsflügeln treffend beschreibt. Andere Mythographen wollten in Astypalaia eine Quellnymphe der Insel sehen, die mit dem Meergott Poseidon den Ankaios gezeugt habe, der als lelegisch-karischer König über Samos geherrscht haben soll.

Mit der modernen archäologischen Forschung läßt sich jene Überlieferung Ovids vereinbaren, daß die Insel einst zur Thalassokratie, zum Meerreich des Minos bzw. der Kreter gehörte. Tatsächlich gibt es Funde minoischer Artefakte auf der Insel. Den Minoern folgten um 1450 v. Chr. die mykenischen Griechen. Kammergräber dieser Wikinger der Ägäis wurden auf Astypalaia bei dem Ort Armenochori gefunden. In den «Dark Ages», dem «Dunklen Zeitalter» (ca. 1000 – 800 v. Chr.), besiedelten schließlich dorische Griechen von Megara und Epidauros kommend die Insel. Während die Überlieferung über die Kolonisten von Megara sich bisher nicht weiter absichern läßt, besitzen wir für die Beziehungen von Epidauros zu Astypalaia ein aufschlußreiches Zeugnis. Eine spätklassische bzw. frühhellenistische Inschrift aus dem bedeutenden Asklepiosheiligtum von Epidauros bezeichnet die Leute von Astypalaia als Abkömmlinge der Epidaurer und räumt ihnen als Verwandten eine Reihe von Privilegien beim Besuch des Heiligtums ein. Die Herkunft der Astypalaieer von Epidauros spiegelt sich auch darin, daß Asklepios einer der wichtigsten göttlichen Schutzpatrone der Insel war.

Nach 820 v. Chr. legten immer häufiger phönikische Schiffe, die nach Westen fuhren, auf Astypalaia an. Später wanderten einige der dorischen Siedler von Astypalaia, die dem schweren Leben auf der Insel und seiner Kargheit entgehen wollten, aus. Einer von ihnen soll Phalaris (reg. ca. 570 – 554 v. Chr.) gewesen sein, den es – vielleicht auf die Nachrichten von phönikischen Kaufleuten hin – in den goldenen Westen nach Sizilien zog, wo er es zum Tyrann von Akragas brachte. Er wurde dort zum Muster des blutrünstigen Tyrannen, der seine Feinde im Bauch eines bronzenen Stiers, unter dem Feuer gemacht wurde, grausam zu Tode röstete.

In der hellenistischen Zeit kam es auf Astypalaia zu einem Vorfall, der die Empfindlichkeit des Ökosystems von Inseln veranschaulicht. Astypalaia litt nämlich in der Zeit des makedonischen Königs Antigonos Gonatas (283 – 239 v. Chr.) unter einer furchtbaren Hasenplage. Grund dafür war, daß ein Mann von der Nachbarinsel Anaphe Hasen auf Astypalaia ausgesetzt hatte, die sich bald – wie in der Moderne die Kaninchen in Australien – vermehrten und den Einwohnern von Astypalaia die dürftigen Felder abfraßen. Die Astypalaieer wußten sich keinen anderen Rat, als eine Delegation nach Delphi zu schicken und das Orakel um Hilfe zu bitten. Die Pythia gab den durchaus praktischen Rat, man sollte Hunde züchten, die helfen könnten, die Hasen zu jagen. Mit diesen tierischen Treibern sollen auf der Insel in einem Jahr 6000 Mümmelmänner erlegt worden sein. Unsere antike Quelle für dieses Geschehen berichtet uns noch ein weiteres interessantes Detail. Das Aussetzen der Hasen auf Astypalaia war offenbar ein Racheakt der Leute von Anaphe, weil ein Astypalaieer zuvor Rebhühner von seiner Insel nach Anaphe gebracht hatte, die sich dort ebenfalls explosionsartig vermehrt hatten und zu einer Landplage geworden waren.

Im späteren 2. Jh. v. Chr. hatten durch den Machtverlust von Rhodos im gesamten Ägäisraum die Piraten das Sagen, doch gab es noch immer mutige Inselgemeinden, die sich damit nicht abfanden und zur Wehr setzten. Eine Inschrift, die in Astypalaia von dem deutschen Ägäisreisenden Ludwig Ross (1806 – 1859) entdeckt wurde, bewahrt die Nachricht von einem riskanten Husarenstück, das der Bürgerwehr von Astypalaia in dieser Zeit des Faustrechts gelang. Aus dem steinernen Dokument erfahren wir, daß Piraten das ephesische Küstenstädtchen Phygela überfallen, Stadt und Heiligtum ausgeplündert sowie zahlreiche Personen verschleppt hatten. Auf eine Nachricht der Ephesier hin gelang es den Astypalaieern, die Piraten aufzuspüren und gefangenzunehmen: «Als jene in die Stadt der Astypalaieer gebracht worden waren, bestraften diese die Räuber und Frevler sogleich entsprechend ihrer Feindschaft gegen alles Schlechte und befreiten die aus unserem Land Verschleppten ... und sorgten für sie wie für ihre eigenen Kinder», heißt es in einem Dankesschreiben der Ephesier, das die Bürgerschaft von Astypalaia voller Stolz auf ihre Heldentat in Stein meißeln ließ und an einem gut sichtbaren Platz aufstellte.

Der Stadtrat von Astypalaia steuerte nach 200 v. Chr. – als die Römer begannen, die Geschicke Griechenlands zu bestimmen – eine äußerst geschickte Politik. Die Insel gehörte anscheinend zu den frühesten Bündnern der expansiven Macht vom Tiber. In Astypalaia ist auf einem Inschriftstein sogar die Abschrift eines im Jahre 105 v. Chr. in Rom erneuerten Bündnisvertrages gefunden worden. Um ihrem mächtigen Bundesgenossen zu schmeicheln, richteten die Insulaner einen Kult der Göttin Roma ein. Jedenfalls gelang es den diplomatisch geschickten Astypalaieern, den gar nicht so häufigen Status einer freien Stadt bis in die hohe Kaiserzeit hinein zu wahren. Ebenfalls auf Stein erhalten ist ein Schreiben des Kaisers Hadrian (reg. 117 – 138 n. Chr.) an Astypalaia. Darin bedankt sich dieser für die Glückwünsche, die ihm die Insel zu seiner nicht ganz unumstrittenen Machtergreifung im Jahre 117 n. Chr. geschickt hatte und bestätigt gleichzeitig ihre alten Freiheiten. Ein anderer, leider nur fragmentarisch erhaltener Brief Hadrians, der offenbar kurze Zeit später verfaßt wurde, zeigt uns, daß die Astypalaieer dem Kaiser zu diesem festlichen Ereignis einen teuren Goldkranz angekün-

Auf der folgenden Doppelseite:

Abb. 41 Astypalaia von Westen: Blick von dem südwestlichen «Flügel», auf dem die Inselhauptstadt liegt, auf den nordöstlichen Flügel; dazwischen befindet sich der 7 km lange Isthmos, der an der schmalsten Stelle nur 100 m breit ist.

digt hatten, ihr Versprechen aber nicht einlösen konnten, weil es ihnen entweder an Geld fehlte oder den Bürgern, als es ans Zahlen ging, das Jubelfest des fernen Kaisers doch nicht soviel wert war wie in der ersten Begeisterung. Hadrian scheint den Insulanern den teuren Kranz mehr oder weniger erlassen zu haben, denn bei einer vollkommenen Ablehnung ihres Gesuchs hätten sie den Brief nicht in Stein meißeln lassen. Vermutlich hatte der menschenfreundliche Kaiser ein Einsehen mit den Armen in der Ägäis, denn reich konnten die Astypalaieer von Fisch- und Muschelfang nicht werden. Plinius d. Ä. erwähnt in seiner «Naturkunde», daß Astypalaia für schmackhafte Muscheln bekannt war, doch ließ sich in der Antike mit dieser schnell verderblichen Ware kein schwunghafter Handel betreiben. Der bereits erwähnte deutsche Philhellene Ludwig Ross konnte bei seinem Besuch auf der Insel im Jahre 1841 die Tradition des Plinius bestätigen, als ihm ein Mönch schmackhafte Muscheln vorsetzte, die der heilige Mann höchstpersönlich für ihn frisch aus dem Meer geholt hatte.

Beeindruckende Monumente aus der Antike sind auf Astypalaia nicht erhalten. Das mittelalterliche Kastell, das die Venezianer erbauten, nimmt den Platz der Akropolis ein, und das moderne Dorf Chora hat mit seinen weißen Häusern die antike Stadt und ihren Hafen überdeckt (Abb. 42). So sind es heute v. a. die zahlreichen altgriechischen Inschriften in einem Band der «Inscriptiones Graecae», die Zeugnis von der wechselvollen Geschichte des kleinen Inselstädtchens im Altertum geben. (JN)

Abb. 42 Astypalaia: Unter der modernen Inselhauptstadt liegt das antike Astypalaia.

DIE KYKLADEN

Bereits jene Ioner, die sich um 1000 v. Chr. auf den Inseln zwischen dem griechischen Festland, Kreta und der kleinasiatischen Küste niederließen, scheinen ihre neue Heimat Kykladen genannt zu haben. Offensichtlich stellten sie sich vor, die Inseln lägen in einem Kreis (gr. *kyklos*) um die heilige Insel Delos herum. Tatsächlich umringen Mykonos im Osten, Tenos im Norden, Syros im Westen sowie Naxos und Paros im Süden das kleine Delos; alle anderen Kykladen fügten sich jedoch schon nicht mehr in diesen Kreis ein, und so konnte sich bereits die Antike nicht einigen, welche der zahlreichen Inseln nun zu den Kykladen zu zählen seien und welche nicht. Gemeinsam ist den Kykladen eigentlich nur die Tatsache, daß sie als Brücke zwischen Griechenland, Kreta und Kleinasien für die antike Schiffahrt von größter Bedeutung waren.

Auf diesen Ringinseln war aus bäurischen Anfängen um 3000 v. Chr., lange bevor Kreta zur vollen Blüte gelangen sollte, eine erste hochstehende Kultur entstanden, die vielleicht die eigentliche Geburtsstunde unserer Zivilisation bildet. Eine zahlenmäßig große Bevölkerung lebte in ihren gut befestigten und wohlhabenden Siedlungen. Zwischen 3000 und 2000 v. Chr. ließen sie für ihre Toten Marmoridole herstellen, die – wie der eine oder andere «Harfenspieler» – als vollwertige plastische Kunstwerke die spätere Genialität der griechischen Bildhauer vorwegnehmen. Das bunte Leben der kleinen Inselwelten geriet seit 2000 v. Chr. unter den stetig wachsenden Einfluß Kretas und später Mykenes, und unter ihrer Machtentfaltung erstarb die ureigenste Kraft dieser

Inselkulturen, ein Vorgang, der sich im Laufe der Geschichte noch zweimal wiederholen sollte. Als es im Griechenland der frühen archaischen Zeit keine Zentralmacht gab, blühte erneut reges künstlerisches und wirtschaftliches Leben auf den Kykladen, das mit dem Aufstieg der Großmächte Athen und Sparta spurlos verschwand. In klassischer Zeit sind die Kykladen so marginalisiert und eigentlich nur strategisch von Interesse, daß wir kaum über ihre Geschicke Bescheid wissen, sieht man einmal von den obligatorischen Bündnissen der verschiedenen Zeiten ab, in die man die Inseln preßte. Kaum war mit Byzanz wieder eine alles dominierende Macht versunken, entwickelten sich die Ringinseln unter venezianischem Einfluß und unter dem Namen Archipelago zu Inseln des Wohlstands und der Kultur inmitten «orientalischer Dunkelheit». Doch sobald der neugriechische Staat sich im 19. Jh. formiert hatte, rutschten sie wieder in die Bedeutungslosigkeit ab, aus der sie erst wieder der moderne Tourismus befreit hat. (HS)

Abb. 43 Amorgos: Ruinen des antiken Minoa bei Katapola mit Ruinen von der geometrischen bis zur hellenistischen Epoche.

Auf der gegenüberliegenden Seite:

Abb. 44 Amorgos: Blick auf die Akropolis von Arkesine mit der hellenistischen Stadtmauer.

Amorgos – Eine Insel am Ende der Welt

Als Gallus Asinius beantragte, ihn auf Gyaros oder Donussa einzusperren, wandte der Kaiser sich auch dagegen mit dem Hinweis, wasserarm seien beide Inseln, und man müsse schon das Notwendigste zum Leben zur Verfügung stellen, wenn man einem das Leben schenke. So wurde Serenus nach Amorgos zurückgebracht.

Tacitus, Annalen

Maniaten, ... fernhin nach Santorini gingen sie Schiffe für den Überfall holen, während die armen Amorginier keine Ahnung von dem nahenden Unheil hatten. Und mitten in der Nacht kamen sie zum Plündern.

Volkslied aus Amorgos

Die erste Kykladeninsel, die man von Astypalaia kommend erreicht, ist Amorgos. Einem schmalen Schlauch gleich streckt sich die Insel 32 km lang von Nordosten quer nach Südwesten. Der bis zu 821 m hohen, steil abfallenden Südostküste ohne Häfen liegt auf der Nordwestseite eine nicht minder hohe, aber sehr buchtenreiche Küste mit vielen guten Ankerplätzen gegenüber. Bereits in prähistorischer Zeit war die Insel dicht besiedelt, da sie schon im 3. Jt. v. Chr. den Handelsschiffen aufgrund ihrer Lage einen günstigen Stützpunkt bot, wenn sie von den Kykladen zur Dodekanes und weiter nach Kleinasien segeln wollten. Heute wird Amorgos als «schweigende Insel» gepriesen, die wegen ihrer landschaftlichen Reize und Ruhe sehr geschätzt wird. In historischer Zeit scheint es aber wesentlich turbulenter zugegangen zu sein, denn auf Amorgos existierten drei Poleis, die alle an der Nordwestseite mit ihren guten Häfen lagen. Den Anfang machte ganz im Norden Aigiale beim heutigen Tholaria und Stroumvos. Ungefähr in der Mitte der Nordwestküste bei dem Dorf Katapola liegt an einer gut geschützten Bucht das antike Minoa (Abb. 43). Der Name verleitet natürlich dazu, eine Verbindung zum minoischen Kreta zu unterstellen, doch wissen wir nicht, ob eine solche historische Konstruktion zutreffend ist. Um die Akropolis von Minoa herum, die eine phantastische Fernsicht bietet, entstand über einer älteren Schicht seit dem 9. Jh.

N

v. Chr. eine griechische, durch starke Mauern gesicherte Siedlung. Im 7. Jh. v. Chr. ließen sich dort Kolonisten aus Samos unter der Führung des Jamben- und Elegiendichters Semonides nieder, den manche auch Simonides von Amorgos nennen. Er ist auf keinen Fall mit Simonides von Keos zu verwechseln, dem eleganten Weltmann, denn der Samier bzw. Amorginer war ein Misanthrop und Pessimist der Sonderklasse. Besonders Frauen konnte er nicht ertragen, sofern er, sich selbst eingeschlossen, überhaupt jemanden leiden mochte: Zanksüchtig seien die Frauen, sie fänden stets etwas zu bekritteln und machten jedem, der mit ihnen zu tun habe, das Leben zur Plage. Sie seien deshalb das größte Übel, das Vater Zeus erschaffen habe. Von dem umfangreichen Werk des Semonides hat sich denn auch nur die sog. «Weiberschelte» in halbwegs rezipierbarem Zustand erhalten. Sie lehnt sich an volkstümliche Traditionen an und nutzt den Tiervergleich, um unterschiedliche Frauentypen aus verschiedenen Tieren herzuleiten: «Eine erschuf er (Gott) aus einer borstigen Sau; alles in ihrem Haus liegt unordentlich herum, verdreckt und auf dem Boden kollernd, während sie fett wird, inmitten von Gewändern sitzend, die so ungewaschen sind wie sie selbst». Die Verbindungen Minoas mit Samos blieben stets sehr eng, und noch um 100 n. Chr. wurden dessen Einwohner als Samier bezeichnet. Von der alten Stadt haben sich lediglich die Grundstrukturen der Stadtmauern sowie verschiedene Gebäude aus hellenistischer und römischer Zeit erhalten. Auf dem Gipfel der Akropolis stand ein sehr altes Heiligtum, von dem jedoch nur noch Reste der Fundamente zu sehen sind.

Arkesine, die dritte Polis der Insel liegt südlich von Minoa auf einem ins Meer vorspringenden und steil abfallenden Felsrücken (Abb. 44). Zwei tiefe Schluchten trennen ihn auf beiden Seiten von den angrenzenden Höhen ab. Über die ganze Flur verstreut liegen Reste verschiedener Gebäude, Tore und Thermen, während der Ortskern auf dem hohen Felssporn nachhaltig den Eindruck einer Festung vermittelt. So kam die Gegend auch zu ihrem mittelalterlichen Namen Kastri, der sich vom griechischen Wort für «Burg» ableitet und der heute noch an der Flur haftet. Auf dem höchsten Punkt der alten Stadt erhebt sich die nach Kastri benannte Kirche der Panagia Kastriani. Hier war im 4. Jh. v. Chr., als Amorgos dem 2. Delisch-Attischen Seebund angehörte, eine athenische Garnison unter einem eigenen Archon stationiert. Im Jahre 357/6 v. Chr. wurde diese Funktion von Androtion, einem Historiker, der eine Chronik Athens verfaßt hat, ausgeübt.

Über das Leben auf dem antiken Amorgos wissen wir nur wenig, und das wenige, das wir wissen, bezieht sich eher auf nicht wirklich weltbewegende Fakten über die Mitgliedschaft der Insel in den verschiedenen Bündnissystemen. Die Insel, die für den Export feiner Leinenchitone berühmt war, die man als Amorgides bzw. Amorgina bezeichnete, scheint nach der früheren Ansiedlung von Kolonisten aus Naxos, Samos und Milet im 3. Jh. v. Chr. nochmals Zuzug aus Samos erhalten zu haben. Dann breitete sich endgültig Schweigen über die Insel aus. In der römischen Kaiserzeit diente sie als vergleichsweise moderater Verbannungsort. Im Mittelalter zog die Bevölkerung von der gut erreichbaren Nordwestküste fort auf die schwerer zugängliche Südostseite. Auf einem hohen, steil ins Meer abfallenden Bergkamm entstand der Ort Chora, doch selbst diese gut geschützte Siedlung vermochte die Einwohner nicht immer vor Piratenüberfällen und Raubzügen zu schützen (Abb. 45). Der letzte große Überfall in einer langen Reihe war der des Jahres 1797, als Maniaten, also Bewohner der Mani im Süden der Peloponnes, unter ihrem Hauptmann Stekoulis Chora bei Nacht überfielen und restlos ausplünderten. Der Vorgang hat sich tief ins Gedächtnis eingegraben und ist sogar Gegenstand eines Volksliedes geworden. Es ist daher nicht verwunderlich, daß die Insulaner knappe 35 Jahre später, als der Archäologe Ludwig Ross (1806–1859) die Inseln des neuen griechischen Staates bereiste, noch sehr sensibel auf Gerüchte von Piraten reagierten: Eine von Kreta gekommene Barke mit drei Masten, wie sie zu Beginn des 19. Jhs. schon selten geworden war, früher aber gerne von Freibeutern benutzt wurde, ließ in den Gewässern der Nachbarinseln Ios und Thera das Gerücht von einer herumsegelnden Piratenbarke aufkommen. Der Mitteleuropäer Ross konnte über solche Ängstlichkeit nur den Kopf schütteln, doch er unterschätzte, wie ernst allein die Möglichkeit von Piratenüberfällen genommen wurde, denn die neue griechische Regierung schickte sofort zwei Kriegsschiffe von Syros aus, um den Vorfall aufzuklären.

In Chora beginnt ein Treppenweg, der steil auf die Ostseite des Berges des Propheten Elias hinab zum Kloster der Panagia Chozoviotissa (Abb. 46) führt. Den Meteoraklöstern ähnlich, duckt sich eine blendend weiße Bastion mit winzigen Fenstern in eine natürliche Nische unterhalb eines braunroten, kahlen Steilhanges. Gründer des Klosters sollen Mönche aus dem Kloster Choseva in Palästina gewesen sein, die von einer angeschwemmten Ikone der Gottesmutter geleitet im 8. Jh. nach Amorgos kamen, als sie aus ihrer Heimat fliehen mußten. Es war eine wundertätige Ikone, die bis heute in der Klosterkirche aufbewahrt wird und der allein es angeblich zu danken ist, daß bisher noch kein Mönch oder Pilger von den immer wieder herabfallenden Felsbrocken verletzt oder

Auf der vorhergehenden Doppelseite:

Abb. 45
Amorgos: Die Chora von Amorgos mit dem wie ein Zahn emporragenden venezianischen Burgfelsen im Zentrum.

gar erschlagen wurde. Piraten sollen das neue Kloster bald zerstört haben, doch kam es im Jahre 1088 zu einer Neugründung durch Kaiser Alexios I. Komnenos (reg. 1081 – 1118). Während sein Bildnis noch heute im Kloster aufbewahrt wird, sind seine mit Goldsiegeln geschmückten Stiftungsurkunden, sog. Chrysobullen, längst verschollen. Das Kloster war mit seinem ausgedehntem Grundbesitz lange Zeit eines des reichsten Klöster Griechenlands. Der wohl wenig fromme Ludwig Ross spottete im frühen 19. Jh. nicht nur über die Unbequemlichkeiten solcher «Höhlenwohnungen», sondern orakelte auch, daß dem «Geschlecht der bärtigen Väter», dem der Nachwuchs im freien Griechenland fehle, «binnen einem Menschenalter» das Aussterben drohe. Er hat sich getäuscht. Es gibt die bärtigen Väter noch immer, und das Kloster der Chozoviotissa hat in den 1990er Jahren sogar cineastische Berühmtheit erlangt, als hier von Luc Besson der Film «Im Rausch der Tiefe» gedreht wurde. (HS)

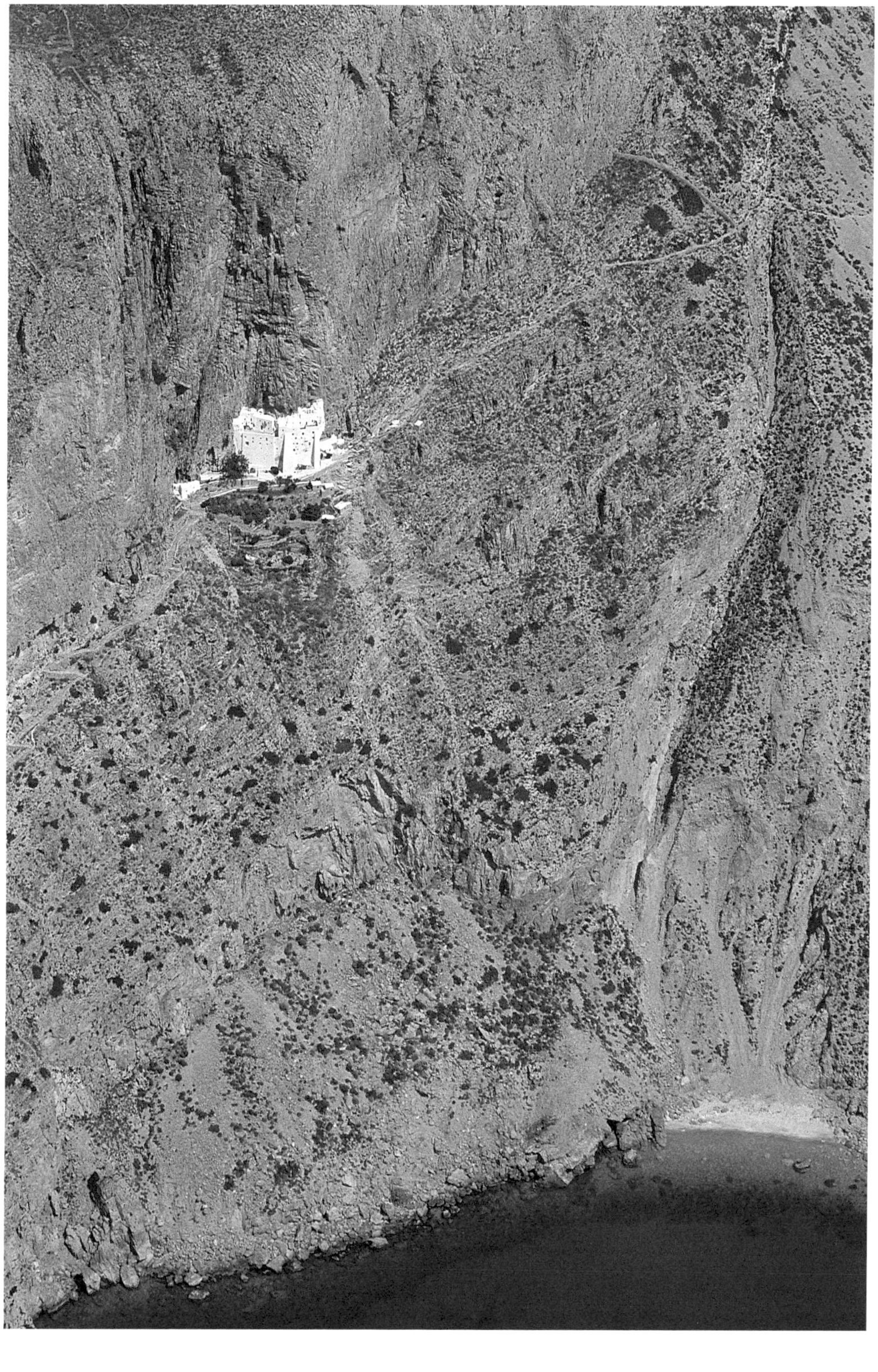

Abb. 46
Amorgos: Das Kloster der Panagia Chozoviotissa unterhalb der Siedlung Chora.

Abb. 47
Ios: Der moderne Hauptort der Insel, Chora, wurde über der antiken Inselhauptstadt erbaut.

Was wir gefangen, blieb hinter, doch bringen wir, was uns entgangen.

Vita des Homer

Ios – Homers Tod auf der Veilcheninsel

Den alten Ägäisliebhabern ist Ios die Insel Homers, den neuen eine Insel der Jugend. Seit den frühen 70er Jahren ist das nur 108 km² große Eiland, das zwischen Sikinos, Naxos, Amorgos und Thera liegt, zu einem Treffpunkt von jugendlichen Rucksacktouristen v. a. aus England, Irland und Skandinavien geworden, die dort ohne Ende sinnlos feiern und trinken wollen. «Eine einzige große Party, Kontakte, Trubel, Stimmung, Anmache – das ist es, was hier zählt. Und je später die Nacht, desto lockerer geht es zu. Erstaunlich, mit welchem Gleichmut die Einwohner das Treiben der flegelhaften Besucher mit der lockeren Moral hinnehmen. Doch sie verdienen sich eine goldene Nase und haben im Lauf vieler Jahre gelernt, zu schweigen», ist über Ios in einem modernen Touristenführer zu lesen. Immer neue Strategien haben die Ägäisinsulaner entwickelt, um der Inselarmut zu entgehen! Denn Ios ist eine der trockensten und unfruchtbarsten Inseln der Kykladen; nicht einmal eine extensive Viehzucht lassen die kargen Böden zu. Auch Bodenschätze sind auf der Insel nicht zu finden. Allein die schönen Strände sind ihr heutiges Kapital, aber damit war bis vor kurzem kein Geld zu machen. Und so verwundert es nicht, daß die Ieten – so hießen die Einwohner der Insel im Altertum – im 5. Jh. v. Chr. für ihre Mitgliedschaft im Delisch-Attischen Seebund nur wenig zahlen mußten. Gleichgroße Nachbarinseln hatten bis zu zwanzigmal mehr zu entrichten.

Der Name der Insel wurde in der Antike mit dem griechischen Stamm der Ioner in Verbindung gebracht. Viel-

N

leicht diente die Insel ihnen tatsächlich, als einige von ihnen vom griechischem Festland aufbrachen, um die Küsten des mittleren Westkleinasiens zu besiedeln, als Trittstein, doch haben die Namen der Ieten und der Ioner wie auch die von Ios und Ionien nichts miteinander zu tun. Deshalb leiteten andere die Benennung der Insel vom griechischen Wort für Veilchen (*ion*) ab, und Plutarch (ca. 46–120 n. Chr.) weist auf die Merkwürdigkeit hin, daß Homer in der Parfumstadt Smyrna – *smyrna* bedeutet nämlich im Griechischen «Duftstoff» – geboren und auf der Insel der wohlriechenden Veilchen verstorben sei. Wahrscheinlich ist der Name Ios ungriechisch und entstammt einer uralten mediterranen Sprache. Möglicherweise sind ihm ähnlich klingende Inselnamen wie Kios oder Chios an die Seite zu stellen. Übrigens soll die Insel auch Phoinike geheißen haben, was entweder mit «Palmeninsel» oder mit «Phönikerinsel» übersetzt werden kann. Eine Bestätigung für diese Benennung liefern die seltenen antiken Münzen der Insel, auf denen ein Palmbaum als Wappen fungiert. Dieser zweite Name von Ios geht demnach entweder auf ein reichliches Vorkommen des Baumes auf der Insel oder – was wahrscheinlicher ist – auf eine Gründung durch die Phöniker zurück. Tatsächlich könnte Ios eine Station dieser kühnen Seefahrer auf ihrem Weg nach Westen gewesen sein.

In der Geschichte des Altertums hat Ios keine Rolle gespielt. Bekannt war es aber als Sterbeort und Begräbnisplatz Homers. Während sich viele Städte der griechischen Welt erbittert darum stritten, Heimat des Vaters oder der Mutter des größten griechischen Dichters zu sein, war die Rolle der Insel Ios als letzter Aufenthalt Homers allgemein anerkannt. Allerdings gingen die Einwohner von Ios schließlich noch einen Schritt weiter, indem sie behaupteten, die Mutter Homers stamme von der Insel – und das wurde nicht mehr allgemein akzeptiert.

Jedenfalls soll Homer gegen Ende seines Lebens von Samos oder Chios zu einer Seereise – einige behaupten mit dem Ziel Athen – aufgebrochen sein. Auf Ios sei er krank geworden und habe sich dort erst erholen müssen, bevor er weiterreisen konnte. Eines Tages habe er am Strand gesessen und auf das Meer hinausgeschaut, als drei arme wie schmutzige Fischerknaben zu ihm kamen und ihm, der als der klügste Mann seiner Zeit galt, ein Rätsel aufgaben: «Was wir gefangen, blieb hinter, doch bringen wir, was uns entgangen.» Homer konnte den in einem tadellosen Hexameter vorgetragenen Rätselvers nicht lösen. Die Knaben lachten und erzählten ihm, daß sie nachts aufs Meer hinausgefahren seien, um zu fischen, ihnen aber kein rechter Erfolg beschieden gewesen sei. Aus Langeweile hätten sie daraufhin begonnen, die Läuse auf ihrem Kopf zu jagen. Die sie fangen konnten, warfen sie ins Wasser, die sie nicht fangen konnten, befanden sich noch immer auf ihrem Kopf – und die brachten sie mit. So einfach war das Rätsel! Homer soll aus Gram über die ungelöste Aufgabe gestorben sein. Die Priester von Delphi hielten sich zugute, daß die Pythia Homer vor seinem Schicksal gewarnt habe, indem sie ihm folgenden Orakelspruch erteilte: «Glücklicher und Unseliger, denn zu beidem wurdest du geboren, | das Vaterland suchst du; ein Mutterland, kein Vaterland hast. | Ios, die Insel, ist das Vaterland der Mutter, das dich im Tode | aufnehmen wird. Doch hüte dich vor dem Rätsel der Jungen.» Die Geschichte von dem delphischen Orakel ist nicht mehr als eine spätere Erfindung, als jene Weissagestätte beanspruchte, in allen Lebensfragen der Griechen, die rechte Antwort zu wissen. Der hochhellenistische Epigrammdichter Alkaios von Messene spielt auf die Knaben und den Tod Homers auf Ios in einem kunstvollen Gedicht an: «Tödlich betrübten Homer, den Sänger der Helden, die Knaben, | die ihm an Ios' Gestad dichtend ein Rätsel gestellt. | Doch ihn salbten mit Nektar die Töchter des Nereus und gruben, | dort dem Toten am Strand unter den Felsen ein Grab, | weil er Thetis, Achill, die Kämpfe der andern Heroen | und Odysseus, den Stolz Ithakas, rühmend verklärt. | Glücklich das kleine Ios vor sämtlichen Inseln im Meere, | trägt es doch euern Stern, Musen und Grazien, im Schoß.» Mehr als 2000 Jahre später hat der große deutsche Lyriker Peter Huchel in seinem Gedicht «Elegie», das stimmungsvolle Naturbilder mit der antiken Überlieferung verbindet, den Tod Homers aktualisiert und mit dessen Sterben das der freien Dichtung in der DDR parallelisiert. Am Ende heißt es: «Felshohe Gischt, | felsleckende Brandung, | das Meer mit der Haut des Katzenhais. | Am Kap einer Wolke | und in der Dünung des Himmels schwimmend, | weiß vom Salz | verschollener Wogen | des Mondes Feuerschiff. | Es leuchtet der Fahrt nach Ios, | wo am Gestade | die Knaben warten | mit leeren Netzen | und Läusen im Haar.» Einige Germanisten, die das Gedicht zu interpretieren versuchten, haben das letzte Bild des «poeta doctus» Huchel nicht verstanden und hielten die verlausten Knaben für bloßes Ortskolorit – für eine Szenerie, die man auf vielen der damals noch bitterarmen Ägäisinseln antreffen konnte.

Homer soll der antiken Tradition nach bei der Ostspitze der Insel begraben worden sein. Das Gedicht des Alkaios von Messene scheint anzudeuten, daß man an eine vom Meer ausgespülte Grotte dachte. Noch Pausanias – er schrieb im 2. Jh. n. Chr. den ersten «Baedeker» Griechenlands und mußte sich noch nicht wie die heutigen Autoren von Reisebüchern vermeintlich überflüssige kulturhistorische Notizen vom Verlagslektorat ausstreichen lassen – erwähnt das Grab des Homer und das seiner Mutter Klymene auf Ios. Offenbar vermochte die Insel mit dieser Attraktion schon im Altertum Touristen anzulocken. 1771 wurde das Grab mit den sterblichen Überresten Homers und dessen Schreibutensilien von dem holländischen Grafen Pasch Baron van Krienen entdeckt. Dieser hatte im Dienste Katharinas der Großen auf den Ägäisinseln griechische Seeleute für den Dienst auf der Zarenflotte angeworben. Nach dem offenbar erfolgreichen Abschluß dieser Aufgabe blieb Pasch noch Zeit, sich um die Altertümer der Ägäisinseln zu kümmern und einige Inschriften zu fälschen. Nach längerer Suche und intensiver Wühltätigkeit auf Ios, will er ein Grab entdeckt haben, das aus einem von sechs Steinplatten ausgekleideten Schacht bestand, in dem das Skelett des Dichters gesessen habe, durch Eindringen von Luft aber schon bald zerfallen sei. In dem Grab hat Pasch das Tintenfaß, den Schreibstift und das Federmesser Homers gefunden. Die Identität des Grabinhabers wurde angeblich dadurch gesichert, daß auf der Innenseite der oberen Deckplatte jenes Grabepigramm stand, das schon die antiken Homerbiographien für seine letzte Ruhestätte auf Ios überliefern: «Wahrlich, ein heilig Haupt deckt hier die bergende Erde, | ihn, der die Helden gepriesen, den göttlichen Sänger Homeros.» Der holländische Entdecker mit Kaufmannssinn ließ den Sensationsfund in sechs Kisten verpacken und 1772 nach Livorno verschiffen. Von dort aus trat er schon bald in Verhandlungen mit Friedrich dem Großen, dem er die «Reliquien» verkaufen wollte. Offensichtlich war der Alte Fritz aber weder dumm noch zahlungswillig genug, um Paschs Homer zu erwerben – und seitdem sind die Gebeine samt Schreibutensilien spurlos verschollen.

Ios und seine Hauptstadt Chora (Abb. 47) – ein weißes Häusermeer um den steilen Felshügel der ehemaligen Akropolis – haben den Raub der Gebeine Homers verschmerzt, und es ist fraglich, ob die meisten Gäste der Insel, die sich im Sommer allabendlich in den Diskotheken bis zum Morgengrauen vergnügen, etwas von Homer, seinen Dichtungen und seinem Tod auf der Veilcheninsel wissen oder überhaupt wissen wollen.

(JN)

Siphnos – Eine wahre Goldgrube

Öde gewordene Inseln, Fragmente von Land, die lauttosend
hält jener Gürtel umfaßt, der das Ägäische Meer:
Siphnos ahmtet ihr nach und Pholégandros' trockene Öde;
elend seid ihr; der Glanz, der einst strahlte, ist weg.
Wahrlich euch lehrte, wie dieses geschieht, das einstmals so
weiße Delos, denn dieses zuerst traf der Verödung Geschick.

Antipatros von Thessaloniki

Die 74 km² große Kykladeninsel Siphnos liegt südöstlich von Seriphos, südwestlich von Paros und nördlich von Kimolos. Sie ist bis zu 17 km lang und bis zu 8 km breit. Ihr höchster Berg erreicht 696 m. Über Herkunft und Bedeutung des Inselnamens gibt es viele Theorien, doch verdient keine von ihnen, auch nur erwähnt zu werden. Aller Wahrscheinlichkeit nach handelt es sich um einen vorgriechischen Ortsnamen aus einer mittelmeerischen Sprache. Der antike Vorort, der den gleichen Namen wie die Insel trug, lag auf der Ostseite auf einem markanten Hügel bei einer kleinen Hafenbucht. Von der antiken Bebauung ist heute fast nichts mehr zu sehen, da sich im Mittelalter ein von den Venezianern ausgebautes Wehrdorf, das den sprechenden Namen Kastro erhielt, über sie gelegt hat (Abb. 48).

Durch die Jahrtausende ist der Bergbau von größter Bedeutung für die Insel gewesen. Erzlagerstätten gab es in der Mitte des Eilands und in seinem Nordosten. In der frühen Bronzezeit (3. Jt. v. Chr.) und wiederum in der archaischen Zeit, also vom 6. bis zum frühen 4. Jh. v. Chr., wurden auf Siphnos Bleisilbererze abgebaut, in letzterem Zeitraum auch ein wenig Gold gewonnen. Im 19. und frühen 20. Jh. beutete man schließlich die noch verbliebenen Eisenerzvorkommen aus.

Spuren der frühen Bronzezeit, als sich zwischen 3200 und 2000 v. Chr. die sog. Kykladenkultur entfaltete, sind an mehreren Stellen der Insel ans Tageslicht gekommen. Durch die Forschungen des Heidelberger Max Planck-Instituts für Kernphysik steht heute fest, daß schon in dieser frühen Zeit die Silber- und Bleivorkommen von Siphnos genutzt wurden: Zum einen entdeckten Archäologen im Bergbaugebiet von Agios Sostis Keramik aus der frühesten Phase der Kykladenkultur; zum anderen ließ sich durch Metallanalysen nachweisen, daß die berühmten kykladischen Schiffsmodelle von Naxos aus siphnischem Blei gefertigt wurden. Bemerkenswert ist, daß in dieser Zeit die Schächte wieder verfüllt wurden, so als ob man – offensichtlich aus religiösen Gründen – die der Erde beigebrachten Wunden wieder schließen wollte.

In der späten Bronzezeit gehörte die Insel zwischen 1600 und 1450 v. Chr. zum minoischen Seereich. Ovid erzählt in seinen «Metamorphosen» die mythische Geschichte von einer Siphnierin namens Arne, die sich von König Minos bestechen ließ und ihre Heimat an den Kreterkönig verriet. Später sei sie als Strafe für den Verrat in einen Raben verwandelt worden. Tatsächlich gibt es viele Raben bzw. Dohlen auf Siphnos, und ein bevorzugter Nistplatz hieß noch 1837, als der deutsche Reisende Ludwig Ross die Insel besuchte, Rabenfelsen (Korakiai). An die kretische Herrschaft über Siphnos erinnerte außerdem ein Ort namens Minoa und eine Minosquelle, die aber beide bisher nicht sicher lokalisiert werden konnten.

Nach der Eroberung Kretas um 1450 v. Chr. nahmen die Mykener auch Siphnos in Besitz. Gegen Ende des 13. Jhs. v. Chr. wurde die Ägäis durch die Raubzüge von Völkern aus dem Westen, die zur See in den östlichen Mittelmeerraum vorstießen, unsicher gemacht. Die Mykener zogen sich damals von der Küste in das Innere der Insel zurück und legten bei Agios Andreas auf einem 417 m hohen Kegelberg eine befestigte Siedlung an, die von einem Mauerring umgeben war. Ionische Griechen, die nach 1200 v. Chr. auf die Insel kamen, übernahmen das myke-

N

Abb. 48 Siphnos: Das aus dem Mittelalter stammende venezianische Wehrdorf Kastro (hier von Südwesten) wurde über dem antiken Siphnos, das bis in frühkykladische Zeit zurückreicht, erbaut. Im nördlichen Bereich des 91 m hohen Stadthügels ist deutlich eine Zone mit freigelegten antiken Fundamenten zu erkennen. Der kleine Hafen liegt im Süden des Hügels am Ausgang eines Torrente.

nische Wehrdorf und verstärkten es noch durch eine Außenmauer. Beide Mauern, die das ovale Plateau umgeben, sind auf dem Luftbild gut zu erkennen (Abb. 49). Ein Mythos behauptet, daß die neuen ionischen Herren der Insel Athener waren und daß der Gründerheros Siphnos, nach dem die Insel benannt wurde, ein Sohn des Sunios gewesen sei. Dieser Halbgott war der Herr jenes Kaps, das von Attika auf die Kykladen weist.

Nach der ionischen bzw. attischen Landnahme wurde Siphnos aufgrund seiner reichen Edelmetallvorkommen zu einer der reichsten Städte Griechenlands. Jährlich wurde der Gewinn der Bergwerke unter die Bürger verteilt. Ein Zehntel war dem delphischen Apollon vorbehalten, und von diesem Geld bauten die Siphnier in Delphi ihr berühmtes Schatzhaus. Bei den Ausgrabungen in Delphi wurden viele Architekturteile dieses Bauwerks wiedergefunden, so daß wir noch einen Eindruck von seiner Pracht und dem Reichtum der Kykladeninsel gewinnen können. Das Siphnierschatzhaus, das einem kleinen ionischen Antentempel gleicht, wurde aus teuerstem parischen Marmor errichtet. Seine Bauherren leisteten sich anscheinend nicht nur das kostspieligste Material, sondern auch die besten Künstler ihrer Zeit für die Fertigung der Skulpturen. Zwei wunderschöne Marmormädchen – griechisch heißen sie Koren oder Karyatiden – trugen mit unnachahmlicher Grazie das Gebälk der Vorhalle. Kein anderes Schatzhaus in Delphi konnte mit dem der Siphnier konkurrieren. Gottfried Gruben kommt in seinem Standardwerk über die griechischen Tempel und Heiligtümer ins Schwärmen: «Man vergegenwärtige sich nun das Ganze, Ornament, Friese und Figuren, von Farben – überwiegend Rot und Blau, dazu Grün, Ocker und Gold – übersprüht, man begegne dem rätselvollen Blick der kostbar gekleideten Koren, man vergesse die Akrotere nicht, die eilig dahinstürmende Nike und die an den Ecken wachenden Sphingen: Spiegelt sich nicht in diesem funkelnden Prunkschrein das märchenhafte und phantastische, das anmutige und gezierte Gesicht Ioniens?» Und dabei war das Siphnierschatzhaus in Delphi nur ein Abglanz des Reichtums und Luxus, der zu dieser Zeit auf der Kykladeninsel geherrscht hat. Siphnos war ein Zentrum der feinen Lebensart, aber auch des übermäßigen Luxus und der Verweichlichung. Dazu gehörten auch die Päderastie und bestimmte siphnische Sexualpraktiken, über die die anderen Griechen witzelten. So bezeichneten sie anales Petting, das die Siphnier angeblich besonders liebten, als *siphniazein*, «es wie ein Siphnier machen». Schließlich, als die Siphnier kaum noch wußten, was sie mit ihrem Geld anstellen sollten, ließen sie ihren Marktplatz und das Rathaus mit parischen Marmor auskleiden.

Wie alle Reichen bekamen auch die Siphnier eines Tages Angst, daß sie ihren Reichtum einmal verlieren könnten; so fragten sie das ihnen wohlgesonnene Orakel von Delphi, was sie tun müßten, um auf immer reiche Leute zu bleiben. Das Orakel antwortete ihnen: «Wenn einst weiß in Siphnos das Prytaneion geworden, | weiß umkränzt der Markt ist, dann ist es Zeit, daß der Kluge | vor dem hölzernen Feind und dem roten Herold sich hütet.» Zunächst verstanden die Siphnier diese rätselhafte Weissagung nicht. Ihr verborgener Sinn ging ihnen erst einige Zeit später auf, als um 525 v. Chr. samische Flüchtlinge, die als Regimegegner von dem Tyrannen Polykrates vertrieben worden waren, nach Siphnos kamen. Die Exilierten baten, da sie völlig mittellos hatten fliehen müssen und ganz ohne Geld waren, die reichen Siphnier, ihnen zehn Talente zu leihen. Nach Lage der Dinge hieß das, sie ihnen zu schenken. Obwohl der Unterhändler, den die samischen Flüchtlinge schickten, auf einem mit Mennige rot gestrichenen Schiff kam, dachten die Siphnier nicht an den ergangenen Orakelspruch und lehnten hartherzig die Erfüllung der Bitte ab. Es kam zu einer bewaffneten Auseinandersetzung, bei der die Siphnier unterlagen und schließlich die zehnfache Summe, nämlich 100 Talente zahlen mußten. Erst da ging ihnen der Sinn des delphischen Orakelspruchs auf.

Die Lehre, die sie aus diesem empfindlichen Verlust meinten ziehen zu müssen, war, ihre Stadt nun durch eine feste Mauer zu schützen. Hinter ihr, die seit etwa 500 v. Chr. das alte Siphnos – also das heutige Kastro auf der Ostseite der Insel – umgab, fühlten die Siphnier sich ziemlich sicher, und so trotzten sie auch dem Perserkönig und gaben ihm nicht, wie er gefordert hatte, Wasser und Erde als Zeichen der Unterwerfung. Die Siphnier kämpften in den Perserkriegen auf Seiten der Griechen und waren mit einem Fünfzigruderer auch an der Schlacht bei Salamis beteiligt. So steht auch ihr Name auf der berühmten Schlangensäule, die jene griechischen Städte, die zum Sieg über die Perser beigetragen hatten, nach Delphi weihten.

Spätestens im frühen 4. Jh. v. Chr. endete mit der Erschöpfung der Bergwerke die große Zeit der Insel. Mehrere antike Zeugnisse erzählen, daß die Siphnier aus Habsucht ihre Zahlungen an Delphi eingestellt hätten. Daraufhin habe sich Apollon gerächt und Meereswasser in die Stollen eindringen lassen. Systematische Untersuchungen der antiken Bergwerke haben ergeben, daß die meisten siphnischen Bergwerke so lagen, daß kein Meereswasser in sie eindringen konnte. Der Niedergang des Bergbaus ist eher auf die Erschöpfung der Lagerstätten zurückzuführen. Einige siphnische Minenbesitzer hatten jedoch vorher schon im attischen Laureion Schürfrechte erworben und betrieben dort, wie wir aus Inschriften wissen, Silberbergbau.

Mit dem Verlust der Einkünfte aus dem Bergbau verarmte die Insel. Der Honig, der auf ihr gewonnen wurde, war zwar bekannt und geschätzt, doch konnte man mit ihm keine großen Reichtümer gewinnen. Kretische Piraten, die in hellenistischer Zeit häufiger auch Siphnos heimsuchten, beschleunigten den Niedergang. Ein griechisches Lexikon der Spätantike, die «Suda», zieht als Fazit. «Sie gerieten in jene Armut, die für die Inseln typisch ist, und in große Not.» Poetischer hat das der Epigrammdichter Antipatros von Thessalonike in der Zeit um Christi Geburt ausgedrückt, als er Siphnos als Paradebeispiel für eine verödete und elende Insel herausstellt. Strabon überliefert uns das geflügelte Wort vom «siphnischen Astragal»: Wenn man von irgendeiner Sache sagte, sie sei ein «siphnischer Astragal», so meinte man damit etwas völlig Wertloses. Anscheinend fühlten sich die Griechen bei den Formen der Insel Siphnos an einen Astragal, einen vierseitigen Würfel aus Tierknochen, erinnert; Astragale waren wie die Insel Siphnos in der Zeit um Christi Geburt, als Strabon schrieb, wertloses Zeug. Noch im 5. Jh. n. Chr. polemisierte der Redner Nikolaus von Myra – den man nicht mit dem gleichnamigen Bischof und Heiligen, den wir zum Weinachtsmann gemacht haben, verwechseln darf – gegen Siphnos: «Wie nun wollen wir einen Siphnier loben? Weil es über Siphnos nichts Wichtiges zu sagen gibt, reicht es, zu seinem Lob zu sagen, daß es nah bei Attika liegt und inmitten der Kykladeninseln.»

Vielleicht haben die antiken Autoren übertrieben. Denn die Reisenden des 18. und 19. Jhs. betonen immer wieder, daß die Siphnier der Neuzeit reichlich Getreide, Oliven und Wein von ihren Feldern und Gärten gewannen; das muß auch in der Antike möglich gewesen sein. Zudem verlegten die Siphnier sich aufs Töpfern, wie es etwa schon Ludwig Ross im Jahre 1837 beobachten konnte: «Vorzüglich aber treiben die Männer das Töpferhandwerk, zerstreuen sich im Frühling über ganz Griechenland und die Küsten von Macedonien, Thracien und Kleinasien, und fabriciren, wo sie Bestellungen, guten Thon und hinreichend Brennmaterial finden, die für den Haushalt nöthigen Küchengeschirre, und die großen zweihenkeligen Wasserkrüge.» Noch heute sind in dem auf der Westseite der Insel gelegenen Hafenort Kamares die siphnischen Töpfer zu Hause. Eine vorübergehende Belebung der Insel brachte im 19. und frühen 20. Jh. die Wiederaufnahme des Bergbaus. Bei der Ausbeutung des damals noch auf der Insel vorhandenen Eisenerzes wurden allerdings viele antike Stollen und Halden zerstört, die uns weiteren Aufschluß über den antiken Bergbau und die Verhüttung der Erze hätten liefern können. Heute leben die Siphnier v. a. vom Tourismus. Wenn auch er eine Goldgrube sein kann, so ist doch zweifelhaft, daß er der Insel den Glanz der archaischen Zeit zurückbringen kann.

(JN)

Abb. 49 Siphnos: Die spätmykenisch-geometrische Festung von Hagios Andreas von Südosten. Deutlich ist die weiße Kirche des Heiligen Andreas zu erkennen. Im Nordosten und auf der ganzen Westseite ist der doppelte Mauerring noch gut erhalten, im Osten hingegen fehlt er.

Kythnos – Die Insel des falschen Nero

> Dieser Strauch (Schneckenklee) wurde auf der Insel Kythnos entdeckt und von da zu allen Kykladen, dann auch in die griechischen Städte gebracht, zum großen Vorteil für die Herstellung von Käse.
>
> Plinius d. Ä., Naturkunde

Segelt man von dem einst sehr reichen Siphnos weiter nach Norden, an dem kleinen, «versteinerten» Seriphos vorbei, trifft man auf die ungefähr 22 km lange Insel Kythnos, einen berüchtigten Verbannungsort der römischen Kaiserzeit. Die bis zu 9 km breite Insel ist sehr einförmig, außerdem trocken und infolge dessen recht kahl; kaum ein Baum spendet Schatten auf dem welligen Hochland, über das oft heftige Winde hinwegfegen. Trotz seiner Kargheit war Kythnos wie alle Kykladeninseln schon in prähistorischer Zeit besiedelt und während der Jungsteinzeit eine Zwischenstation des weitverzweigten melischen Obsidianhandels.

An der stark eingekerbten Westküste (Abb. 50) auf einem Bergvorsprung zwischen zwei tiefen Buchten lag in historischer Zeit der Hauptort der Insel, die in der antiken Literatur den Beinnamen Dryopis führt, was auf eine ältere Besiedlung durch die Dryoper, eine aus Südeuböa stammende Bevölkerung, hindeuten könnte. Von dem Bergrücken, auf dem die Grundrisse von Tempeln und Häusern zu sehen sind, ziehen sich Reste von Stadtmauern bis zum Meer hinunter. Über das ganze Stadtareal verteilt finden sich Fundamente von weiteren Tempeln und Häusern, zumeist aus römischer Zeit, sowie Spuren einer Wasserleitung (Abb. 51). Man nimmt an, daß innerhalb der starken Mauern von Kythnos mehr als 10 000 Menschen gelebt haben. Der heute noch klar erkennbare Festungscharakter hat dem alten Ort im Volksmund den Beinamen Vrio- bzw. Rigokastro, «Königsburg», eingetragen.

Die Kythnier scheinen das Beste aus ihrer Situation gemacht zu haben, denn einem breiteren Publikum war die Insel aufgrund ihres grünen Käses bekannt, der sich großer Beliebtheit erfreute. Der ältere Plinius berichtet auch, daß man erstmals auf Kythnos die Bedeutung des Schneckenklees für die Käseherstellung erkannte und daraufhin den Strauch in die ganze griechische Welt exportiert habe. Schneckenklee, ein ca. 1 m hoher Busch, soll nämlich die Milchqualität aller Haustiere verbessert haben, die mit ihm gefüttert wurden. Im übrigen ist die Behauptung, die Urheimat des Schneckenklees sei Kythnos, ein Irrtum der antiken Botaniker: Sie wurde allein aufgrund der Ähnlichkeit der griechischen Namen für ihn – *kytisos* – und für die Insel – Kythnos – postuliert. Im 4. Jh. v. Chr. wird Kythnos erstmals von Demosthenes als Beispiel einer armseligen Stadt angeführt, doch ist Vorsicht geboten, denn noch im 5. Jh. v. Chr. entrichtete die Insel als Mitglied des Delisch-Attischen Seebundes einen Jahresbeitrag von drei, später sogar sechs Talenten. Dieser Wohlstand beruhte auf dem Abbau von Spat- und Roteisenerzen an der Ostküste, der bis ins 4. Jh. v. Chr. und sogar noch in der Neuzeit betrieben wurde.

Über die Geschicke der Insel wissen wir ansonsten nur sehr wenig. 490 v. Chr. hatte Kythnos sich zwar den Persern unterworfen, doch zehn Jahre später nahm die Insel an dem großen Perserkrieg auf griechischer Seite teil. Außer der Mitgliedschaft im Delisch-Attischen Seebund und schnell wechselnden Herrschaftsverhältnissen während der hellenistischen Epoche ist uns nichts über die Geschicke der Insel bekannt. Offenbar galt sie den Leuten von Welt trotz ihrer gut besuchten Thermalquellen im Nordosten als «hinter dem Mond gelegen», denn die Rö-

Abb. 50
Kythnos: Merichas, der Hafen des Ortes Chora, mit der antiken Polis bei Vriokastro gegenüber der kleinen Insel in der zweiten Bucht.

N

mer benutzten sie zusammen mit einigen andern Kykladeninseln als Verbannungsort für mißliebige Personen. Bevor die im Mittelalter nach den heißen Quellen bei Loutra Thermia – davon italienisch Fermenis – genannte Insel zu einem Tummelplatz fränkischer und griechischer Piraten herabsank, ereignete sich auf ihr ein Vorfall, der den Namen Kythnos ein letztes Mal sogar bis nach Rom vordringen ließ: Als Kaiser Nero 68 n. Chr. von eigener Hand den Tod gefunden hatte, liefen in der römischen Welt Gerüchte um, daß der Kaiser noch lebe; so mancher falsche Nero trat auf und trieb mit der Leichtgläubigkeit der Leute seine Possen. Auch in Griechenland hieß es, Nero käme demnächst zu Besuch. Da verschlug ein heftiger Sturm einen dieser Pseudo-Nerones nach Kythnos. Dem Mann, ein Sklave oder auch Freigelassener unbekannter Herkunft, der dem Kaiser entfernt ähnlich sah und die Kithara zu spielen verstand, war es gelungen, Deserteure und allerlei mittellose Abenteurer durch große Versprechen an sich zu binden. In Kythnos gestrandet, trieb er dort sein Unwesen, raubte Kaufleute aus, tötete Leute, die ihm die Gefolgschaft verweigerten, und bewaffnete die Sklaven. Die wildesten Gerüchte machten die Runde, bis eines Tages der neue Statthalter von Galatien und Pamphylien, Calpurnius Asprenas, auf dem Weg nach Kleinasien zufällig auf Kythnos Station machte. In erprobter Manier machte sich der falsche Nero an die Kapitäne der statthalterlichen Schiffe heran und forderte sie auf, ihn nach Syrien oder Ägypten zu bringen. Die Seeleute meldeten das dem Asprenas, der ohne weiteren Aufschub den Pseudo-Nero hinrichten ließ. Man schlug ihm den Kopf ab, «an dem die Augen, das Haar und die wilde Miene auffielen», so der römische Historiker Tacitus (55–ca. 120 n. Chr.), und brachte seinen Leichnam zunächst nach Kleinasien und von dort – man mag sich gar nicht vorstellen in welchem Zustand – nach Rom.

(HS)

Abb. 51 Kythnos: Blick von Osten auf die im Volksmund Vriokastro genannte antike Polis Kythnos an der Westküste der Insel. Auf dem Plateau sind die Fundamente von Tempeln und Häusern zu sehen.

Keos – Die gewinnsüchtige Muse

Auch ich ja fürwahr, die auf Klippen haust, bin als trefflich in Wettkämpfen bekannt in all dem Volk von Hellas, bekannt auch, weil Sangeskunst ich biete genug. Bringt meine Flur auch Dionysos' Heilmittel, das Leben erweckt und Bedrängnis verjagt, hervor, hab Rosse ich doch nicht, kenne das Weiden von Rindern kaum.

Päan des Pindar auf die Insel Keos

Zwischen Kythnos, die Verbannungsinsel der Römer, und das attische Festland schiebt sich die kleine, nur knapp 120 km^2 große Insel Keos. Wie auf einer Perlenschnur aufgereiht verlängert sie zusammen mit Kythnos, Seriphos und Siphnos das attische Festland nach Süden. Nur 21 km trennen die Insel mit dem Umriß eines urzeitlichen Faustkeils von Sunion, dem berühmtesten Kap Attikas. In den Gewässern um Keos, etwa 3 km vor seiner Westküste, sank am 21. November 1916 innerhalb von 55 Minuten die «Britannic», das Schwesterschiff der weltberühmten «Titanic». Anders als bei der Katastrophe, die sich vier Jahre zuvor im Atlantik ereignete, konnten die mehr als 1000 Passagiere der «Britannic» fast alle gerettet werden. Bis heute sind die Gründe für das Unglück nicht geklärt und liefern Verschwörungstheorien reichlich Nahrung: War es eine Seemine, ein Torpedo der deutschen Marine, oder haben gar die Briten das Schiff selbst versenkt, um die USA zum Kriegseintritt zu bewegen?

Der griechische Mythos erzählt, daß die ältesten Bewohner der Insel Quellnymphen waren, weshalb Keos noch in historischer Zeit oft mit dem Beinamen Hydrussa, d. h. «die Wasserreiche» bezeichnet wurde. Offenbar war der Wunsch Vater dieser Bezeichnung, denn Keos ist trotz seines recht großen Baumbestandes eher trocken. Eine jüngere Lokallegende erklärt diesen Sachverhalt so, daß ein böser Löwe – eine steinerne Löwenstatue aus archaischer Zeit liegt im Gelände von Iulis herum – einst die Nymphen verscheucht habe und damit die Quellen zum Versiegen brachte. So war es auch nicht die Landwirtschaft, sondern die geographische Lage, die die Insel eine gewisse Rolle spielen ließ, denn bei Keos trifft der Seeweg, der vom peloponnesischen Kap Malea nach Euböa führt, auf die Route, die Athen mit den Kykladeninseln verbindet. Es überrascht daher nicht, daß wir auf Keos die ältesten menschlichen Spuren bis weit ins 4. Jt. v. Chr. zurückverfolgen können. Im Nordwesten der Insel haben sich auf dem Vorgebirge Kephala in einer spätneolithischen Siedlung des 4. Jts. v. Chr. die ältesten Belege für Metallverarbeitung im Kykladenraum gefunden. Unweit dieser Stelle, bei der Bucht des Heiligen Nikolaus nordwestlich des heutigen Ortes Chora, liegt auf einer kleinen, nach einer Kapelle der Heiligen Irene benannten Landzunge eine etwas jüngere Siedlung der frühen Bronzezeit, die in ihrem Ursprung auf die Zeit um 2300 v. Chr. zurückgeht (Abb. 52). Den Bodenfunden nach zu urteilen, erlebte dieser bereits ummauerte Siedlungsplatz von Agia Irini seine Blütezeit im Verlauf des 2. Jts. v. Chr., als Keos regen Handel mit dem griechischen Festland, den benachbarten Inseln und dem weit entfernten Kreta trieb. Die kleine Siedlung expandierte kontinuierlich, so daß sie im 16. Jh. v. Chr. erweitert werden mußte: Damals schützte die turmbewehrte Mauer eine Siedlung mit engen, gut gepflasterten Gassen, die zweigeschossige, ineinander verschachtelte Hauskomplexe voneinander trennten. Neben einem palastartigen Bau ist ein langgestreckter Tempel mit Vorhalle und Kultraum von Bedeutung, in dem sich Reste großer weiblicher Tonfiguren gefunden haben, die bislang für die minoisch-mykenische Welt einzigartig geblieben sind. Neben den Überresten von Wasserleitungen wurde vor der Mauer auch die Nekropole des Ortes gefunden. Selbst schwere Erdbeben vermochten die Menschen nicht aus Agia Irini zu vertreiben. Immer wieder bauten sie die Siedlung auf bzw. um, und auch der Tempel wurde zahlreichen Veränderungen unterworfen. In historischer Zeit, spätestens seit dem 6. Jh. v. Chr., erhob sich über der alten Siedlung eine Kultstätte des Dionysos.

Um 1000 v. Chr. erhielt Keos im Zuge der «Großen Wanderung» seine griechische Bevölkerung. Ioner aus Attika ließen sich auf der Insel nieder und gaben ihr den zunächst gebräuchlichen Namen Keos. In hellenistischer Zeit entstand aus diesem alten Toponym der heute verwendete Name Kea, aus dem sich auch der lateinische Name Cia ableitet. Daraus bildete man im Mittelalter die Form Tzia, aus der die Venezianer schließlich das italienische Zea machten.

Die kleine Insel war in der Antike unter vier eigenständige Poleis aufgeteilt: Koressos, manchmal auch Koressia genannt, an der Agios Nikolaos-Bucht, das 6 km von hier landeinwärts nach Südosten auf dem Bergrücken gelegene Iulis an der Stelle des heutigen Hauptortes der Insel (Abb. 53), sodann im Westen über der Bucht von Pises die kleine Stadt Poiessa und schließlich auf der anderen Seite der Insel im Südosten die Polis Karthaia über der Bucht von Poles. Ein dichtes Straßennetz verband die vier Städte miteinander, die – bis auf Poiessa – alle eigene Münzen prägten und auch selbständige Verwaltungen unterhielten. In der Außenpolitik jedoch traten die keïschen Städte unter einem gemeinsamen Namen auf und sprachen mit einer Stimme. Aristoteles hat diese Organisationsform gewürdigt und als «Keïon Politeia», die «Verfassung der Keer», in seine Sammlung griechischer Polis-Verfassungen aufgenommen, die uns leider nur in wenigen Fragmenten erhalten ist. 480 v. Chr. kämpften die Keer bei Kap Artemision und Salamis auf griechischer Seite und waren in der Folgezeit Mitglieder des Delisch-Attischen Seebundes sowie Athens wichtigste Rötellieferanten, eines Materials, das man in der Antike v. a. für den Anstrich von Schiffen benötigte. Im ersten vorchristlichen Jahrhundert, als der Geograph Strabon seine topographische Beschreibung der griechischen Welt verfaßte, existierten auf Keos jedoch nur noch zwei Poleis: Iulis und Karthaia. Die anderen beiden Orte waren zu einem uns unbekannten Zeitpunkt mit den beiden verbliebenen Städten zusammengelegt worden. So ging Poiessa in Karthaia auf und Koressia in Iulis, das den alten Siedlungsplatz weiterhin als Hafen nutzte.

Das antike Iulis lag auf einem Berg ungefähr in der Mitte der nördlichen Inselhälfte, etwa 6 km vom Meer entfernt (Abb. 53). Bis auf einige wenige Spuren der Stadtmauer und dem Kuros von Kea, der auf dem Stadtareal gefunden wurde, haben sich keine weiteren nennenswerten Relikte der Vergangenheit erhalten. Über dem antiken Stadtgebiet erhebt sich ein wahrhaft kykladisches Labyrinth ineinander verschachtelter weißer Würfelhäuser, die sich um die Kirche herum fest an den Hang schmiegen (Abb. 54). Das alte Iulis dürfte nicht viel anders ausgesehen haben als seine moderne, heute wieder gleichnamige Nachfolgerin. Um 556 v. Chr. wurde dort Simonides, der wahrscheinlich berühmteste Keer, geboren, der allerdings die meiste Zeit seines Lebens fern seiner Heimat verbracht haben dürfte. In die Literaturgeschichte ist er als Chorlyriker und Dichter zahlreicher Hymnen, Epinikien – also Preislieder auf siegreiche Athleten – und Epigramme eingegangen. Das bekannteste seiner leider nur fragmentarisch erhaltenen Werke dürfte das Epigramm auf die Thermopylenkämpfer sein, das durch Friedrich Schillers Nachdichtung «Wanderer kommst du nach Sparta, verkünde dorten, du habest | uns hier liegen gesehen, wie das Gesetz es befahl» Allgemeingut geworden ist. Das besondere an Simonides war nicht seine Dichtung – da war die Konkurrenz groß –, sondern die Tatsache, daß er aus der

Abb. 52 Keos: Die prähistorische Siedlung bei Agia Irini an der Bucht des Heiligen Nikolaus. N

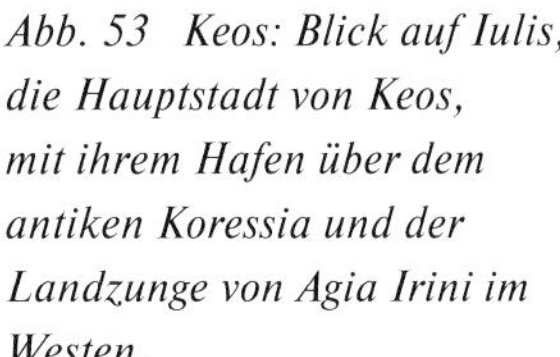

Auf der folgenden Doppelseite:

Abb. 53 Keos: Blick auf Iulis, die Hauptstadt von Keos, mit ihrem Hafen über dem antiken Koressia und der Landzunge von Agia Irini im Westen.

Abb. 54
Keos: Blick auf das moderne Iulis.

Dichtkunst ein Gewerbe machte. Er war wohl der erste Grieche, der sich seine geistigen Leistungen ungeniert bezahlen ließ und offenbar auch gut davon leben konnte. Pindar (ca. 520–445 v. Chr.), sein unmittelbarer Rivale um die Gunst und die Aufträge der reichen Tyrannen auf Sizilien, wirft ihm und seinem Neffen Bakchylides (ca. 505–450 v. Chr.) unverhohlen Habsucht vor, wenn er beklagt, daß früher «die Muse noch nicht aus war auf Gewinn, nicht um Lohn schuf.» Wenn der in unsachliche Kritik gehüllte Neid ein Maßstab für Erfolg ist, dann muß Simonides sehr erfolgreich gewesen sein. Timokreon, der bereits erwähnte, für seine Schmähsucht berüchtigte Lyriker des frühen 5. Jhs. v. Chr. aus dem rhodischen Ialysos, attackierte ihn, und noch im ausgehenden 5. Jh. v. Chr. spottete Aristophanes (ca. 445–386 v. Chr.), der große Sophokles «mache auf seine alten Tage den Simonides», will heißen, er verfasse Epigramme gegen Honorar. Simonides wird der Ausspruch zugeschrieben, Malerei sei schweigende Dichtung und Dichtung redende Malerei, eine Erkenntnis, der sicherlich so mancher große Maler zugestimmt hätte. Unangefochten von dem neidischen Gekeife verstarb Simonides 468 v. Chr. hochbetagt am Hof des Tyrannen Theron in Akragas auf Sizilien, wo er zusammen mit seinem Neffen Bakchylides einige Zeit zugebracht hatte. Letzterer war ebenfalls um 520 v. Chr. in Iulis auf Keos geboren worden und als Dichter ebenso erfolgreich wie sein Oheim. Er mußte jedoch – wohl aus politischen Gründen – gegen 462 v. Chr. die Insel verlassen. Iulis brachte auch in späterer Zeit noch auffallend viele Gelehrte hervor, unter ihnen den Arzt Erasistratos (3. Jh. v. Chr.) sowie Ariston (gest. 226 v. Chr.), einen der Philosophen der peripatetischen Schule. Von Keos – aus welcher Stadt wissen wir nicht – stammte auch der Sophist Prodikos, der im 5. Jh. v. Chr. während des Peloponnesischen Krieges nach Athen kam und in seinen Schriften gerne das berühmte Gleichnis von Herakles am Scheideweg verwendete, ein Motiv, das noch in der europäischen Kunst der Neuzeit gerne rezipiert wurde.

Strabon berichtet von einer merkwürdigen, durch Gesetz sanktionierten Sitte in Iulis, wonach es allen über 60 Jahre alten Menschen freigestellt gewesen sei, durch den Konsum eines Bechers mit Schierlingssaft aus dem Leben zu scheiden. Manche Forscher meinen, das sei noch zu Strabons Zeiten im 1. Jh. v. Chr. der Fall gewesen, doch behauptet der Geograph nichts dergleichen; er vermag noch nicht einmal einen genaueren Zeitpunkt anzugeben, wann genau dies so gewesen sei. Der Beschluß sei irgendwann bei einer Belagerung durch die Athener gefaßt worden, damit die Nahrung für die Jüngeren, die die Mauern verteidigten, ausreiche. Gleichgültig, ob die Keer unter einem «demographischen Wandel» litten, was in der Geschichte der Menschheit nicht neu ist, oder ob es sich um reine Fiktion handelt, der «Keïsche Becher» wurde in der Dichtung sprichwörtlich für den Trunk des Selbstmörders.

Die zweite Stadt, die zu Strabons Zeiten noch im Südosten der Insel existierte, war Karthaia (Abb. 55), dessen Namen manche Gelehrte von dem semitischen Wort für Stadt, *qrt*, ableiten wollen. Einer alten Tradition zufolge sollen Phöniker einst diese Stadt gegründet haben. Mangels zuverlässiger Quellen können wir nicht mehr entscheiden, wie wahrscheinlich diese Behauptung ist. Wir dürfen aber mit Sicherheit davon ausgehen, daß phönikische Kauf- und Seeleute die Insel auf ihrem Weg nach Attika regelmäßig anliefen. Der Ort selbst liegt über der Bucht von Poles auf dem trapezähnlichen Vorsprung eines langgestreckten, steilen Vorgebirges, das im Volksmund Aspri Vigla, «weiße Hochwarte», heißt. Rund um den alten Ort ist alles wie ausgestorben, denn die Gegend ist heute völlig menschenleer und so wenig erschlossen, daß der Zugang zu den Ruinen immer noch über den uralten Fußpfad erfolgt, der schon in der Antike Karthaia mit anderen Orten verbunden hat. Oben auf dem Rücken von Aspri Vigla liegt die mit mehreren Wehrtürmen befestigte Akropolis von Karthaia mit dem gut erkennbaren Tempel der Athena im Norden und dem des Apollon im Süden, der auf unserem Photo von einem Baum verdeckt wird (Abb. 55). Beide Heiligtümer stammen aus dem 5. Jh. v. Chr. Dort oben beim Apollontempel befand sich die Chorschule der Stadt, in der auch Simonides gewirkt haben soll, als er die Chöre für seine Dichtungen und Kompositionen einübte. Westlich davon, schon unterhalb der Akropolis, sind im Gelände noch acht Stufenreihen des Theaters und die Ruinen eines Demetertempels sowie vereinzelte Reste der Stadtmauern zu finden. (HS)

Abb. 55 Keos: Blick über das Gebiet von Karthaia mit der Akropolis und den Tempeln der Athena und des Apollon.

Andros – Der Wohnsitz der Schlauberger

Andros war nämlich die erste Insel, von der Themistokles Geld verlangte. Die Andrier aber gaben nichts ... Das Land ... sei grenzenlos arm. Zwei unheilbringende Gottheiten seien niemals von ihrer Insel gewichen und hätten dort ihren Lieblingssitz, nämlich «Armut» und «Machtlosigkeit».

Herodot, Historien

Zwischen der Südspitze Euböas und der Insel Andros liegt die Straße von Kaphareus – benannt nach dem berüchtigten Kap Doro, dem Cavo d'Oro der Venezianer, das die Südostecke Euböas bildet. Fast parallel zur Reihe Keos, Kythnos, Seriphos und Siphnos setzt Andros mit dem nachfolgenden Tenos, von dem es nur durch den schmalen Aulon-Sund – er heißt heute Steno – getrennt ist, und dem sich anschließenden Mykonos als nördliche Perlenschnur die euböischen Berge ins Meer hinaus fort. Andros mit seinen Steilküsten und winzigen Hafenbuchten ist nicht nur die nördlichste und mit 384 km² die zweitgrößte Insel der Kykladen, sondern auch die fruchtbarste. Wohin das Auge auch blickt, es entdeckt überall auf Andros große Grünflächen, und auf den Hängen der Berge ragen zahllose Zypressen in den Himmel.

Über die Geschicke der Insel in der Antike ist nur wenig bekannt. Um 1000 v. Chr. wurde Andros wie einige andere Inseln von Ionern besiedelt. Lange Zeit wurde sie anscheinend vom mächtigen Nachbarn Euböa beherrscht, doch treten um 655 v. Chr. die Andrier selbständig als Koloniegründer auf, als sie an der Ostküste der Chalkidike gleich mehrere kleine Städtchen gründeten, unter ihnen Akanthos und Stageira, wo später der Philosoph Aristote-

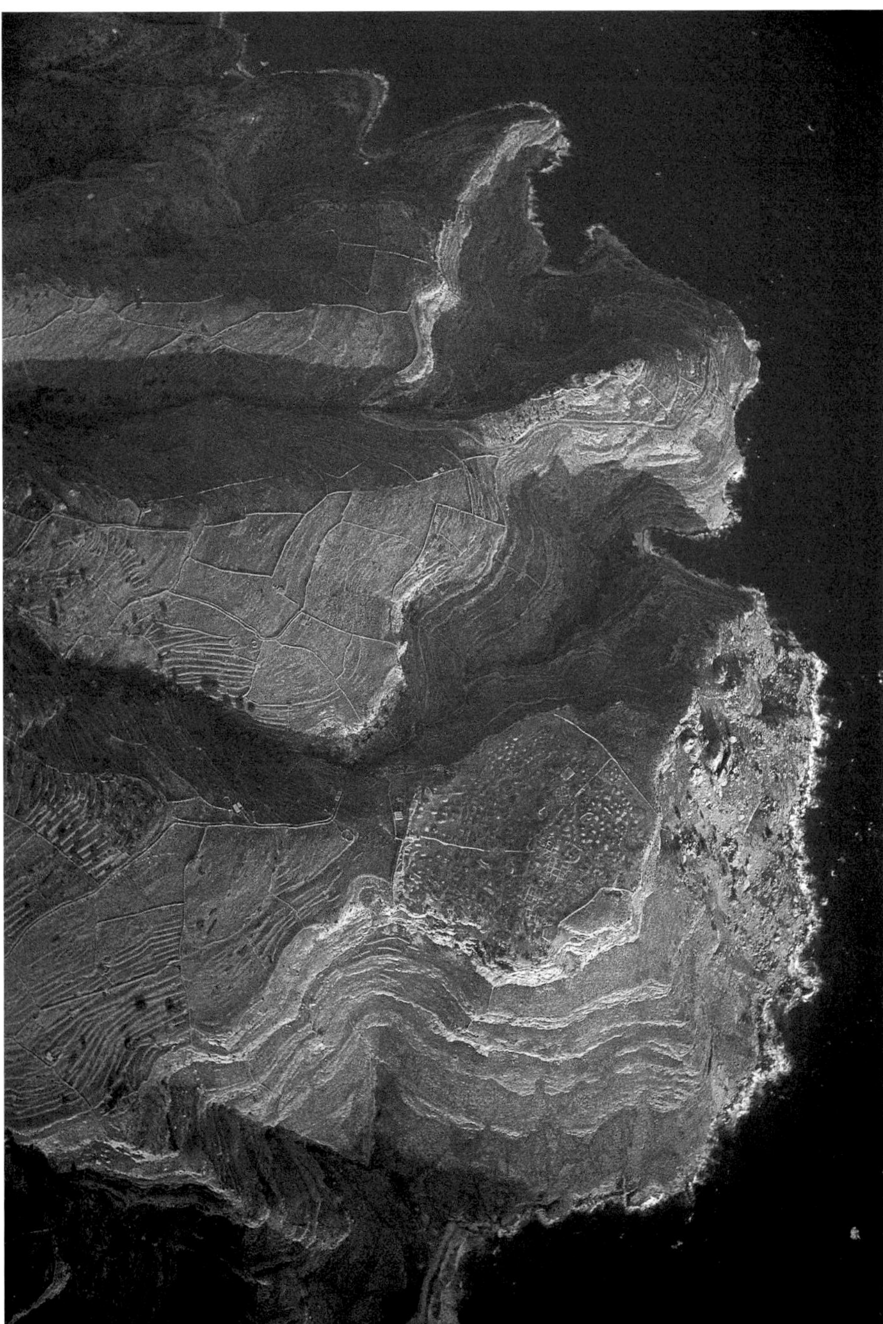

Abb. 56 Andros: Geometrische Siedlung auf Kap Zagora mit dem Tempel der Athena in der Mitte.

les (384 – 322 v. Chr.) zur Welt kam. Die antike Polis Andros, von der sich nur ganz wenige Reste erhalten haben, lag an der Westküste beim heutigen Palaiopolis. Erst in byzantinischer Zeit verlagerte sich der Siedlungsschwerpunkt auf die Nordostseite der Insel, wo die Besiedlung an der Stelle des heutigen Hauptortes Chora wohl im 5. Jh. n. Chr. einsetzte.

Wenige Kilometer südöstlich von Palaiopolis wurde auf dem 160 m hohen Kap Zagora zwischen 1960 und 1972 eine ältere Siedlung aus geometrischer Zeit freigelegt, deren Verhältnis zur antiken Polis Andros bislang nicht geklärt werden konnte. Die im 10. Jh. v. Chr. angelegte Siedlung bestand aus einfachen, zumeist einräumigen Häusern aus Schieferplatten, in deren Mitte sich eine Feuerstelle befand, sowie aus Vorratsräumen und Stallungen. Im gleichen Stil und in der gleichen Technik werden noch in unseren Tagen Bauernhäuser bzw. einfache Behausungen auf den Inseln angelegt (Abb. 56). Die Zeiten scheinen unsicher gewesen zu sein, denn eine starke, an manchen Stellen bis zu 4,80 m breite Mauer umschließt das ganze Wohngebiet. In dessen Mitte gab es schon sehr früh ein Heiligtum der Athena, das noch lange fortbestand, als die Siedlung gegen Ende des 8. Jhs. v. Chr. schon längst aufgelassen worden war. Im 6. Jh. v. Chr. wurde der Tempel grundlegend umgebaut, und auch das große Tor in der Umfassungsmauer wurde nochmals erneuert. Noch ein Jahrhundert lang wurde das Heiligtum genutzt; dann fiel es im 5. Jh. v. Chr. ebenfalls dem Vergessen anheim.

Wir vermögen nicht zu sagen, ob dies mit den Vorgängen während der Perserkriege zusammenhing oder nicht. Andros, das seit 490 v. Chr. wahrscheinlich den Persern untertan war, stellte zehn Jahre später bei Salamis zehn Schiffe für die persische Flotte und wurde deshalb 480/79 v. Chr. von den siegreichen Griechen belagert. Themistokles, dem vielleicht schon damals die Vision des kurz darauf realisierten Seebundes im Kopf herumging, forderte von der Insel Geld, sei es als Reparationszahlung, sei es aus anderen Gründen. Themistokles wies die Belagerten darauf hin, daß die Athener mit zwei gewaltigen Göttern gekommen seien, mit «Überredung» und «Zwang», es gebe also keinen Ausweg mehr und sie müßten zahlen. Schlagfertig machten ihm die Andrier klar, daß dort, wo nichts zu holen sei, auch Athen sein Recht verloren habe: Sie kleideten die Ablehnung in ähnliche Worte, wie Themistokles sie gebraucht hatte, und sagten dem Athener, daß zwei unheilbringende Gottheiten niemals von ihrer Insel gewichen seien und dort ihren Lieblingssitz eingerichtet hätten, nämlich «Armut» und «Machtlosigkeit». Diesen völlig ergeben sähen sie keine Möglichkeit, Themistokles etwas zu geben. Ohne Aussicht auf Beute brach Themistokles schließlich die Belagerung ab. Die Andrier konnten sich aber nicht lange ihres Sieges erfreuen, denn die Insel wurde bald Mitglied des Delisch-Attischen Seebundes und hatte jährlich eine Tributsumme von 6 – 15 Talenten zu zahlen, was zeigt, daß die Andrier ihre Armut dem Themistokles gegenüber drastisch übertrieben hatten. Später siedelte Perikles auf der unbotmäßigen Insel attische Kleruchen an, die in der Endphase des Peloponnesischen Krieges schließlich den Mut fanden, von Athen abzufallen und auf die spartanische Seite zu wechseln. Nach rasch sich ändernden Herrschaftsverhältnissen eroberte Attalos I. von Pergamon (reg. 241 – 197 v. Chr.) mit Unterstützung der Römer die Insel. Im Jahre 133 v. Chr. fiel sie dann mit der übrigen Erbmasse des letzten Pergamenerkönigs an Rom.

Als Attalos I. im Jahre 199 v. Chr. während des 2. Makedonischen Krieges im Bündnis mit Rom die Insel besetzte, zeigten die Andrier nicht mehr den gleichen Kampfgeist und Witz wie ihre Vorfahren im 5. Jh. v. Chr. Schon der Anblick der römischen Feldzeichen, v. a. aber die bedingungslose Disziplin der römischen Legionäre versetzten die Bevölkerung in Angst und Schrecken. Man floh auf die Burg und «nachdem sie sich in der Burg zwei Tage lang mehr im Vertrauen auf den Platz als auf ihre Waffen gehalten hatten, übergaben sie am dritten Tag die Stadt und die Burg unter der Bedingung, daß sie selbst und die Besatzung mit einem einzigen Kleidungsstück auf dem Leib nach Delion in Böotien hinüberfahren durften.» Die Römer überließen Attalos zwar die Stadt, schleppten aber alles Brauchbare als Beute fort. Attalos, wollte er nicht eine menschenleere und damit wertlose Insel erwerben, blieb danach nichts anderes übrig, als die geflohenen Andrier zur Heimkehr zu überreden und die Flüchtlinge aus Böotien heimzuholen. (HS)

Tenos hat zwar keine große Stadt aufzuweisen, aber der große Tempel des Poseidon in einem Haine außerhalb der Stadt ist sehenswert. In demselben sind auch große Speisesäle angelegt, ein Beweis dafür, daß hier eine ziemliche Menge von Nachbarn zusammenkam, die mit den Teniern zusammen das Fest des Poseidon feierten.

Strabon, Geographie

Tenos – Die heilige Insel

Abb. 57
Tenos: Das Heiligtum des Poseidon bei Tenos-Stadt.

Die Südspitze von Andros ist nur durch einen 1,5 km breiten Sund von jener rauhen Bergkette der Insel Tenos getrennt, die sich quer über die Insel zieht und gegenüber Mykonos ihren höchsten Punkt erreicht, die

Gyrai Petrai. «Glaukos, schau: schon wird das tiefe Meer von Wellen aufgewühlt, | bei den Felsspitzen von Gyrai ballt sich eine Wolke hoch, | nahen Sturmes Zeichen! Plötzlich, unvermutet kommt die Angst.» Die nackte Furcht vor den Nordwinden, die dort durch das hohe Vorgebirge von Tenos um ein Vielfaches verstärkt werden, spricht aus diesen Versen des Archilochos.

Gyrai, das war auch die Stelle, an der der Sturm die Griechenflotte, die siegreich von Troia heimkehrte, zerstreute und der kleine Aias in den aufwühlten Meereswogen ertrank. Das trotz seines schroffen Gebirges in seinen Tälern wasserreiche und grüne Tenos – es führte in der Antike den Beinamen Hydrussa, «die Wasserreiche» – ist von alters her heilig: Die Funktionen, die in der Antike Poseidon als Heilgott ausübte, hat heute die Panagia von Tinos übernommen, die gnadenreiche Mutter Gottes, zu deren Kirche die Pilger auf Knien den Berg hochrutschen. Am 30. Januar 1823 war durch die Visionen einer Nonne auf dem Hügel über der Stadt eine uralte Ikone der Gottesmutter gefunden worden – ein, wie Ludwig Ross frotzelte, «in Griechenland oft geübtes Wunderwerk, wenn die Priester irgendwo eine Kirche oder ein Kloster zu bauen wünschen». Die über der Fundstelle errichtete Kirche entwickelte sich sehr schnell zu einem veritablen Lourdes Griechenlands mit unzähligen Geschichten von Wunderheilungen, die von der Befreiung von einer im Hals steckengebliebenen Gräte über behobene Kinderlosigkeit und zurückgewonnenes Augenlicht bis hin zur Bekehrung Ungläubiger reichen. Sogar die Versenkung des Kriegsschiffes «Elli» am 15. August 1940 durch ein italienisches U-Boot wird der Panagia als Wunder zugeschrieben, denn sie soll verhindert haben, daß der zweite Torpedo den Landungssteg traf und so noch mehrere Menschen das Leben gekostet hätte. Mittlerweile ist Tenos, das die meisten besser in neugriechischer Lautung als Tinos kennen, offiziell zur heiligen Insel erklärt worden.

Wie die meisten Kykladeninseln war auch Tenos schon seit dem 3. Jt. v. Chr. besiedelt und erhielt um 1000 v. Chr. seine ionische Bevölkerung. Der ältere Hauptort lag beim hohen Felskegel des mittelalterlichen Exomburgo; im Laufe des 5. Jhs. v. Chr. wurde die Stadt jedoch an die Stelle des heutigen Hauptortes, also an die Küste verlegt. Tenos war politisch stets unbedeutend; wir wissen daher nicht mehr über die Insel, als daß sie gezwungenermaßen den verschiedenen Bünden und Allianzen angehörte. Bemerkenswert ist nur, daß jenes Schiff, das Tenos den Persern zum Kampf gegen die Griechen hatte stellen müssen, bei Salamis zu den Griechen überging und daß sich die Insel 415 v. Chr. an dem fehlgeschlagenen sizilischen Abenteuer Athens beteiligte.

Berühmt war Tenos in der Antike für sein Poseidonheiligtum, das sich v. a. in hellenistischer Zeit großer Beliebtheit erfreute. Es liegt wenige Kilometer nordwestlich von Tenos-Stadt in der Ebene von Kiona (Abb. 57). Die Ruinen der hellenistischen Erweiterung, die zwischen 278 und 261 v. Chr. auf Beschluß mehrerer Städte durchgeführt wurde, prägen heute das Bild der Stätte. Der Besucher betrat südöstlich des Tempels durch ein Tor in der Temenosmauer das ca. 5 ha große Gelände. Links hinter dem Tor erstreckte sich eine große, über 175 m lange und 15 m breite Säulenhalle dorischer Ordnung, von der kaum mehr als die Grundmauern erhalten sind. Wahrscheinlich lagen hier die von Strabon erwähnten Speiseräume, in denen sich die Pilger zur Erfrischung und zu Banketten sammelten. Über einem älteren Vorgängerbau schloß der Tempel, ein dorischer Peripteros, mit seinem reliefgeschmückten Altar den heiligen Bezirk des Poseidon und der Amphitrite ab. Der nur knapp 60 m vom Meer entfernte Tempel stand anscheinend um 1824 noch weitgehend aufrecht, bis er als Baumaterial für den Bau der berühmten Kirche der Panagia abgetragen wurde. In diesem Heiligtum wurde Poseidon als Herr der Störche verehrt, die angeblich einst die Insel von Schlangen befreit hatten. Der Meeresgott galt als Schutzpatron der Handelsschiffahrt, wurde aber auch als Heilgott verehrt, wie zahlreiche Weihungen Geheilter bezeugen. Seine Kultgenossin war seine Gattin Amphitrite, die ebenfalls als Nothelferin, besonders bei Seenot, angerufen wurde. Ausgesprochen attraktiv für die Besucher war das mit dem Kult des Meergottes verbundene Fest der Posideia, deren Opfer und Festmarkt (gr. *panegyris*) in vielen Inschriften erwähnt werden. Auch der Panagia zu Ehren werden auf Tenos – wie überall in Griechenland – am 15. August, dem Fest der Himmelfahrt Mariens, kirmesähnliche Feiern abgehalten, die eine große Attraktion für Jung und Alt darstellen.

Nach dem 4. Kreuzzug kam Tenos 1207 in venezianischen Besitz, und die Serenissima schaffte es, allen Wechselfällen der Geschichte zum Trotz die Insel bis zum Frieden von Passarowitz 1718 in ihrem Besitz zu behalten. Die über 500jährige Venezianerherrschaft über Tenos war die längste in ganz Griechenland und hat deutliche Spuren hinterlassen. Bis heute ist in etwa ein Drittel der Inselbewohner katholisch und Tenos Sitz des katholischen Bischofs für Naxos, Tenos, Andros und Mykonos. (HS)

Mykonos – Stammland der Kahlköpfe

> Du trankst in Mengen Wein und grad den süßesten, ohne Beitrag beizusteuern ...
> Und, wo's Sitte ist bei Freunden, daß man sie zum Mahle lädt, kommst du ungerufen, denn dein Bauch verführte den Verstand, ließ dich schamlos sein ... wie Mykonier es tun.
>
> Archilochos

Jeder kennt Mykonos – natürlich nicht immer die 86 km² große Insel, sondern meist nur ihren Namen. Unzählige Tavernen tragen ihn, Reisebüros und ähnliche Bedarfsanstalten des Tourismus werben mit ihrem Namen, und sogar der «Stern von Mykonos» wurde schon äußerst erfolgreich besungen. Mykonos ist also die griechische Insel schlechthin, denn in der kollektiven Vorstellung unserer Tourismuswelt besteht diese wie Mykonos-Stadt aus schneeweiß gekalkten Häuschen mit bunten, jedoch bevorzugt meerblauen Fensterläden, die sich dicht um kleine Kirchen drängen, zwischen ihnen frisch gescheuerte Gassen mit hölzernen, von Bougainvillien überwucherte Treppen, ab und an von einer Lücke unterbrochen, in der das Meer in tausend Funken aufglitzert. Über dem weißen Traum thronen nostalgische Windmühlen, während draußen im nahen Hafen kleine Fischerboote in

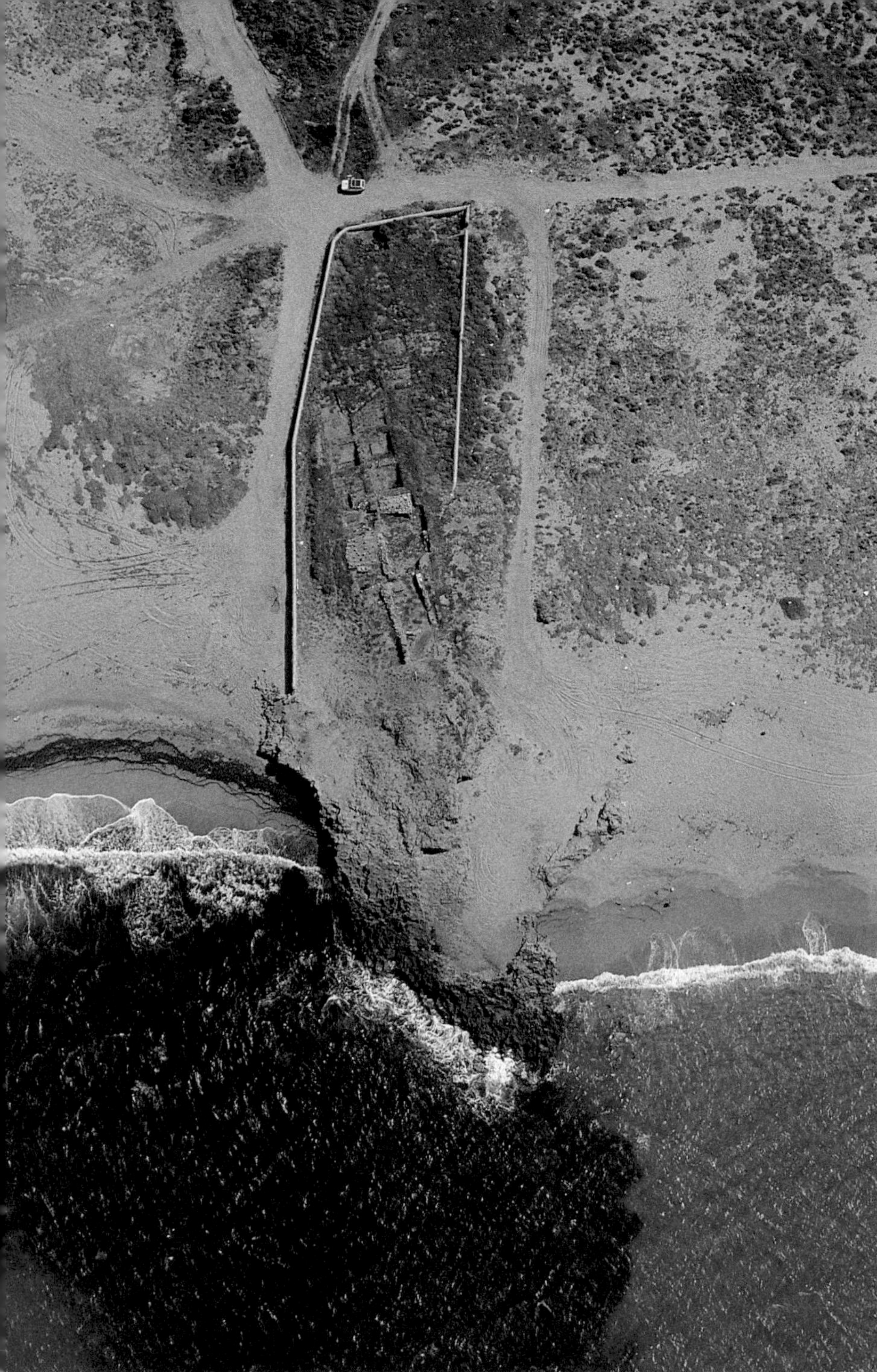

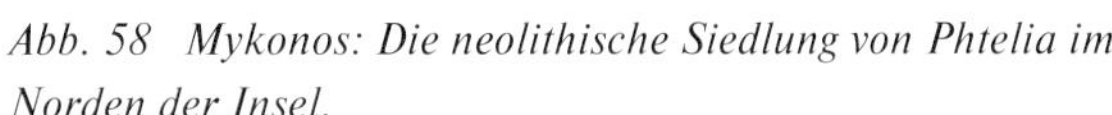
Abb. 58 Mykonos: Die neolithische Siedlung von Phtelia im Norden der Insel.

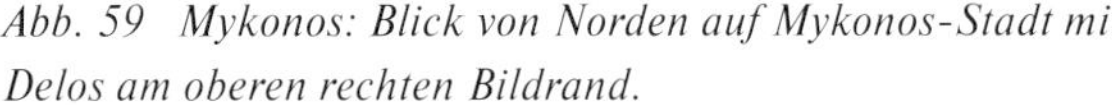
Abb. 59 Mykonos: Blick von Norden auf Mykonos-Stadt mit Delos am oberen rechten Bildrand.

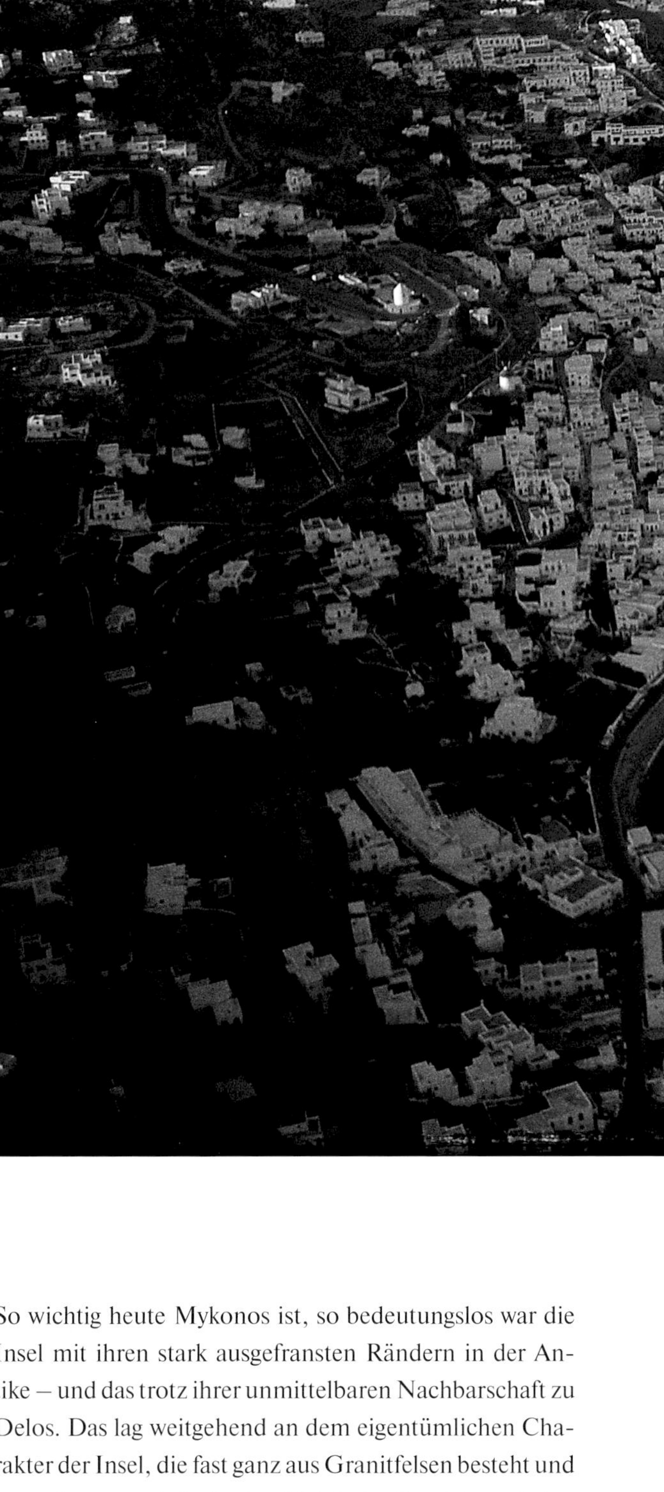

der tiefblauen See zu Busukiklängen oder Theodorakisliedern schaukeln. Die Folge davon ist, daß Mykonos überlaufen ist wie kaum eine andere der griechischen Inseln und dadurch jeglichen Charme verloren hat.

Mykonos ist die letzte Insel auf der nördlichen Perlenschnur, die Euböa nach Süden hin in die Ägäis verlängert. So wichtig heute Mykonos ist, so bedeutungslos war die Insel mit ihren stark ausgefransten Rändern in der Antike – und das trotz ihrer unmittelbaren Nachbarschaft zu Delos. Das lag weitgehend an dem eigentümlichen Charakter der Insel, die fast ganz aus Granitfelsen besteht und nur sehr wenig Ackerboden bietet, darüber hinaus keine

eigenen Wasserquellen besitzt und daher fast völlig baumlos in der gleißenden Sonne liegt. Auf den Gipfeln ihrer Berge türmen sich riesige, wild durcheinandergeworfene Felsblöcke auf, dem Blocksberg gar nicht unähnlich; hier wie dort hat der Aberglauben sie als das Werk von Riesen sehen wollen. Bei den Griechen hießen die Riesen Giganten, und unter den riesigen Felsbrocken sollen die von Herakles erschlagenen Exemplare begraben liegen. Davon soll sich das Sprichwort «Alles unter ein Mykonos» ableiten.

Trotz ihrer Kargheit war die Insel wie der ganze Kykladenraum schon sehr früh besiedelt. Bei Phtelia (Abb. 58), einem herrlichen Strand mit kargen Felshängen, wo die Bucht von Panormos im Norden am tiefsten ins Land einschneidet, fand sich eine spätneolithische Siedlung. Über das Leben dieser Siedlung wissen wir so gut wie nichts, zumindest nicht mehr, als die Antike, die an dieser Stelle das Grab des lokrischen Aias lokalisierte, der auf Mykonos religiöse Verehrung genoß. Sein Kult nimmt sich recht merkwürdig aus, denn dieser Aias war eine eher zweifelhafte Gestalt, doch paßt er vielleicht zu der seltsamen Insel: Als Sohn des Lokrerkönigs Oileus führte er die 40 lokrischen Schiffe nach Troia, wo ihn die anderen Griechen zur Unterscheidung von dem gleichnamigen Sohn des Telamon von Salamis den kleinen Aias nannten. So tüchtig er im Kampf auch war, so streitsüchtig verhielt er sich in allen anderen Dingen. Treffend charakterisierte ihn Idomeneus, der Führer der Kreter: «Aias, im Zanke der Beste, bösartiger, in allem anderen | stehst du nach den Argeiern, du bist unfreundlichen Sinnes.» Seinen guten Ruf verlor er endgültig nach der Einnahme Troias, als er die Seherin Kassandra brutal von der Statue der Athena wegriß, die sie fest umklammert hielt. Nicht nur die Statue der Göttin, die den Griechen so wohlgesonnen war, stürzte dabei um. Spätere Dichter wollen auch wissen, daß Aias Kassandra vergewaltigt habe, wobei das Götterbild beschämt die Augen geschlossen und seither zum Himmel geblickt habe. Als die Griechen die Heimreise antreten wollten, erfuhren sie von dem Seher Kalchas, daß Athena ihnen allen wegen dieses Frevels zürne. Eigensüchtig wie sie waren, wollten sie den Aias nun für seine Tat töten, doch konnte sich dieser auf einen Altar retten. Als die Griechenflotte bei Tenos in einen schweren Sturm geriet, schleuderte die Göttin einen Blitz in das Schiff des Aias, der sich mit Mühe und Not auf eine Klippe bei Gyrai gegenüber der Insel Mykonos in Sicherheit bringen konnte. Gerade eben dem Ertrinken entronnen, stand er da und prahlte, er habe sich auch ohne die Hilfe der Götter retten können. Poseidon wurde dieser Übermut zuviel; er spaltete den Fels und Aias versank in den Fluten.

In historischer Zeit sollen sich auf der kargen Insel zwei Städte befunden haben. Die antiken Reste auf Mykonos sind jedoch so gering, daß über ihre Lage nur spekuliert werden kann. Die alte Polis Mykonos dürfte an der Stelle des heutigen Hauptortes an der Westküste der Insel liegen (Abb. 59). Im 11. Jh. v. Chr. hatte Mykonos seine ionische Bevölkerung aus Attika erhalten, doch bleibt deren Geschichte viele Jahrhunderte im Dunkeln, bis 490 v. Chr. der persische Feldherr Datis die Insel bei seiner Rückfahrt unterwarf. Zehn Jahre später kämpften Mykonier bei Salamis auf Seiten der Perser. Nach der Mitgliedschaft im Delisch-Attischen Seebund wechselten die Herren über Mykonos in rascher Folge. Nach schweren Verwüstungen im Mithridateskrieg konnte sich die Insel langsam erholen. Vielleicht trug ein erfolgreicher Weinanbau dazu bei, denn zumindest in der römischen Kaiserzeit schätzte man den Wein von Mykonos.

Spätestens seit dem 7. Jh. v. Chr., als Archilochos mit den eingangs zitierten Worten einen Freund tadelte, galten die Mykonier als gierig und gefräßig. Sie standen im Ruf, rücksichtslos alles in sich hineinzustopfen, was sie kriegen konnten. In klassischer Zeit hatten die Mykonier besonders unter dem Spott der Athener zu leiden, bei denen der «mykonische Nachbar» eine sprichwörtliche Erscheinung war und jemanden bezeichnete, der ungeladen als Gast erschien. Derartig unverschämtes Verhalten führte man nicht so sehr auf die Armut der Mykonier als vielmehr auf ihren pathologischen Geiz zurück. «Wie könntest du denn, da du von dem Mykonier Ischomachos abstammst, freigiebig sein?» fragt Kratinos in einer Komödie, wobei dieser Ischomachos zwar ein Athener ist, aber eben ein sehr geiziger. Darüber hinaus galten die Mykonier auch als kleinlich, dumm und kahlköpfig. Letztere Verleumdung klebte so penetrant an der Insel, daß die übrigen Griechen nicht nur Geizige, sondern auch Kahlköpfe «Mykonier» zu nennen pflegten. Plinius d. Ä. konstatiert in seiner «Naturkunde» sogar, daß die Mykonier ohne Haare geboren würden, und selbst der französische Botaniker Tournefort will dies bei seiner Reise im Jahre 1700 beobachtet haben, während diese höchst bemerkenswerte Tatsache anderen Reisenden verborgen geblieben ist. (HS)

Delos – Apollon und die «Heuschrecken»

Leto, ziehe bei mir nicht vorüber, ich wäre sofort der
eisernen Pholegandros, der ärmlichen Gyaros ähnlich.

Aratos in Strabon, Geographie

Trieb' ich doch lieber noch weiter im wechselnden Winde, statt daß mich
Leto auf irrender Fahrt fest hier beim Kreißen gemacht.
Ach, dann klagte ich nicht ob meiner Verödung. Ich Arme!
Manches griechische Schiff segelt an Delos vorbei,
das so geehrt war und heute verwüstet ist. Spät zwar, doch furchtbar
hat nun Hera sich doch so noch an Leto gerächt.

Antipatros von Thessalonike

Mit unerbittlichem Haß pflegte Hera die vielen Geliebten ihres Göttergatten Zeus zu verfolgen. Auch bei der schwangeren Leto machte sie keine Ausnahme, sondern hetzte sie erbarmungslos von Ort zu Ort. Keiner wollte ihr Obdach gewähren, weil alle den Zorn der Götterkönigin fürchteten. Als ihre Niederkunft kurz bevorstand, packte den Meeresgott Poseidon doch das Mitleid und er verankerte eine bis dahin frei im Meer herumtreibende Insel fest auf dem Meeresboden. Leto ging dort an Land und gebar unter einer Palme – andere erzählen, dies sei auf dem Kynthos, der höchsten Erhebung der Insel, geschehen – die Zwillinge Artemis und Apollon. Für Delos, ein nacktes Felseneiland aus Gneis, Schiefer und Granit inmitten einer Schar von erbärmlichen Inseln, hat sich die angebliche Göttergeburt ausgezahlt, denn die nur 5 km lange und 1300 m breite Insel 10 km südwestlich von Mykonos wurde das Zentrum der ionischen Griechen und ein Mittelpunkt altgriechischer Zivilisation (Abb. 60).

Die Insel wird von dem kahlen, nur 113 m hohen Kynthos beherrscht, auf dem sich gegen Ende des 3. Jts. v. Chr. die ersten Menschen niederließen. Im Laufe der Jahrhunderte zog es sie in die Ebene hinunter; so lag in mykenischer Zeit an der Stelle des späteren Heiligtums im Nordwesten eine ausgedehnte Siedlung mit mehreren kleinen Heiligtümern (Abb. 61). Deren Mittelpunkt war der heilige Bezirk der Hauptgöttin der Insel, einer später mit Artemis gleichgesetzten großen Vegetations- und Fruchtbarkeitsgottheit. Sie war umgeben von einer Schar weiblicher Göttinnen, deren uralte Kulte, z. B. der der hyperboreischen Jungfrauen oder jener von Arge und Opis, sich bis weit in die historische Zeit hinein erhalten haben. Apollon, der «Delier», wie er auf der Insel und auch anderswo angerufen wurde – er sollte schließlich die meisten anderen Götter in den Hintergrund drängen –, ist dagegen erst um 1000 v. Chr. als Gott der einwandernden ionischen Griechen auf die Insel gekommen.

Auf halbem Wege zwischen Griechenland und Ionien gelegen, gewann Delos schon sehr früh als Zentrum der Ioner kultische Bedeutung. Von alters her – niemand kann mehr das genaue Datum nennen – versammelten sie sich, vom Festland und den umliegenden Inseln kommend, zu einem großen Fest auf Delos, bei dem es sportliche und musische Agone gab, während die einzelnen Städte Chöre, Reigentänzer und Festgesandtschaften schickten, die miteinander wetteiferten. Ein Höhepunkt des Festes war der altertümliche Geranos, der Kranichtanz am Hörneraltar, den Theseus nach seiner Rückkehr aus Kreta gestiftet haben soll und bei dem die Windungen und Irrgänge des kretischen Labyrinths in Rhythmen und Tanzfiguren umgesetzt wurden.

Um 700 v. Chr. entstanden am Kynthos die ersten ansehnlichen griechischen Tempel der Insel, die der Artemis und der Hera geweiht waren. Apollon erhielt dagegen erst in der 2. Hälfte des 6. Jhs. v. Chr. mit dem sog. Porostempel im Nordwesten sein erstes heiliges Haus. Es wurde zur Keimzelle des späteren Heiligtums, denn in seinem Umkreis scharten sich im Laufe der Jahrzehnte zahlreiche Gebäude, für deren Ausbau in der Frühzeit die Insel Naxos verantwortlich war (Abb. 62). So wichtig Delos kultisch war, so machtlos war es auf dem Gebiet der Politik. Es stand stets unter auswärtigem Einfluß bzw. fremder Verwaltung, und jeder Potentat versuchte, das Heiligtum für seine Zwecke auszunutzen. So ließ z. B. der athenische Tyrann Peisistratos die erste «Reinigung» der Insel durchführen, bei der man alle Gräber in Sichtweite des Heilig-

Abb. 60
Delos: Blick auf Delos und Rheneia, am Horizont Tenos und Gyaros.

tums entfernte; Polykrates, der Tyrann von Samos, wiederum schenkte Delos die benachbarte Insel Rheneia. Als die Perser 490 v. Chr. ihren ersten Feldzug gegen Athen unternahmen, flohen die Delier aus Angst vor den «Barbaren» nach Tenos. Datis, der Feldherr des Großkönigs, ließ sie jedoch zurückrufen und als Zeichen seiner guten Absichten 300 Talente Weihrauch auf einmal als Rauchopfer entzünden, was sicherlich zuviel des Guten war und die Insel in eine stinkende Wolke gehüllt haben dürfte. Nachdem die Perser zehn Jahre später zurückgeschlagen worden waren, siedelten die Athener 479 v. Chr. den Verwaltungssitz des Delisch-Attischen Seebundes im Heiligtum an, wo fortan die Bundeskasse aufbewahrt wurde. Dadurch kam Delos vollends unter athenische Verwaltung, woran sich auch nichts änderte, als 454 v. Chr. die Kasse auf die Athener Akropolis verlegt wurde. 426/5 v. Chr. nahm Athen die zweite «Säuberung» der Insel vor, mit der die Entfernung aller noch verbliebenen Gräber einherging. Außerdem wurde angeordnet, daß künftig niemand auf Delos entbinden oder sterben dürfe. Wer ein sol-

ches Bedürfnis hatte, mußte sich auf die Nachbarinsel Rheneia begeben, das sich daher zur Entbindungsstation und zum Friedhof von Delos entwickelte. Bei dieser Neuordnung führten die Athener auch das alle vier Jahre stattfindende Fest der Delien ein, da die alte Feier mittlerweile viel von ihrer Attraktivität eingebüßt hatte.

Bunt ist es dabei auf alle Fälle zugegangen, denn nach wie vor schickten die Griechenstädte Festgesandtschaften mit Chören nach Delos. Sobald die Schiffe im heiligen Hafen gegenüber dem Heiligtum anlegten, stürzten sich alle Anwesenden, Festbesucher und Einheimische gleichermaßen, auf die Neuankömmlinge, um ihre Gesänge zu hören. Zwischen Schiffstauen und blökenden Opfertieren kleideten sich die Sänger um und zogen singend, umringt von religiösen Schwärmern, Schaulustigen und Beckmessern, zum Heiligtum. Kurz vor seinem Tod auf Sizilien ließ der athenische Feldherr Nikias (um 470–413 v. Chr.), ein frommer, wenn nicht gar abergläubischer Mann, ein Spektakel der besonderen Art aufführen. Ihn störte dieses disziplinlose Durcheinander im Hafen von

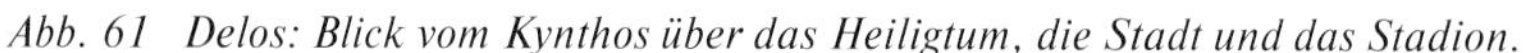

Abb. 61 Delos: Blick vom Kynthos über das Heiligtum, die Stadt und das Stadion.

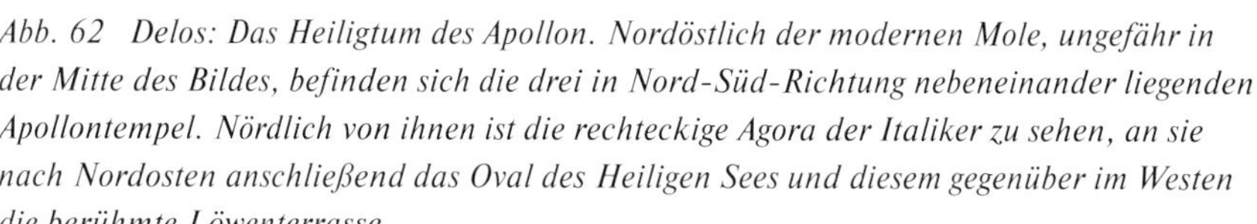

Abb. 62 Delos: Das Heiligtum des Apollon. Nordöstlich der modernen Mole, ungefähr in der Mitte des Bildes, befinden sich die drei in Nord-Süd-Richtung nebeneinander liegenden Apollontempel. Nördlich von ihnen ist die rechteckige Agora der Italiker zu sehen, an sie nach Nordosten anschließend das Oval des Heiligen Sees und diesem gegenüber im Westen die berühmte Löwenterrasse.

Delos, so daß er mit Chor und Troß auf der Nachbarinsel Rheneia an Land ging. Nachts ließ er an der schmalsten Stelle zwischen den beiden Inseln eine herrlich geschmückte Floßbrücke konstruieren, über die er am Morgen den Festzug mit dem feierlich gewandeten Chor nach Delos hinüberführte.

Das Bild des Heiligtums, das sich ihnen damals bot, wich erheblich von demjenigen ab, das wir heute vor

Augen haben, wenn wir nach Delos kommen. Auf engstem Raum sehen wir übereinanderliegende, eng ineinander verschachtelte Gebäude, deren Benennung in der Regel sehr unsicher und bisweilen sogar unmöglich ist, da wir keine antike Beschreibung von Delos besitzen. Aufgrund ihrer Monumentalität sind es die zahlreichen Gebäude der hellenistischen Zeit, die heute das Bild des Heiligtums prägen und viele ältere Strukturen zerstört haben. Damals lag der Haupteingang im Süden, flankiert von zwei Säulenhallen (Abb. 62). Hatte man ihn durchschritten, stand man im ältesten Teil des Heiligtums, in dem sich auch die frühesten Weihgeschenke befanden, mit denen Delos – wie alle anderen heiligen Orte –vollgestopft war. Von Norden nach Süden erhoben sich nebeneinander die drei kleinen Tempel für Apollon: An einen Porostempel aus dem 6. Jh. v. Chr., in dem das Kultbild aufbewahrt wurde, schloß sich nach Süden der sog. Tempel der Athener aus dem Jahre 426 v. Chr. an, gefolgt von dem nie ganz fertiggestellten Haupttempel aus der 1. Hälfte des 5. Jhs. v. Chr. Westlich dieser Tempel muß sich auch der später von einem Gebäude geschützte Altar aus Ziegenhörnern befunden haben, um den herum der berühmte Kranichtanz aufgeführt wurde.

An den Bezirk des Apollon grenzt unmittelbar im Nordwesten das in hellenistischer Zeit prächtig ausgestaltete Artemision mit seinem Tempel aus dem 2. Jh. v. Chr. an. Er steht über einem Vorgängerbau aus dem 7. Jh. v. Chr., der seinerseits über noch älteren mykenischen Resten errichtet worden war. Etwas weiter nördlich davon begann der heilige Bezirk der Göttermutter Leto, die in der Nähe des Heiligen Sees, auf dem Apollons Schwäne schwammen, seit dem 6. Jh. v. Chr. einen kleinen Tempel besaß. Die Strecke zwischen Tempel und See säumte eine Terrasse mit neun steinernen Löwen aus dem 7. Jh. v. Chr., die heute eines der am häufigsten abgebildeten Motive von Delos sind.

Um 314 v. Chr. ging mit der Gründung des Nesiotenbundes eine Ära zu Ende. Die Athener traten die Verwaltung des reichen Heiligtums an ihn ab, und die traditionellen Delien fanden jetzt unter dem Namen Apollonien statt. Durch die Stiftungen hellenistischer Herrscher wurde der heilige Bezirk nach Osten und Norden hin um einige Gebäude, z. B. um die Stierhalle oder die Agora des Theophrast, erweitert, während sich auf der Nordostseite der Insel die Sportstätten – Hippodrom, Gymnasion, Stadion – etablierten.

An jenem für Griechenland so schicksalhaften Tag des 22. Juni 168 v. Chr., als bei Pydna der makedonische König Perseus (reg. 179 – 168 v. Chr.) von den Römern geschlagen wurde und diese zur wichtigsten Macht im Osten aufstiegen, ahnte niemand auf Delos, was für Folgen dieses Ereignis für die Insel haben könnte. Auf Betreiben römischer und italischer Kaufleute wurde Delos zwei Jahre später zum Freihafen erklärt, wodurch Rhodos, ein ehemaliger Verbündeter der besiegten Makedonen, als führende Wirtschaftsmacht der Ägäis ausgeschaltet wurde. Nachdem 20 Jahre später, im Jahre 146 v. Chr., auch Korinth der Gier der römischen Kaufmannschaft zum Opfer gefallen und zerstört worden war, erklomm Delos ungeahnte Höhen. Auf der Insel siedelten sich Italiker, Ägypter, Syrer, Phöniker, Juden und Leute aus aller Herren Länder an, die das große Geld verdienen wollten. Am Westhang des Kynthos und zwischen den altehrwürdigen Verehrungsstätten der Insel entstanden ägyptische Heiligtümer für Sarapis, Isis und Anubis, dann auch ein Tempel der syrischen Gottheiten Atargatis und Hadad, während die Juden der Insel in der Stadiongegend an der Nordspitze der Insel eine Synagoge errichteten. Gleichsam über Nacht fand sich auf dem winzigen Delos ein bunt zusammengewürfeltes, von Geldgier getriebenes Volk – ca. 25 000 Menschen – zusammen. Auf engstem Raum entstanden überall Wohngebäude und Behausungen, während endlose Kontore und Lagerhallen die Hafenbuchten säumten. Was einst an Delos schön gewesen sein mag – das Fest, zu dem die Ioner mit «schleppendem Gewand» sich versammelten, oder die im Heiligtum aufgestellten Kunstwerke – verlor spätestens jetzt seinen Charme und seinen Charakter. Darüber kann auch nicht der Umstand hinwegtrösten, daß im Stadtviertel nordwestlich des Theaters prächtige, villenartige Häuser mit Peristylen und Zisternen entstanden, die mit den schönsten Mosaiken geschmückt waren, die sich bislang in Griechenland gefunden haben (Abb. 63). Alles auf der Insel wurde kommerzialisiert, und die fremden Kaufleute gaben den Takt vor. Sie schlossen sich zu Vereinigungen unter dem Schutz bestimmter Gottheiten zusammen. Die Namen ihrer Schutzgottheiten führten sie im Vereinsnamen. So organisierten sich beispielsweise Kaufleute aus Berytos, dem heutigen Beirut, als Poseidoniasten und italische Kaufleute als Hermaisten bzw. Kompitalisten; letztere hießen nach Hermes, dem Gott der Kaufleute und der Diebe, und den Laren, römischen Schutzgottheiten, die die Handeltreibenden auf ihren Reisen schützen und Füllhörner mit Geld über sie ausgießen sollten. Diese Vereine errichteten große Handelskontore oder – wie die Italiker – gleich ganze Marktbezirke und gewannen mehr Einfluß auf die Administration der Insel als deren eigentliche Verwaltungsorgane. Die Römer hatten die Insel nominell wieder Athen unterstellt, das seine Geschäfte vom Staats- und Handelsmarkt der Delier aus betrieb, der südöstlich des Heiligtums lag. Der alten delischen Staatsbank, die seit jeher Darlehens- und Pachtgeschäfte mit den Tempelschätzen und heiligen Ländereien betrieb, erwuchs in den fremden Kaufleuten und Bankiers eine scharfe Konkurrenz. Zu trauriger Berühmtheit gelangte Delos durch seinen gigantischen Sklavenmarkt, auf dem an einem einzigen Tag Tausende von Menschen verschachert wurden. Es galt das großspurige Sprichwort, «Kauf-

Abb. 63 Delos: Das Theaterviertel in der Handelsstadt von Delos. Hier lagen viele reiche Häuser, in denen die prächtigsten Mosaiken Griechenlands gefunden wurden, u. a. das nach den Bildern benannte «Haus des Dreizacks» sowie das «Haus des Dionysos».

mann, schiffe heran und lade aus; alles ist schon verkauft.» Es muß ein widerliches Babel gewesen sein, das Delos dieser Jahre, das man heute noch in der Ödnis der Insel zu spüren vermeint.

Der ganze delische «Multi-Kulti-Spuk» mit seinem antiken «dotcom-Fieber» löste sich im Jahre 88 v. Chr. genauso schnell, wie er einst entstanden war, wieder auf, als die Flotte des pontischen Königs und Römerhassers Mithridates' VI. die Insel überfiel und schwer verwüstete. 20 000 Menschen, also fast die gesamte Einwohnerschaft, v. a. aber die Römer sollen bei diesem Überfall zu Tode gekommen sein.

Dieses Ereignis bedeutete das definitive Ende der Goldgräbersiedlung von Delos, denn die Insel hatte bereits zuvor aufgrund der veränderten politischen Verhältnisse viel von ihrer einstigen kommerziellen Bedeutung verloren. Sie wurde nun nahezu vollständig verlassen, die «Heuschrecken», die überlebt hatten, machten sich auf und davon, um seitdem etwa Kleinasien verstärkt heimzusuchen. Im 2. Jh. n. Chr. traf Pausanias auf Delos nur noch die Tempelwächter aus Athen an. Nach langen Jahrhunderten völliger Öde begannen im Jahre 1873 die französischen Ausgrabungen, die bis heute fortdauern und dem Boden so viele versunkene Schätze haben abringen können, daß Delos nicht mehr ganz das «große traurige Trümmermeer» ist, das Ludwig Ross noch in den 30er Jahren des 19. Jhs. gesehen hat. (HS)

Syros – Das wirkliche Zentrum der Kykladen

Syria ist eine Insel genannt, wenn du davon hörtest,
über Ortygia liegt sie, dort wo die Sonne sich wendet,
gar nicht allzusehr bevölkert, aber doch fruchtbar,
Weide für Rinder und Schafe und Wein und Weizen in Fülle.
Hunger kommt da dem Volke nie und auch keine andre
furchterregende Seuche befällt die elenden Menschen.

Homer, Odyssee

Westlich von Delos, das in der Antike auch als Ortygia, als «Wachtelinsel», bezeichnet wurde, liegt Syros, die Heimat des Schweinehirten Eumaios. Die eingangs zitierte homerische Beschreibung der Insel verdanken wir der List des Odysseus, der sich als Bettler verkleidet auf Ithaka herumtrieb und seinen Schweinehirten nach allerlei, u. a. nach seiner Herkunft ausfragte.

Geographisch betrachtet bildet Syros das eigentliche Zentrum der Kykladen, da sich bei ihm seit jeher die Schiffsrouten kreuzen und die Insel als Warenumschlags- und Handelsplatz interessant machen. Delos konnte ihr den ersten Rang nur aufgrund seiner kultischen Bedeutung streitig machen. Obwohl Syros seit neolithischer Zeit besiedelt ist und seither kontinuierlich bewohnt wird, wissen wir nur sehr wenig über die Insel. Auf einem Kastri genannten Hügel an der Nordostküste wurde eine Siedlung mit kurvigen und ovalen Hausgrundrissen aufgedeckt, die, ihren Funden nach zu urteilen, enge Verbindungen mit Westanatolien unterhalten hat. Eine mit Bastionen verstärkte Mauer zieht sich um die Gebäude und verleiht dem Ort das Flair eines Bollwerks (Abb. 64). Ob die Siedlung mit der großen, über 500 Gräber zählenden Nekropole aus dem 3. Jt. v. Chr. in Verbindung steht, die in ihrer Nähe entdeckt wurde, konnte bislang nicht geklärt werden. In mykenischer Zeit scheint es nach den Worten des Eumaios in der «Odyssee» zwei Städte auf Syros gegeben zu haben, deren Existenz bislang aber nicht archäologisch nachgewiesen werden konnte. In klassischer Zeit spielt die Insel trotz ihrer günstigen Lage überhaupt keine Rolle. Wie fast alle Inseln war auch Syros im 5. und 4. Jh. v. Chr. Mitglied des Delisch-Attischen Seebundes. Der antike Hauptort in dieser Zeit dürfte an der Bucht von Hermupolis im Osten der Insel gelegen haben; aber auch von ihm haben sich bislang keine Spuren gefunden.

Um die Mitte des 6. Jhs. v. Chr. lebte auf Syros der

Mythograph und Kosmologe Pherekydes, der ein Lehrer des Pythagoras gewesen sein soll. Er verfaßte eine Prosaschrift mit dem Titel «Heptamychos», später als «Theogonie» bzw. «Theokrasie» bekannt, die in Form eines allegorischen Märchens die Entstehung der Welt beschreibt. Obwohl der Boden der Insel eher unfruchtbar ist und «wenig das große, ihr von Homer gespendete Lob» rechtfertigt, wie der Archäologe und Reisende Ludwig Ross in den 30er Jahren des 19. Jhs. nüchtern feststellte, war v. a. der Süden der Insel noch in römischer Zeit dicht besiedelt. Erst im Mittelalter zog sich die Bevölkerung vom Meer zurück und errichtete auf der südlichen Kuppe über der Bucht von Hermupolis an der Ostküste der Insel die vor Piratenüberfällen geschützte mittelalterliche Stadt Ano Syros (Abb. 65). Die Venezianer, die nach 1207 die Insel dem Herzogtum Naxos eingliederten, nannten Syros «La Suda» und wußten seine Lage als Kreuzung der Schiffsrouten in der Ägäis sehr zu schätzen. Die Insel erhielt durch die türkischen Raubzüge und Eroberungen im Laufe der Jahrhunderte stetigen Zuzug durch «Franken», also italienische Kaufleute, so daß die mittelalterliche Stadt Ano Syros mit der Kathedrale St. Georg – der jetzige Bau stammt aus dem Jahre 1834 – bald einen italienisch-katholischen Charakter annahm. Als 1566 mit dem Herzogtum Naxos auch Syros unter türkische Herrschaft geriet, übernahmen die Könige von Frankreich den Schutz der Insel, v. a. den der Katholiken. Das katholische Übergewicht der Insel ging erst im 19. Jh. nach dem Befreiungskrieg verloren, als Syros große Massen von griechischen Flüchtlingen aus Kleinasien, Chios und Psara aufnahm. Zu ihrer Unterbringung wurde 1834 die heutige Stadt Hermupolis gegründet, die sich zu einem der wichtigsten Häfen des neuen griechischen Staates entwickelte. 1820 wurde Syros schließlich Hauptstadt und

Abb. 64 Syros: Die prähistorische Siedlung Kastri nördlich des Dorfes Chalandriani.

Abb. 65 Syros: Blick auf Hermupolis mit dem Hafen und der Platia Miaulis mit dem klassizistischen Rathaus; über der Stadt liegt Ano Syros mit der katholischen Bischofskirche des Heiligen Georg.

Verwaltungszentrum der Kykladen. Mittlerweile sind Ano Syros, die katholische Altstadt, und Hermupolis, die Stadt der Flüchtlinge, längst miteinander verwachsen: Ein eindrucksvolles Gassengewirr zieht sich von der Platia Miaulis mit dem von dem deutschen Architekten Ernst Ziller erbauten klassizistischen Rathaus die beiden Hügel hinauf, deren einer von der griechisch-orthodoxen Kathedrale, der andere von der katholischen Bischofskirche des Heiligen Georg gekrönt wird. In Ano Syros wurde 1905 Markos Vamvakaris geboren, der wahrscheinlich berühm-

teste Rembétis, ein Vertreter jener populären Musikrichtung, die seit dem Ende des 19. Jhs. in den Armenvierteln Athens als sozialkritische Volksmusik entstand und in den 30er und 40er Jahren des 20. Jhs. den Höhepunkt ihrer Beliebtheit erreichte. (HS)

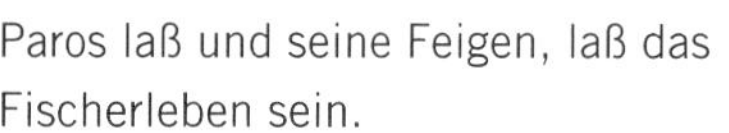

Paros laß und seine Feigen, laß das Fischerleben sein.

Archilochos

Paros – Die Heimat des Archilochos

Schön wie die rosigen Wangen eines jungen Mädchens erglühen auch die der attischen Koren von der Akropolis, wenn man sie aus den dunklen Verliesen der Museen befreit und in die Sonne Griechenlands stellt. Nicht Zauberkraft ist es, die sie verwandelt, sondern die sagenhafte Lichtdurchlässigkeit des parischen Marmors, aus dem sie gemeißelt sind. Diese Lichtdurchlässigkeit hat dem Lichnites, jenem bei Lampenschein unterirdisch gebrochenen Marmor von Paros, schon sehr früh Weltruhm eingetragen. Die schönsten Statuen der Antike, z. B. die Koren vom Erechtheion oder die Venus von Milo, sind aus diesem Stein gefertigt, und noch heute dürfte er als Material für Steinskulpturen unübertroffen sein. Die parischen Bildhauerschulen, die mit Skopas im 4. Jh. v. Chr. einen der bedeutendsten Schöpfer von Marmorplastiken des Altertums hervorgebracht hatten, behielten denn auch bis weit in die römische Zeit ihren Weltruhm.

Das ungefähr 190 km^2 große Paros, das mit Syros, Naxos, Mykonos und Tenos den Ring um Delos bildet, ist seit neolithischer Zeit dicht besiedelt. Das fast gänzlich aus Marmor bestehende und schon von weitem zu sehende Marpessagebirge mit seinen kahlen Hängen beherrscht unangefochten das Bild der Insel. Der Wald, der noch im Mittelalter dort gestanden haben soll, ist längst verschwunden; nur das Küstenvorland, das in der Antike berühmt für seine Feigen war, wird intensiv bewirtschaftet. In historischer Zeit lag die Polis Paros an der Stelle der heutigen Hauptstadt Paroikia (Abb. 66) an der Westküste der Insel. Bis auf wenige unbedeutende Reste sind fast alle Spuren der Vergangenheit der ununterbrochenen Besiedlung zum Opfer gefallen.

Der Handel im allgemeinen und v. a. der Vertrieb des Marmors muß viel Geld in die öffentlichen Kassen gespült haben, denn Paros galt im 5. Jh. v. Chr. als reichste Stadt der Kykladen. Der berühmte Miltiades war gar der Ansicht, das man aus ihm «ohne Mühe Gold in Fülle davontragen» könne. Das zumindest versprach er den Athenern, als er von ihnen Heer und Flotte verlangte, ihnen aber verschwieg, gegen wen er zu Felde ziehen wollte. Den

Abb. 66
Paros: Blick über die heutige Inselhauptstadt Paroikia. Die flache Akropolis ist erkennbar an der Kirche des Heiligen Konstantin. Die Agora schloß sich einst östlich an die Akropolis an. Nordöstlich des alten Stadtkerns von Paros befindet sich die Kirche der Panagia Katapoliani.

gierigen Athenern jedoch reichte das Versprechen unermeßlichen Reichtums, um dem Helden von Marathon das Gewünschte zu überlassen. Unter dem Vorwand, die Insel Paros habe mit den Persern gemeinsame Sache gemacht, in Wirklichkeit aber aus Habsucht und kleinlichen persönlichen Motiven, zog Miltiades daraufhin mit seinem Heer beutegieriger Athener in Wikingermanier gegen Paros und verlangte 100 Talente. Die Parier waren jedoch keine Feiglinge und lehnten die Forderung ab. Sie verteidigten ihre Stadt standhaft, bis Miltiades nach 26 Tagen mit einer schweren Knieverletzung wieder abziehen mußte. Ohne die versprochenen Schätze heimgekehrt, zerrte ihn der Vater des Perikles vor Gericht. Die Athener waren so gnädig, ihn wegen seiner Verdienste – der Eroberung der Insel Lemnos und der Abwehr der Perser – nur zu einer Geldbuße zu verurteilen. Sie verlangten allerdings 50 Talente, die Hälfte dessen, was Miltiades den Pariern hatte abpressen wollen; als er jedoch nicht zahlen konnte, warfen sie ihn ins Gefängnis, wo er am Wundbrand seiner Knieverletzung verstarb.

Zehn Jahre später erschien dann Themistokles mit der athenischen Flotte vor Paros und verlangte ebenfalls Geld,

Von dieser Insel, die jeder zu kennen meint, von der aber niemand etwas Genaueres weiß, stammte der Dichter Archilochos. Da er in seinen Versen nicht viel Persönliches berichtet, besitzen wir auch in seinem Fall nur Nachrichten aus zweiter Hand. Er war der Sohn eines parischen Bürgers namens Telesikles und einer Unfreien, die Enipo hieß. Er lebte um die Mitte des 7. Jhs. v. Chr. und verbrachte einige Zeit in der von Pariern gegründeten Kolonie auf Thasos. Die lange Inschrift, die um die Mitte des 3. Jhs. v. Chr. bei seinem Grabmal östlich der Stadt aufgestellt wurde, hilft auch nicht weiter; sie enthält viel Erdichtetes und wenig Authentisches, ja wir wissen noch nicht einmal, ob Archilochos aus Paros-Stadt oder aus dem kleinen Ort Myrsineai stammte. Von seinem Werk sind uns leider nur Fragmente erhalten geblieben, doch die reichten aus, um die Nachwelt entweder gegen ihn aufzubringen oder sie zur Verehrung seiner Person zu bewegen: Archilochos war ein echter Bürgerschreck und wäre es zu allen Zeiten gewesen. Er nannte Dinge beim Namen, die jede Gesellschaft gerne verschweigt; er kümmerte sich nicht um Konventionen und verspottete jeden, den er wollte und wie er wollte. Wortgewaltig sind seine Verse, einprägsam seine Bilder, die eine tiefe Einsicht in das Wesen des Menschen und seinen Unverstand verraten. Unvergeßlich sind daher seine Abhandlung über den *thymos* des Menschen – ein unübersetzbares Wort, mit «Lebenskraft» oder «Lebenswillen» nur äußerst unzulänglich umschrieben –, die Goethe zu seinem berühmten «Herz, mein Herz, was soll das geben» inspirierte. Doch der Grieche ging viel weiter als der Hesse. Knapp umreißt er

diesmal mit Erfolg. Die Parier, die an dem letzten Perserkrieg nicht beteiligt gewesen waren, zahlten, um sich das athenische Heer vom Hals zu halten und der drohenden Vernichtung zu entgehen. Abgesehen von diesen Geschichten am Rande der damaligen Weltpolitik, wissen wir nicht viel über die Schicksale der Insel, obwohl die Parier sehr geschichtsbewußt gewesen zu sein scheinen. Im Jahre 264/3 v. Chr. wurde eine große, auf Stein eingemeißelte Chronik aufgestellt, das sog. «Marmor Parium», die jedoch die Ereignisse der Weltgeschichte aufzeichnete und weniger die lokalen Vorkommnisse.

Abb. 67 Paros: Das Delion auf der Kastronhöhe bei Paroikia mit dem Felsaltar des Apollon in der Mitte.

Abb. 68
Paros: Die Kirche der Panagia Katapoliani bzw. Hekatontapyliani.

die ideale Lebenshaltung: «Und wenn du siegtest, rühm des Sieges dich nicht laut, | lieg zu Hause nicht am Boden, klagend, wenn man dich besiegt, sondern freue dich des Frohen, traure um Leidiges | nie zu sehr! Erkenn des Lebens Auf und Ab, das uns beherrscht.» Doch zwischen der Erkenntnis und ihrer Anwendung auf das eigene Schicksal klafft auch bei Archilochos ein Abgrund, denn der Poet dieser Verse konnte oder wollte nicht nach seinen eigenen Maximen handeln: Der Dichter war in ein Mädchen verliebt, und ihr Vater hatte sie ihm wohl versprochen, doch aus uns unbekannten Gründen kam die Hochzeit nicht zustande. Archilochos lief daraufhin im Wortsinne Amok. Zuerst beklagte er wortstark sein Schicksal und wünschte nur, daß ihm die Hand der Angebeteten zu streicheln vergönnt sei, dann spie er Gift und Galle und bewarf alle mit verbalem Schmutz, was mit wirklicher Liebe bekanntlich nur wenig zu tun hat. Darauf verstand er sich recht gut, ebenso auf nicht ganz jugendfreie Anzüglichkeiten. Ungeniert beschreibt er seine Ambitionen oder vielmehr Tätigkeiten, womit er nicht nur die feinsinnigen Geister des Altertums verschreckte: «Doch vor der Mauer und dem Tor | ... verweigere mir nicht ..., meine Liebe. | Ich werde nämlich in den grünen Garten zielen», spricht er in einer Epode zu einem jungen Mädchen. «Sie ließ sehen junge | Haut, jugendliche Frische ganz nah spüren, | und ihren schönen Körper streichelnd überall | ... ließ ich meine Kraft verströmen und faßte sanft ihr blondes Haar.» Noch in unseren Tagen hat das ausgereicht, mehrere gelehrte Professoren jahrelang mit der Frage zu beschäftigten, ob er es nun getan hat oder nicht.

In der Umgebung von Paros gab es seit alters her zahlreiche Heiligtümer. Auch das erwähnte erotische Abenteuer unseres Dichters soll sich in einem Heraheiligtum vor den Toren der Stadt abgespielt haben. Nördlich der Stadt auf der Kastronhöhe konnte das besonders gut erhaltene Delion, ein den delischen Gottheiten Apollon, Artemis und Leto geweihtes kleines Heiligtum, ergraben werden (Abb. 67). Sein heutiges Erscheinungsbild geht auf die Zeit um 550 v. Chr. zurück. Der beherrschende Mittelpunkt des Heiligtums ist der hochaltertümliche Felsaltar für Apollon, der auf unserem Bild als heller Block erscheint. Etwas nördlich davon lag der Altar der Artemis und ihm frontal gegenüber ihr dorischer Antentempel. Das ganze Areal auf der unebenen, durch Aufschüttungen ausgeglichenen Fläche wird von einer starken Temenosmauer eingefaßt, an deren Südostecke ein kleines Wächter- oder Priesterhaus den direkten Weg von der Stadt zum Heiligtum kontrollierte.

Ist im Delion schon lange jedes Leben erloschen, erfreut sich ein anderer heiliger Ort der Antike noch heute großer Beliebtheit. Nordöstlich des alten Stadtkerns von Paros steht eine der ältesten Kirchen Griechenlands, die Kirche der Panagia Katapoliani, auch Hekatontapyliani genannt (Abb. 68). Der Komplex besteht aus der Hauptkirche der Muttergottes, einer Kreuzkuppelkirche, der St. Nikolaus-Kapelle im Norden und dem Baptisterium im Süden. Die Anlage wird in ihrer heutigen Form in das 6. Jh. n. Chr. datiert und soll eine konstantinische Basilika aus dem 4. Jh. n. Chr. ersetzt haben, die über einem römischen Gymnasium errichtet worden war. Ein schwerer Sturm soll die Heilige Helena, die Mutter des Kaisers Konstantin, auf ihrer Reise nach Jerusalem in die Bucht von Paroikia verschlagen haben. Sie ging an Land und gründete eine der Jungfrau geweihte Kirche, die manche Forscher heute mit der Kapelle des Heiligen Nikolaus identifizieren wollen. Einer anderen Legende nach soll die Kirche in der Zeit Justinians (527–565 n. Chr.) von den Architekten der Hagia Sophia in Konstantinopel erbaut worden sein. Während der eine Beiname sich vom Standort der Kirche außerhalb der Stadt ableitet und sie daher als *katapoliani*, «unterhalb der Stadt», ausweist, geht der andere, Ekatontapyliani auf das Wort *ekatontapylos*, «hunderttürig», also «Kirche der hundert Türen», zurück und soll der Kirche wegen ihrer Größe gegeben worden sein. Der Volksmund weiß zu berichten, daß man bislang an dem Gotteshaus aber nur 99 Türen zählen konnte. Wenn die hundertste gefunden werde, so sagt man, werde Konstantinopel wieder zu Griechenland gehören. (HS)

Naxos – Die Insel des Dionysos

Als Aristagoras in Sardeis ankam, erzählte er Artaphernes von der Insel Naxos: Sie sei zwar nicht groß, sonst aber schön und fruchtbar und Ionien vorgelagert, auch reich an Gold und Sklaven.

Herodot, Historien

Im Verhältnis zu den Inseln vor der kleinasiatischen Küste, die Aristagoras von Milet wohl vor Augen hatte, ist Naxos – das «umflutete Dia» Homers – mit seinen 428 km² «nicht groß», doch innerhalb der Kykladen ist es die größte und wichtigste Insel. Spätestens mit dem griechischen Stamm der Ioner hielt im 11. Jh. v. Chr. auf der seit dem 4. Jt. v. Chr. dicht besiedelten Insel der Gott Dionysos seinen Einzug. Manche behaupteten gar, der Gott habe auf Naxos das Licht der Welt erblickt, doch da hatte die Insel scharfe Konkurrenz auf dem Festland, wo mehrere Städte den gleichen Anspruch erhoben. Auf alle Fälle war Dionysos in historischer Zeit der Hauptgott der Insel, dessen Hauptheiligtum südlich von Naxos-Stadt freigelegt werden konnte. Um die Zeitenwende ließ sich in ihm Marcus Antonius, ein zwar bei den Damen sehr beliebter, ansonsten aber wenig göttlicher Mann als «neuer

Abb. 69 Naxos: Blick über Naxos-Stadt mit der Palati-Insel vor dem Hafen. Auf der ehemaligen Akropolis steht heute das venezianische Kastron mit der katholischen Kathedrale und dem Herzogspalast.

Dionysos» durch mehrere Statuen verewigen. Vielleicht hat er dort auch mit der ägyptischen Königin Kleopatra Hochzeit gehalten – nach dem Vorbild des Weingottes, der auf Naxos die kretische Königstochter Ariadne geheiratet haben soll.

Die Antike kannte zahlreiche, in sich äußerst widersprüchliche Berichte über diese Ariadne und ihre Verbindung mit Dionysos und Theseus, mit dem sie von Kreta geflohen war. Manche behaupten, sie habe sich erhängt, nachdem Theseus sie verlassen hatte, andere wieder berichten, sie habe einen Dionysospriester geheiratet, und die «Odyssee» weiß gar, daß Artemis sie getötet habe. Größere Bedeutung als alle diese widersprüchlichen Sagenversionen gewann die literarische Gestaltung der Sage. In ihr war der athenische Königssohn Theseus ein treuloser Mann, der seine Helferin, die ihm in der Not des kretischen Labyrinths beigestanden hatte, zuerst verführte und dann bei Nacht und Nebel auf einer unbekannten Insel sitzen ließ. Am eindrucksvollsten ist Catulls (ca. 87–54 v. Chr.) «Klage der Ariadne», die tränenüberströmt mit kraftlosem Schluchzen klagt: «Führtest du, Treuloser, wirklich mich vom heimischen Herde, | um mich an einsamen Strand zu verlassen, treuloser Theseus? | ... Fortan soll keine Frau dem Schwur eines Mannes mehr glauben, | keine soll mehr hoffen, daß zuverlässig die Worte! | Denn wenn ihrer Begier noch irgendein lockendes Ziel winkt, | sparen sie nicht mit Schwüren und sparen nicht mit Versprechen. | Doch sobald die Begierde des lüsternen Sinnes gestillt ist, | kümmern die Worte sie nicht und nichts gilt ihnen ein Meineid.» Rettung aus dieser Trübsal brachte ihr schließlich Dionysos, der – in Liebe zu ihr entbrannt – sie zu seiner Frau machte.

Das historische Naxos, also die antike Polis, lag an der Stelle der heute wieder Naxos genannten Hauptstadt der Insel (Abb. 69), etwa in der Mitte der Westküste, und war den Nachbarinseln Paros und Delos zugekehrt. In dem dichten Gedränge von weißen und pastellfarbenen Würfeln, schattigen Passagen und verwinkelten Treppengäßchen finden sich keine antiken Spuren mehr, die daran erinnern könnten, daß um 735 v. Chr. von dort einheimische Kolonisten zusammen mit Euböern aus Chalkis

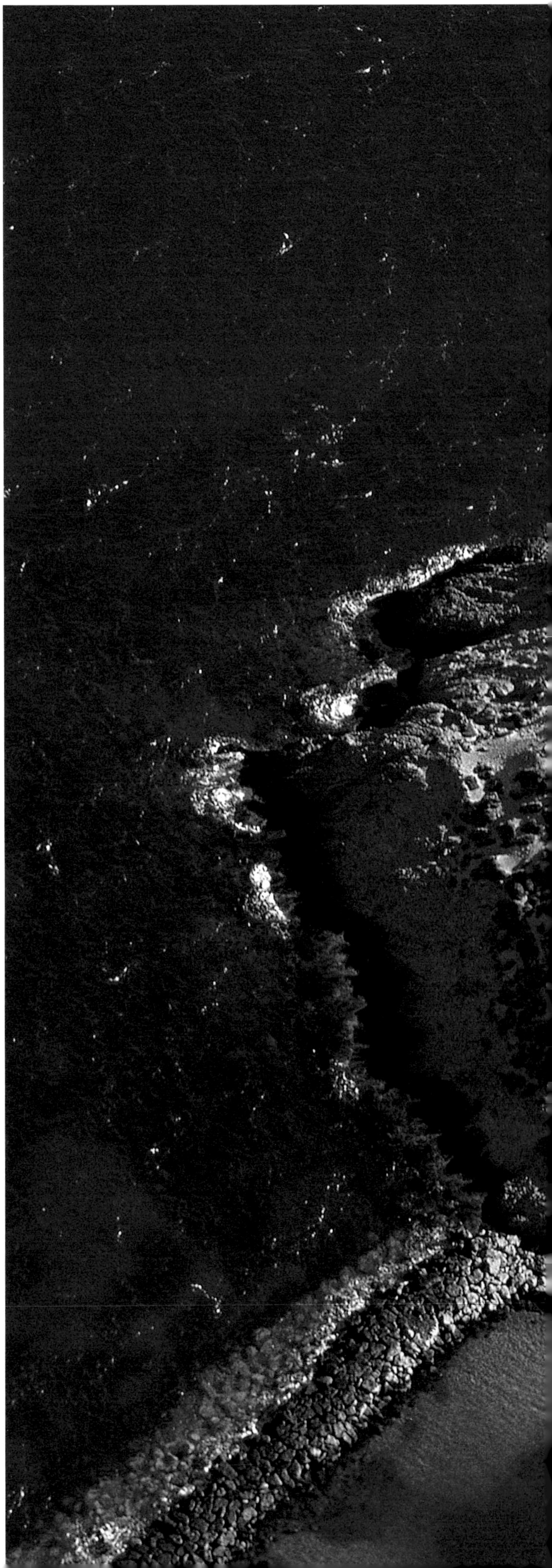

Abb. 70
Naxos: Der wohl Apollon geweihte Tempel auf der Palati-Insel mit dem noch aufrecht stehenden Tempeltor.

Abb. 71
Naxos: Der archaische Tempel bei Sangri.

Richtung Westen zogen, wo sie unweit von Taormina die erste griechische Kolonie auf Sizilien gründeten. Nach der Insel, die anscheinend die meisten Siedler geschickt hatte, erhielt sie den Namen Naxos. In heftigen Kämpfen mit seiner Nachbarinsel Paros gewann Naxos im 7. und 6. Jh. v. Chr. allmählich die Vorherrschaft im Kykladenraum. Aus den hohen naxischen Bergen wurde ein hervorragender, wenn auch nicht ganz so qualitätvoller Marmor wie auf Paros gebrochen (Abb. 72). Entsprechend hoch entwickelt waren auch die archaischen Bildhauerschulen der Insel, die sich erfolgreich an Monumentalplastiken versuchten. Noch heute liegen in den Steinbrüchen angefangene monumentale Kurosfiguren, die wegen Steinfehler schließlich verworfen wurden.

Als um 550 v. Chr. aus für uns nicht mehr ganz nachvollziehbaren Gründen, Kämpfe zwischen grundbesitzendem Adel und dem sich langsam herausbildenden Volk ausbrachen, gewann ein junger Adliger namens Lygdamis die Macht, unter dem die Insel ihre letzte große Blütezeit erleben sollte. Dieser Lygdamis hatte dem Athener Peisistratos bei dessen Rückgewinnung der Macht geholfen und dafür von dem Athener zum Dank die Insel Naxos erhalten, die dieser unterworfen hatte. Lygdamis nannte sich fortan Tyrann von Naxos und setzte wie alle anderen griechischen Tyrannen ein umfangreiches Bauprogramm in Gang. Damals wurde auch mit dem Bau eines gigantischen Tempels auf dem kleinen, heute Palati genannten Felseninselchen begonnen, das mit dem Hafen durch einen Damm verbunden ist (Abb. 69. 70). Als die Spartaner 524 v. Chr. bei ihrer Aktion gegen Polykrates von Samos auch den Tyrannen Lygdamis stürzten, blieb der wahrscheinlich dem Apollon geweihte Tempel unfertig stehen. In die Bauruine wurde viele Jahrhunderte später eine christliche Kirche hineingebaut. Nochmals viele Jahrhunderte später diente sie den Venezianern – wie so viele antike Tempel – als Steinbruch für den Bau ihres Kastrons. Die beiden 6 m hohen Stöcke eines monumentalen Tores, die heute das Wahrzeichen der ganzen Insel sind, verdanken ihre Erhaltung offensichtlich nur der Tatsache, daß sie für den Abtransport zu schwer waren.

Ein weiter Tempel aus dem Bauprogramm des Lygdamis aus der Zeit um 530 v. Chr. wurde bei Gyroulas bzw. Sangri gefunden (Abb. 71): Es war ein Bauwerk mit zwei querliegenden Schiffen sowie einem Telesterion, also einer vorgelagerten Halle für die Feier der Mysterien. Man nimmt daher an, daß dort Demeter und Kore, vielleicht auch Apollon verehrt wurden, aber über bloße Spekulationen ist man nicht hinausgekommen. Der Bau ist für die archäologische Forschung von großem Interesse, denn es wurden mehr als 50 % seines antiken Baumaterials gefunden, so daß wertvolle Rückschlüsse auf die Baugeschichte möglich sind.

Als die Perser unter Führung des Datis und des Artaphernes im Jahre 490 v. Chr. die Insel eroberten, die Heiligtümer niederbrannten und die Bevölkerung versklavten, ging Naxos' Blütezeit abrupt zu Ende. Von diesem Schlag sollte sich die Insel nicht mehr richtig erholen, obwohl sie sich dank ihres Marmorexportes und ihrer Fruchtbarkeit eines relativen Wohlstandes erfreute. Politisch aber sank sie zur Rangiermasse fremder Mächte herab. Das änderte sich erst wieder nach dem Vierten Kreuzzug 1204, als Marco Sanudo – ein Neffe des venezianischen Dogen Enrico Dandolo, der diesen Kreuzzug geplant und angeführt hatte – Naxos zum Zentrum seines neu gegründeten Herzogtums machte. Binnen kürzester Zeit konnte er zahlreiche Inseln erobern, die er zu einem Herrschaftsgebiet zusammenfaßte und auf denen dank seiner italienischen Geschäftstüchtigkeit Wohlstand, auf manchen sogar wieder Reichtum einzog. Naxos wurde ein Zentrum des Handels im Archipelago, wie die Venezianer die Ägäis nannten, und die «Franken» auf der Insel gingen daran, die alte Stadt Naxos wiederaufzubauen. In dieser Zeit wurden auf der Insel mehrere große Kastelle errichtet, u. a. das Kastron mit der katholischen Kathedrale über der Stadt Naxos auf der ehemaligen Akropolis (Abb. 69). Die Fremden aus dem Westen legten größten Wert darauf, sich von der einheimischen orthodoxen Bevölkerung zu unterscheiden. Da es nie zu einer Vermischung der verschiedenen Bevölkerungsgruppen kam, blieben auch ihre Wohnorte getrennt. Am nördlichen Fuß des Kastro im Bourgos-Viertel wohnten die Griechen, während die Franken auf der Burg saßen. Das Herzogtum Naxos hatte zwar nur bis 1579 Bestand, doch überlebten diese Quartiere sogar die türkische Besatzungszeit, die Naxos dank zahlreicher Privilegien – unter anderem war die Ansiedlung von Türken unter den Griechen verboten – gut überstand. (HS)

Abb. 72 Naxos: Steinbruch auf Naxos.

DIE SÜDLICHEN SPORADEN

Darauf strahlen dir rings durch die Flut die Sporadischen Inseln,
wie wenn durch unbewölkete Luft du schauest die Sterne,
trieb des Boreas Macht das nasse Gewölk auseinander.

Dionysios von Alexandreia

Seit jeher ist es strittig, ob die Inseln Thera, Melos und Kimolos sowie einige kleinere Eilande in ihrer Nähe zu den Kykladen zählen oder nicht. Während der Geograph Artemidoros sie zu ihnen rechnet, schlägt Strabon sie den Sporaden zu, jenen Inseln im südägäischen Meere, die anders als die kreisförmig angeordneten Kykladen wie ausgestreute Samen oder Sterne ausgebreitet liegen. Nun schloß die Antike unter den Sporaden auch jene Inseln vor der kleinasiatischen Küste ein, die wir heute mal als Dodekanes, mal als Südliche Sporaden bezeichnen. Dabei bleibt wie schon in alten Tagen die Einordnung der Inseln Thera, Melos und Kimolos ungeklärt: Heute werden sie meist zu den Kykladen gerechnet, und so manchem erscheint die Bilderbuchkulisse Theras, besser bekannt unter seinem italienischen Namen Santorini, der Inbegriff der Kykladen überhaupt zu sein. Den Bodenfunden nach zu urteilen, gehörten die Inseln im 3. Jt. v. Chr. sicherlich zum Kulturkreis der Kykladen, doch unterscheiden sie sich in historischer Zeit von diesen grundlegend. Während die Kykladen ionische Bevölkerung hatten, waren Melos, Kimolos und Thera dorisch besiedelt und hatten somit eine andere kulturelle Prägung als die Kykladen, die sich auch erheblich auf ihr politisches Schicksal auswirkte. Aus diesem Grunde, um ihr Anderssein hervorzuheben, werden sie in diesem Band unter den Südlichen Sporaden geführt. (HS)

Thera – Vom Leben auf dem Vulkan

Denken wird Thera an ihn! Und solang' es gibt Sterne am Himmel,
festbleibt der Erde ihr Grund, bleibt bestehn Artemídoros' Ansehn.

Inschriftliches Gedicht auf Artemidoros von Perge

Die Inseln von Thera liegen um eine Caldera (Abb. 73–75). Das spanische Wort, das soviel wie Kessel bedeutet, bezeichnet die eingestürzte Magmakammer eines Vulkans. In diesem speziellen Fall wurde sie vom Meer überflutet. Den Süd-, Ost- und Nordrand der Caldera bildet die 74 km² große, sichelförmige Insel Thera; übriggebliebene Stücke des Westrandes sind das Inselchen Therasia und das winzig kleine Aspronisi. In der Mitte der Caldera entstanden um den Vulkankrater zwei neue Inseln, Palaia Kameni und Nea Kameni, d. h. die «Alte Verbrannte (Insel)» und die «Neue Verbrannte (Insel)» (Abb. 75).

Die große, wasserbedeckte Caldera von Thera bildete sich in der Späten Bronzezeit durch eine gewaltige Explosion, bei der die Mitte der Vulkaninsel in die Luft gesprengt wurde. Vor dem großen Ausbruch war die Insel nahezu rund, doch schnitt eine breite Meeresbucht tief ins Inselinnere ein, wo ein seit langer Zeit schlummernder Vulkan lag. Archäologen und Naturwissenschaftler sind noch immer nicht zu einem gesicherten Datum für jene große Explosion gekommen. Sicher scheint nur, daß die Katastrophe sich zwischen 1700 und 1500 v. Chr. ereignete. Während man früher aufgrund einer recht unsicheren Keramikchronologie den Ausbruch in die Zeit um 1500 v. Chr. datierte, wird in den letzten Jahren mittels dendrochronologischer Untersuchungen immer wieder 1628 v. Chr. als präzises Datum des Big Bang von Thera ins Spiel gebracht. Damit wären endgültig alle Vorstellungen von Althistorikern aufzugeben, die den Untergang der minoischen Kultur direkt oder indirekt mit der Vulkanexplosion von Thera in Verbindung bringen; auch die chronologischen Ansätze der Archäologen für die minoische Keramik gerieten ins Wanken. Das letzte Wort scheint noch immer nicht gesprochen zu sein; zu umstritten ist die Zuverlässigkeit der naturwissenschaftlichen Befunde bzw. ihrer Auswertungen. 197 v. Chr. bildete sich bei einem neuen Ausbruch des Theravulkans inmitten der Caldera eine kleine Insel. Damals soll das Meer zwischen Thera und Therasia, wie bei Strabon zu lesen ist, gebrannt haben. Die Menschen des Altertums nannten das Inselchen Hiera, «Die Heilige (Insel)»; wahrscheinlich ist es identisch mit jenem kleinen Eiland, das heute Palaia Kameni heißt. In der Folgezeit kam es bis zur Mitte des

Abb. 73 Thera: Anflug auf die Inselgruppe von Osten: Im Westen liegt das kleine Inselchen Therasia, in der Mitte die Vulkanschlote von Palaia und Nea Kameni, das moderne Thera/Phira ist in der Mitte der Insel gegenüber von Palaia und Nea Kameni. Die minoische Siedlung von Akrotiri liegt oberhalb einer Bucht an der Südwestspitze der Insel, die griechische Stadt an der Südostecke der Insel bei dem Kalksteinstock des Profitis Ilias.

➢ N

Abb. 74
Thera von Norden nach Süden: Im Vordergrund am Abgrund über der Caldera ist das neuzeitliche Inselzentrum Phira zu erkennen, im Südosten der Kalksteinberg des Profitis Elias, auf dessen östlichstem Ausläufer das archaische, hellenistische und römische Thera liegt, ganz im Süden auf der Landzunge zu Füßen der kleinen Felskuppe Akrotiri mit dem bronzezeitlichen Vorort der Insel.

20. Jhs. immer wieder zu kleineren Ausbrüchen, durch die seit 1707 die Insel Nea Kameni kontinuierlich aus dem Meer gewachsen ist. Aus ihr steigen auch heute noch Dämpfe auf und warnen davor, die relative Ruhe für ein Erlöschen des Vulkans zu halten.

Thera war schon gegen Ende des Neolithikums bzw. zu Beginn der Bronzezeit, also um 3200 v. Chr., besiedelt. Die Insel bot wegen ihrer fruchtbaren Vulkanerde, die von früheren Ausbrüchen stammte, gute landwirtschaftliche Möglichkeiten; zudem gab es reiche Bimssteinvorkommen. Bimsstein wurde in dieser Zeit für die Hautreinigung, aber auch zum Glätten von Stein verwendet. Mit ihm wurden die berühmten Kykladenidole allem Anschein nach auf Hochglanz poliert. Das frühbronzezeitliche Siedlungszentrum Theras lag auf der Südseite der Insel bei dem heutigen Dörfchen Akrotiri. Dort gab es das beste Ackerland. Zudem lag zu Füßen jener Siedlung eine gut geschützte Hafenbucht, die heute nicht mehr zu sehen ist, da sie bei dem großen bronzezeitlichen Vulkanausbruch zugeschüttet wurde. Der Hafen von Akrotiri beherrschte die Kreuzung zweier wichtiger Seewege: Zum einen führte eine Ost-West-Route von Kleinasien über Kos, Astypalaia und Anaphe an Akrotiri vorbei nach Melos und Kythera, zum anderen gab es eine Nord-Süd-Passage, die von Kreta über Akrotiri nach Melos und weiter über Siphnos, Seriphos, Kythnos und Keos zum griechischen Festland verlief. Die bronzezeitlichen Theräer haben die besondere Lage ihrer Insel zu nutzen gewußt und sie besonders in minoischer Zeit zu einem Zentrum für den Zwischenhandel gemacht. Handelsgüter, die die Kreter oder auch sie selbst aus der Levante und Ägypten geholt hatten, verkauften sie im nördlichen Kykladenraum oder auch auf dem griechischen Festland. Außerdem wurden auf Thera Textilien und Duftstoffe für den Export hergestellt. Eine große Rolle scheint das Safranparfum gespielt zu haben, das aus einem auf der Insel wachsenden Krokus hergestellt wurde. Eines der berühmten Wandfresken von Akrotiri zeigt, wie festlich gekleidete Mädchen Krokusse pflücken, vermutlich im Rahmen eines Frühlingsfestes, was aber die Verwendung der Blüten für die Duftstoffherstellung nicht ausschließt. Die theräischen Kaufleute verdienten, wie der Luxus ihrer Häuser zeigt, an Produktion und Zwischenhandel nicht schlecht. Die Beziehungen zu Kreta waren eng und vermutlich auch gut. Die Theräer bedienten sich in dieser Zeit, was den Handel ungemein erleichterte, kretischer Maße und Gewichte

und verwendeten die minoische Linear A-Schrift. Auch bauten sie die Siedlung von Akrotiri nach kretischem Vorbild aus. Für die damaligen Verhältnisse war Akrotiri mit seinen geschätzten 20 ha eine große Stadt und etwa zehnmal so groß wie Phylakopi auf Melos oder Agia Irini auf Keos. Von der prachtvollen Ausstattung der theräischen Häuser können wir uns ein Bild machen, weil der bronzezeitliche Vulkanausbruch Akrotiri zugedeckt und konserviert hat. So wurde es zu einem «Pompeji der Ägäis», jedoch etwa 1700 Jahre älter. Ein weiterer Unterschied zu

Abb. 75
Thera: Nea Kameni, im Hintergrund das Dorf Oia auf Thera.

der Stadt am Vesuv besteht auch darin, daß nach unseren bisherigen Kenntnissen die Menschen vor der Verschüttung ihrer Stadt fliehen konnten und noch genügend Zeit hatten, ihre wertvollsten Habe mitzunehmen. Bisher wurden sehr geräumige, zwei- bis dreistöckige Häuser freigelegt, die aus Quadermauerwerk, aber auch aus Holzfachwerk und Lehm errichtet wurden. Während das untere Stockwerk als Vorrats- und Arbeitsraum diente, befanden sich auf der zweiten oder dritten Etage die Wohnräume. Sie waren zum Teil mit prächtigen Wandmalereien ausgestattet, die in stimmungsvollen Bildern rituelle Handlungen, das Aus- und Einlaufen von Schiffen, Schiffbruch, Flußlandschaften wie auch arkadisches Landleben wiedergeben. Ihre genaue Deutung ist nach wie vor schwierig, und die Forschungsbeiträge der Altertumswissenschaftler zu den theräischen Fresken sind eher ein mühsames Herantasten als ein exaktes und umfassendes Verstehen der Bilder.

Ebenfalls unklar ist, wie der Stadtstaat von Thera organisiert war, insbesondere wer an seiner Spitze stand. Ganz unverkennbar sind die Ähnlichkeiten zwischen der theräischen und kretischen Gesellschaft. Das gilt besonders für Art und Funktion der religiösen Sitten und Gebräuche. Auch Theras Religion war polytheistisch, auch seine Götter wurden anthropomorph dargestellt und hatten Totemtiere, die als Mittler zwischen Götter und Menschen fungieren konnten. Die Funktionen der verehrten Götter bezogen sich v. a. auf die Natur und die Fruchtbarkeit. Wie die Minoer ehrten die Theräer ihre göttlichen Schützer mit Opfern von Früchten, Safran, Kleidern und Blut; wie bei den Kretern waren Kultmahle und Prozessionen wichtige Rituale. Dabei spielten Altäre und Tische eine große Rolle. Wie im minoischen Kreta waren Horn und Doppelaxt wichtige Kultsymbole; auch auf Thera gab es offenbar Gipfelheiligtümer. Die anscheinend alles überragende gesellschaftliche Bedeutung, die die Religion im bronzezeitlichen Thera besaß, führt zu der Vermutung, daß es sich am ehesten um einen von Priestern gelenkten Staat gehandelt hat.

Nach der Vulkankatastrophe und einer unbedeutenden mykenischen Ansiedlung auf Thera, kamen im frühen 8. Jh. v. Chr. spartanische Kolonisten auf die Vulkaninsel. Ihr Anführer soll ein gewisser Theras gewesen sein, der der Insel seinen Namen gegeben hat. Bis dahin soll

Thera Kalliste, d. h. «die Schönste», geheißen haben. Wie für Ialysos interessierten sich die Phöniker auch für Thera und versuchten, auf ihm eine Station einzurichten, denn die Insel lag an jener Seeroute, die sie für ihre Fahrten nach Westen benutzten. Durchgesetzt haben sich aber letztlich die griechischen Siedler. Sie legten auf einem Ausläufer des bis zu 565 m aufsteigenden Kalksteinmassivs, das heute Profitis Elias heißt, eine kleine Polis an (Abb. 77). Auf der Südspitze jener Landnase, direkt über dem Meer, bauten sie gegen 600 v. Chr. den Tempel des Apollon Karneios, des Stammgottes aller dorischen Griechen. Unmittelbar bei diesem Heiligtum lag das städtische Gymnasium, in dem die jungen Theräer ihre Ausbildung erhielten.

Das archaische Thera gehört zu jenen griechischen Städten, die Kolonien gründeten, die bedeutender als die Mutterstadt wurden. Etwa um 630 v. Chr. legten Leute von Thera den Grundstein für die Stadt Kyrene in Libyen, die neben Alexandria und Karthago sich zu den größten und mächtigsten Städten Afrikas entwickeln sollte. Die alten Traditionen geben verschiedene Erklärungen für die Gründung der Kolonie an: Von einer schrecklichen Dürre auf der Insel, von Parteikämpfen und von einem Kolonisationsbefehl des Orakels von Delphi ist die Rede. Möglicherweise spielten alle drei Gründe eine Rolle. Jedenfalls machte sich der uneheliche Sohn eines theräischen Adligen, der gestottert haben soll und deshalb Battos genannt wurde, mit einer Reihe von Theräern, die durch das Los bestimmt wurden, nach Libyen auf und gründete dort Kyrene.

In hellenistischer Zeit herrschten von etwa 300 – 140 v. Chr. die ptolemäischen Könige Ägyptens über Thera. Es war einer ihrer wichtigsten Stützpunkte in der Ägäis. Eine Garnison kontrollierte die Insel und die an ihr vorbeiführenden Seerouten, schützte sie aber auch vor Überfällen von Seeräubern (Abb. 77). Der Kommandant der ägyptischen Besatzung residierte in einem Gebäude, das im höchsten Teil der Stadt oberhalb der eigentlichen Siedlung lag. Von dort war es leicht, den Überblick zu behalten. In der Nähe hatten die Garnisonssoldaten ein eigenes Gymnasium gegründet, das man mit englischen Clubs, wie sie im 19. und 20. Jh. überall in den Etappen des Empire existierten, vergleichen kann. Im theräischen Gymnasium ging im 3. Jh. v. Chr. wahrscheinlich eine der bemerkenswertesten Gestalten des hochhellenistischen Thera ein und aus, ein gewisser Artemidoros aus der pamphylischen Stadt Perge. Artemidoros war in jungen Jahren als Söldner in ptolemäische Dienste getreten. Man hatte ihn in den Süden, nach Nubien und Äthiopien, geschickt, um dort afrikanische Elefanten zu fangen, die die Ptolemäer für ihren Kampf gegen die asiatische Elefantentruppe der feindlichen Seleukidenkönige dringend benötigten. Bei diesem Abenteuer entging er offenbar nur mit knapper Not den überall dort lauernden Gefahren, denn in einem ägyptischen Heiligtum brachte er dem Wege- und Rettergott Pan eine Weihung dafür dar, daß er aus der Gefangenschaft von Wilden gerettet wurde. Später gelangte er dann nach Thera, wo er nach seinem aktiven Dienst für die Ptolemäer seßhaft wurde und seinen Lebensabend verbrachte. Unterhalb der Stadt legte er einen heiligen Bezirk an, in dem er Verehrungsstätten für alle möglichen griechischen Gottheiten, sofern sie den Menschen als Nothelfer dienen konnten, einrichtete. An mangelndem Selbstbewußtsein fehlte es ihm dabei nicht,

Abb. 76 Thera: Eine atemberaubende Serpentinenstraße führt von Kamari nach Alt-Thera hinauf.

Abb. 77
Thera: Blick auf Alt-Thera; im Süden die ptolemäische Garnison, in der Mitte das Stadtzentrum und im Norden der Tempelbezirk des Apollon Karneios und das städtische Gymnasion.

denn er legte größten Wert darauf, sich in dem heiligen Bezirk auch selbst zu verewigen. So können wir dort etwa jene beiden Verse lesen, die dieses Kapitel einleiten. Anscheinend noch vor dem Verlassen seiner pamphylischen Heimatstadt Perge hatte Artemis Pergaia, die Schutzgöttin der Stadt, ihm in einem Orakel geweissagt, daß er neun Jahrzehnte leben werde. Artemidoros wurde aber, wie es in einem anderen Gedicht heißt, 120 Jahre alt, weil die Vorsehung seinem Leben noch drei Jahrzehnte hinzufügte. Nach seinem Tod erhielten die Theräer vom delphischen Orakel die Anordnung, dem Artemidoros wie einem Halbgott kultische Ehren zu erweisen. Da die Inschriften und Reliefs des Artemidorosheiligtums noch heute am Abhang des Stadtberges existieren und zu besichtigen sind, hat – wie es der berühmte deutsche Historiker und Inschriftenkundige Friedrich Freiherr Hiller von Gaertringen (1864 – 1947) einmal formuliert hat – dieser «sonderbare» Mensch, «der, ohne bedeutend zu sein, die Kunst verstanden hat, seine eigene werte Person überall in das günstigste Licht zu stellen und für das Fortleben seines Namens zu sorgen», sein Ziel erreicht.

In römischer Zeit spielte Thera keine große Rolle mehr. Im Mittelalter wurde die Insel, deren christliche Schutzherrin die heilige Irene geworden war, nach ihr Santorini genannt. Damals wechselten byzantinische, fränkische und venezianische Herrschaften in rascher Folge. Und schließlich kamen um 1539 die Türken. Der von den Touristenschiffen angelaufene heutige Hauptort der Insel, Phira, ist erst im 19. Jh. entstanden. Große Verdienste um die Insel haben sich der deutsche Ausgräber von Alt-Thera, Friedrich Freiherr Hiller von Gaertringen, und der griechische Entdecker von Akrotiri, Spyridon Marinatos (1901 – 1974), erworben. Letzterer wurde 1974 bei einem tragischen Unfall in der Ausgrabungsstätte von einer Mauer erschlagen. Beide Gelehrte ermöglichten uns tiefe Einblicke in die Geschichte dieser Insel. (JN)

Melos – Die Insel der Venus und des Dialogs

Die Melier sind nämlich eine Kolonie der Lakedaimonier und wollten sich den Athenern nicht fügen wie die anderen Inselbewohner. Anfangs hielten sie sich still, ohne eine Partei zu ergreifen; später, als die Athener sie durch Verwüstung ihres Landes zwingen wollten, traten sie in offenen Krieg ein.

Thukydides, Der Peloponnesische Krieg

Als 406 v. Chr. bei Nacht ein Schiff mit der Nachricht von der kriegsentscheidenden Niederlage der athenischen Flotte in Piräus eingelaufen war, dachten die besiegten Athener zuallererst an Melos. Sie betrauerten nicht so sehr ihre toten Angehörigen als vielmehr sich selbst, nahmen sie doch an, die siegreichen Spartaner würden ihnen jetzt das gleiche Schicksal bereiten, zu dem sie einst auf dem Höhepunkt der Macht so viele andere verdammt hatten: Histiaia, Skione, Torone, Ägina – die Liste der Schandtaten war lang, und da war v. a. Melos, das sie jetzt so sehr quälte.

Melos, heute Milos gesprochen, bedeutet «Apfel», und ein solcher diente der Stadt als Wappen. Wie Thera war die Insel vulkanischen Ursprungs. Sie liegt mit ihrer stark gegliederten, vielfach geborstenen Küste südwestlich von Siphnos. Auffallende Gesteinsformationen und offene Bergflanken in schillernden Farben bestimmen ihr Aussehen. Seit Menschen auf Melos leben, wurden dort Obsidian, Alaun, Bimsstein und Schwefel abgebaut – heute sind es wertvolle Mineralien wie Bentonit, Perlit, Kaolin, Baryt und Mangan –, was der Insel über die Jahrhunderte hinweg einen gleichbleibenden Wohlstand sicherte. Im Gegensatz zu den Kykladen besaß Melos wie auch Thera, Kimolos und die Inseln der Dodekanes eine dorische Bevölkerung.

Die Melier, die als spartanische Kolonisten galten, hatten sich im 5. Jh. v. Chr. als einzige der Nesioten nicht dem Delisch-Attischen Seebund angeschlossen bzw. anschließen lassen. Ein entsprechender Versuch Athens war 426 v. Chr. gescheitert, doch die Athener brauchten Melos aus strategischen Gründen: Der Besitz der Insel mit dem hervorragenden Naturhafen in der Bucht von Melos, der noch in der Neuzeit von verschiedenen Kriegsflotten angelaufen und geschätzt wurde, erlaubte eine unmittelbare Bedrohung des spartanischen Kernlandes, und nachdem die Athener bereits auf der Westseite bei Pylos erfolgreich gewesen waren, hätten sie jetzt mit Melos die Klammer um Sparta schließen können. So tauchte 416 v. Chr. die athenische Flotte wieder vor Melos auf, und es kam vor Beginn der Belagerung zu jenem Gespräch, das Thukydides als Gegensatz zwischen faktischer Macht und theoretischem Recht in seinem Melier-Dialog verewigt hat: Die Athener waren der Ansicht, daß Verhandlungen nur dann gleichberechtigt verlaufen könnten, wenn beide Parteien unter dem gleichen Zwang stünden. Sei aber eine Seite überlegen, und das seien sie nun einmal als Beherrscher der Meere, dann dürfe diese auch unternehmen, was ihr gutdünke, während die Schwachen, in diesem Fall die Melier, es ihr zugestehen müßten. Die Melier weigerten sich, diese Sophistereien der Athener zu akzeptieren; noch nicht einmal die offene Androhung der Vernichtung konnte sie beeindrucken. Sie blieben der Meinung, daß sofortiges Nachgeben gleichbedeutend mit der Aufgabe jeglicher Hoffnung sei; sie wollten daher unter allen Umständen kämpfen, um ihre Chancen, und seien sie noch so gering, zu wahren. Das war mehr als mutig, denn die Athener hatten schon oft genug vorgeführt, wie sie mit Besiegten umgingen. Die Melier entschieden sich für das Richtige, denn, selbst wenn sie sich kampflos ergeben hätten, wäre ihr Schicksal das gleiche gewesen. Auch das hatten die Athener ihren Bundesgenossen schon oft genug demonstriert. Die Athener belagerten daraufhin die störrische Insel mehrere Monate lang, bis sie sie zur Kapitulation zwingen konnten. Die Männer, derer man habhaft wurde, wurden sofort umgebracht, Kinder und Frauen in die Sklaverei verkauft. Diese melischen Gespenster suchten in jener schicksalhaften Nacht die Athener heim, als sich die Kunde vom eigenen Untergang als «Jammergeschrei ... vom Piräus durch die langen Mauern nach der Stadt» hin verbreitete.

Von der Stadt der klassischen Zeit, die die Kulisse dieser melischen Tragödie bildete, haben sich kaum Spuren erhalten; sie lag in etwa an der Stelle der heutigen Plaka (Abb. 78). Von dem kleinen, fast mit ihr verwachsenen Ort Tripti führt eine Straße zu den Ruinen der jüngeren Stadt hinunter. Wirtschaftlich konnte sich die Insel sehr schnell erholen, als Lysander sie 406 v. Chr. eroberte, die attischen Kolonisten, die in die entvölkerte Stadt gezogen waren, vertrieb und sie ihren ehemaligen Besitzern, soweit sie noch am Leben waren, zurückgab. Noch heute künden

Abb. 78 Melos: Im Norden die Plaka mit dem venezianischen Kastro, südlich davon das Dörfchen Tripti. Westlich von ihm liegt an der Straße zum Fischerort Klima das antike Theater, in dessen Nähe die Venus von Milo gefunden wurde.

N

Abb. 79 Melos: Tagebau bei Polonia an der Nordostküste; Blick von Süden auf die Gruben.

Abb. 80 Melos: Die prähistorische Siedlung von Phylakopi, eines der wichtigsten Zentren der bronzezeitlichen Ägäis.

die Reste der Stadt aus hellenistischer und römischer Zeit, darunter Theater, Odeion und Gymnasion, von dem Wohlstand späterer Zeiten. Der Ort zog sich in römischer Zeit vom Plateau der heutigen Plaka bis hinunter zum Meer, wo sich die größten bislang in Griechenland entdeckten frühchristlichen Katakomben mit über 2000 Gräbern aus dem 3. Jh. n. Chr. gefunden haben.

In unmittelbarer Nähe der Straße zwischen Tripti und dem Theater fand ein einheimischer Bauer 1820 eine Statue aus schönem, durchscheinendem parischen Marmor, die er dem französischen Gesandten in Konstantinopel verkaufte. Dieser schenkte die Statue, die als Venus von Milo weltberühmt werden sollte, dem französischen König Louis XVIII. So kam sie in den Louvre, wo sie noch heute als eine Hauptattraktion dieses Museums zu bestaunen ist.

Fährt man von dem antiken Melos Richtung Osten zum Tagebaugebiet bei Polonia (Abb. 79), entdeckt man an der Nordostspitze bei Phylakopi eher zufällig ein langgestrecktes Ruinengelände, das zum Meer hin abrupt abbricht (Abb. 80). Nichts mehr läßt darauf schließen, daß diese unscheinbaren, recht verworrenen Hausgrundrisse aus losem Kalk- und Lavageröll der gut 5000 Jahre alten Siedlung einmal ein wichtiges bronzezeitliches Zentrum der Ägäis bildeten. Was dem Besucher heute so verworren scheint, ist das Neben- und Übereinander der verschiedenen Siedlungsphasen. Über mehreren, durch Erdbeben und Brände zerstörten Vorgängersiedlungen entstand in der 2. Hälfte des 2. Jts. v. Chr. eine stark befestigte Stadt. Wie auf Thera waren die Häuser mit bunten Wandmalereien geschmückt, während die Kasematten darauf schließen lassen, daß in dem Ort Militär stationiert war. Vielleicht ist Phylakopi die Schaltzentrale des melischen Obsidian- und Alaunhandels gewesen, der in alle Himmelsrichtungen betrieben wurde. Die Funde beweisen überdeutlich, daß der Ort enge Verbindungen zu Kreta, Zypern, der Levante, den griechischen Inseln und dem Festland unterhielt. Seit dem 16. Jh. v. Chr. breitete sich in Phylakopi zunehmend mykenischer Einfluß aus, der sich auch im Stadtbild in Form der Megaronbauten niederschlug. Im 14. Jh. v. Chr. finden wir schließlich eine Palastanlage, die den mykenischen Anlagen auf dem Festland ähnelt. Gegen 1100 v. Chr. scheinen einwandernde Dorier die Siedlung zerstört zu haben, zumindest wird Phylakopi um diese Zeit für immer von seinen Einwohner aufgegeben. (HS)

DIE IONISCHEN INSELN

Im Adriatischen Meer, an der Westflanke Griechenlands, säumen die Inseln Zakynthos, Kephallenia, Ithaka, Leukas und Kerkyra, umgeben von zahlreichen kleineren bis kleinsten Eilanden, den Seeweg nach Italien. Seit archaischer Zeit wurde dieses alte Reich des Odysseus von Korinth beherrscht, das durch die Kolonisation der Inseln seine Handelswege nach Sizilien und Unteritalien absicherte. Der Name Ionische Inseln war damals jedoch noch nicht in Gebrauch; er geht erst auf eine Notiz des französischen Offiziers Bellaire aus dem Jahre 1805 zurück. Als Venedig nach dem Vierten Kreuzzug von 1204 Anspruch auf die Inseln vor seiner Haustür erhob und sie tatsächlich nach und nach unter seine Herrschaft brachte, entwickelte sich über viele Jahrhunderte hinweg, besonders auf Kerkyra, dem heutigen Korfu, eine eigene, sehr fruchtbare italo-griechische Kultur, die die Inseln noch heute vom restlichen Griechenland unterscheidet. Mit Ausnahme von Leukas, das längere Zeit türkisch besetzt war, ist es den Osmanen trotz zahlreicher Versuche nie gelungen, in diesem Raum Fuß zu fassen. Nach der Auflösung der Republik Venedig im Jahre 1797 besetzten Napoleons Truppen die Ionischen Inseln und riefen die Republik der sieben Inseln aus, doch mußten sie sie nach einem heftigen Gefecht mit der russisch-türkischen Flotte wieder aufgeben. 1807 trat dann der russische Zar im Frieden von Tilsit das Protektorat über die Inseln erneut an Napoleon ab. Nach dessen Sturz wurde Korfu 1814 als Hauptstadt der Vereinigten Staaten der Ionischen Inseln einem britischen Protektorat unterstellt, bis Großbritannien die Inseln 1864 endgültig an Griechenland abtrat.

(HS)

Kerkyra – Hölle im Paradies

Korkyra war vor alters hoch beglückt und besaß eine sehr große Seemacht, wurde aber durch einige Kriege und Gewaltherrscher zugrunde gerichtet. Auch später, durch die Römer befreit, stand es nicht in gutem Rufe, sondern erfuhr zum Spott das Sprichwort: «Nun frei, Korkyra, kack' wohin du willst.»

Strabon, Geographie

Kerkyra, die letzte griechische Insel vor Italien, ist ein herrlicher, 592 km² großer Traum, eingehüllt in den bläßlich-silbergrünen Hauch von sich im Wind wiegenden Ölbäumen. Allgegenwärtig ist das Grün der Zitrusbäume mit ihren golden leuchtenden Früchten, das üppige Blattwerk der Platanen und Feigen, zu dessen ausladendem Geäst die hoch aufgeschossenen Zypressen einen wunderbaren Kontrast setzen. Über das in der Sonne glitzernde Meer schweift der Blick nach Osten hinüber zu den in sanften Blautönen am Horizont verdämmernden Bergen des Festlandes. Dieses kleine Paradies läßt niemanden unberührt, der es sieht. Die Kaiserin Elisabeth von Österreich war so sehr beeindruckt, daß sie sich 1889 auf der Insel einen Sommerpalast errichten ließ, den nach ihrem Tode der letzte deutsche Kaiser Wilhelm II. erwarb, um hier fortan seine Ferien zu verbringen.

Auch wenn die heutige Artenvielfalt den Venezianern zu verdanken ist, die einst für jeden gepflanzten Ölbaum eine Prämie zahlten und allerlei neue Kulturen einführten, war die Insel schon in antiken Tagen ausgesprochen fruchtbar. Als die Spartaner sie im 4. Jh. v. Chr. belagerten und die ländlichen Gegenden plünderten, erbeuteten sie in Massen so guten Wein, daß die Soldaten so geschmäcklerisch wurden, daß sie jeden anderen Wein verschmähten, der nicht von so feiner Blume war wie der kerkyräische. Eine Erinnerung an die Lieblichkeit der Insel hat sich auch in Homers Epen bewahrt, die offenbar auf Kerkyra das «breitschollige Land der götternahen Phäaken» ansiedeln, weshalb die Insel heute noch als das äußerst prächtige und glückliche Scheria Homers angesehen wird.

Wer je die Herrlichkeit Kerkyras mit eigenen Augen gesehen hat, kann sich nicht vorstellen, daß in diesem Paradies einst die Hölle auf Erden herrschte, in der manchmal sogar Menschen in Massen verhungern mußten. Das lag an den Bürgern Kerkyras, die sich zwar rühmten, die Nachkommen der glückseligen Phäaken zu sein, aber nicht viel von deren politischem Verstand geerbt hatten: Kerkyra, im einheimischen Dialekt Korkyra, war eine Kolonie der Korinthier. Die natürlichen Reichtümer, die günstige Verkehrslage und der ausgedehnte Handel machten die Insel bald reich und mächtig. Eigensinnig strebte sie danach, sich aus der Verbindung mit Korinth zu lösen, und ging in diesem Bestreben sogar so weit, in einen lokalen Konflikt um eine gemeinsame Kolonie eine fremde Macht als Parteigänger hineinzuziehen, die in dieser Gegend noch nicht hatte Fuß fassen können. Nur allzu bereitwillig nahm Athen die sich bietende Möglichkeit wahr, da es auf diese Weise seinen Konkurrenten Korinth massiv unter Druck setzen konnte. Die Zänkereien um Kerkyra wurden letztendlich zum berühmten Funken, der den kaum noch vermeidbaren großen Krieg auslöste, der als Peloponnesischer Krieg keinem einen Vorteil brachte, am allerwenigsten aber Kerkyra selbst. Seit 427 v. Chr. erschütterten immer wieder schwere Bürgerkriege die Insel. Augenscheinlich standen sich zwar Demokraten und Oligarchen gegenüber, tatsächlich aber bekämpfte jeder jeden: Man beglich private Rechnungen, entledigte sich seiner Gläubiger und überbot sich in der Erfindung von Grausamkeiten. Thukydides läßt seiner Beschreibung der Zustände in Kerkyra eine allgemeine Betrachtung über die Entartung der Menschen im Bürgerkrieg folgen; sie ist sehr zur Lektüre zu empfehlen. Nüchtern bilanziert er, daß so etwas auch in Zukunft nicht ausbleiben werde, «solange die Menschen eben Menschen sind.» In nunmehr periodischen Abständen wiederholten sich solche Vorfälle auf Kerkyra. Besonders schlimm wurde es 373 v. Chr., als die Belagerung der Stadt durch die Spartaner zu einer so katastrophalen Hungersnot führte, daß die Menschen in Massen verhungerten. Aber auch in späteren Zeiten hatte die Insel keine glückliche Hand in ihrer Außenpolitik. Irgendwie setzte sie immer auf das falsche Pferd und stand stets auf der Seite der Verlierer, was ihr den höhnischen, eingangs zitierten Spott eingetragen hat. Erst in der frühen römischen Kaiserzeit kam Kerkyra zur Ruhe und konnte sich erholen.

Die antike Stadt Kerkyra, die die Kulisse des hausgemachten Infernos abgab, lag unmittelbar südlich der heutigen Hauptstadt auf der Palaiopolis bzw. Analipsis genannten Halbinsel. Die von ihr erhalten Reste sind kaum der Rede wert. Als im 11. Jh. unter byzantinischer und fränkischer Herrschaft eine neue Siedlung entstand, wurde diese etwas nördlich der alten Stadt angelegt. Aus ihr erwuchs die neue Hauptstadt der Insel, benannt nach den beiden sie überragenden Gipfel (*stous korphous*), woraus später der italienische Name der Insel, Corfu, entstand, der heute noch in den westeuropäischen Sprachen die gängige Bezeichnung der Insel ist.

Korfu-Stadt ist bis heute eine der schönsten Städte Griechenlands; sie liegt zwischen zwei starken Festungen auf einer ins Meer vorspringenden Landzunge auf der Ostseite der Insel (Abb. 81). Die alte Burg im Osten war 1550 von den Venezianern angelegt und später von den Engländern mit Schutzwällen umgeben worden. Ein künstlicher, 15 m tiefer und 20 m breiter Kanal, die Contrafossa, trennt die Anlage von der Insel ab. Am Eingang zu diesem alten Fort, dem Palaio Phrourio, steht das Standbild des Grafen von der Schulenburg, der 1716 die Stadt erfolgreich gegen die Türken verteidigte. Während der britischen Herrschaft entstanden im Inneren der Festung zahlreiche Gebäude, deren auffallendstes ein dorischer Tempel aus der Zeit um 1830 ist, in dem sich eine Kirche des heiligen Georg befand. Zwischen dem alten Fort und dem östlichen Rand der Altstadt liegt mit der Esplanade, griechisch Spianada genannt, einer der schönsten Plätze Griechenlands. Die neue Festung im Nordwesten der Stadt wurde zwischen 1576 und 1589 ebenfalls von den Venezianern erbaut, nachdem die Stadt der ersten türkischen Belagerung von 1537 hatte trotzen können. Dem Bau der neuen Burg, die erst 1645 endgültig fertiggestellt wurde, fielen damals etwa 2000 Häuser zum Opfer. Das wichtigste Gebäude im Zentrum der Altstadt ist die 1590 erbaute Kirche des heiligen Spiridon mit ihrem hohen, viereckigen Glockenturm. Sie beherbergt die Gebeine des Schutzheiligen der Insel, die im 15. Jh. von Konstantinopel nach Korfu gelangt waren, wo man sie sicher vor den Türken glaubte. (HS)

Leukas – Die Felsen der Liebeskranken

Denn dies [das Vorgebirge Leukata] ist ein der Farbe nach weißer, ins Meer und gegen Kephallenia hin vorragender Felsen auf Leukas, so daß er davon seinen Namen erhielt. Auf ihm befindet sich der Tempel des Apollo Leukatas und jene Stelle des Sprunges [ins Meer], von welchem man glaubte, daß er die Liebe stille.

Strabon, Geographie

Leukas oder Lefkada, wie die viertgrößte der Ionischen Inseln heute heißt, ist seit alters her weder Insel noch Festland, denn die Lagune zwischen dem Eiland und Akarnanien ist so seicht, daß man sie nicht als Meer bezeichnen kann. Schon in der Antike wurde eine Fahrrinne ausgehoben, die Leukas stärker vom Festland scheidet.

Die Insel ist eine einzige Gebirgsmasse, deren Westküste zur offenen See hin in einer grandiosen Kalkkliffküste mit starker Brandung ins Meer abstürzt, während sie im Süden in dem leuchtend weißen und nicht minder steilen Kap Leukatas, dem Kap Dukato der Italiener, ausläuft. Dort, wo heute der Leuchtturm steht, erhob sich über dem 60 m hohen Felsen in der Antike der Tempel des Apollon Leukatas, von dem heute kaum noch Reste sichtbar sind (Abb. 82). Mit dem Kult des Gottes war auf Leukas seit alten Tagen ein merkwürdiger Brauch verbunden, dessen Ursprung sich niemand so recht erklären kann. Beim jährlichen Opferfest für Apollon wurden einem verurteilten Verbrecher allerlei Flügel und Vögel angehängt, mit denen zusammen er dann vom Fels ins Meer hinabgestürzt wurde. Kam er unten heil an, sammelten ihn bereitstehende Boote auf und brachten ihn außer Landes.

Die Geschichte der Insel läßt sich mangels Informationen mit wenigen Worten umreißen: Um 640 v. Chr. wurde sie von Korinth aus kolonisiert, doch die Polis Leukas, die ca. 3 km südlich der heutigen Stadt Lefkas lag, hat nie eine

Abb. 81 Kerkyra: Die moderne Stadt zwischen der Alten Festung im Osten und der Neuen Festung im Westen. Zwischen Alter Festung und Stadt die Esplanade mit ihrem üppigen Grün, davor die Kirche des Heiligen Spiridon.

eigenständige Rolle gespielt und stand immer im Schatten bzw. unter der Herrschaft anderer Mächte. An diesem Sachverhalt vermochte weder das Mittelalter noch die Neuzeit etwas zu ändern, lediglich die Namen wurden ausgetauscht, so daß Leukas nach der aus dem 13. Jh. stammenden venezianischen Festung Santa Maura genannt wurde. Der berühmte deutsche Archäologe Wilhelm Dörpfeld (1853–1940) wollte der Insel aber eine viel größere Bedeutung zuerkennen, als sie je besessen hatte. Er hielt sie nämlich für das homerische Ithaka und setzte viel Ehrgeiz daran, die bei Homer uneinheitlichen und auch reichlich wirren Angaben zu Odysseus' Herrschaftsbereich zu klären. Die Stadt des berühmten Helden vermutete er im westlichen Teil der Ebene von Nidri, wo er zwischen 1905 und 1910 Bauten und Nekropolen einer bronzezeitlichen Kultur freilegte. Er war so von seiner Idee besessen, daß er sich dauerhaft auf der Insel niederließ und auch in Nidri begraben liegt. Da jedoch die von Dörpfeld freigelegten Siedlungen in mykenischer Zeit nicht mehr fortbestanden, findet seine These heute kaum noch Anhänger.

Abb. 82
Leukas: Die Leukadischen Felsen am Kap Leukata bzw. Dukato.

Im Palast des Odysseus, auf welcher Insel er sich auch immer befunden haben mag, erschlug Odysseus nach seiner Heimkehr die Heerscharen von Männern, die jahrelang um seine Frau geworben hatten. Da erschien Hermes und rief die Seelen der getöteten Freier aus der Halle heraus, und «schwirrend gingen sie mit ihm. Der Bringer des Heiles, | Hermes, führte die Schar hinunter die modrigen Pfade. | An des Okeanos Strömen und am Leukadischen Felsen» vorbei, dorthin, «wo die Seelen wohnen, die Schattenbilder der Toten.» Vielleicht hat dieser am Kap angesiedelte Weg Richtung Unterwelt die Idee entstehen lassen, daß ein Sprung vom Felsen in die tosende Brandung des Ionischen Meeres, die Liebe, v. a. die unerfüllte, stille, indem er Vergessen schenke. Der berühmte Komödiendichter Menander behauptete, die Lyrikerin Sappho sei die erste gewesen, die diesen Weg ging oder vielmehr sprang «mit der Sehnsucht Pfeil in gestachelter Brust.» Sie soll unsterblich in den kauzigen und unzugänglichen Phaon verliebt gewesen, der als Fährmann zwischen der Insel und dem Festland seinen Dienst verrichtete und mit der Zuneigung der sensiblen Lesbierin nichts anzufangen wußte. Obwohl dieses Motiv ein Lieblingsthema antiker Autoren blieb – Ovid verfaßte sogar einen «Brief an Phaon», und wenigstens sechs, heute nicht mehr erhaltene antike Stücke haben das Thema «Leukas» und «Phaon» behandelt –, konnte bislang kein Hinweis auf die Authentizität der Geschichte gefunden werden: Sappho mag vielleicht einmal wie Anakreon geäußert haben, sich ins Meer des Vergessens stürzen zu wollen, doch sie ist mit großer Wahrscheinlichkeit nie auf Leukas gewesen und hier auch nicht verstorben. Aber was vermögen schon Fakten gegen Illusionen? Die Schiffer im Ionischen Meer haben den Leukadischen Felsen nur als gefährliches Kap gefürchtet, doch – und wie recht hat da Freiherr von Schweiger Lerchenfeld – «anders freilich malt sich das Schicksal der Lesbierin im Kopfe eines empfindsamen Orientfahrers, der eben ganz Griechenland durchwandert, die griechischen Meere durchschifft hat. Für ihn sind drei Jahrtausende, welche ihn von jener Zeit trennen, nur ein Athemzug, ein einziger Sehnsuchtsseufzer. Es ist dieselbe Welt, dasselbe Meer, derselbe tiefblaue lachende Himmel; derselbe balsamische Athem weht über die silbern glänzende See und schauert durch den Lorbeerhain, den der Morgenthau mit Millionen Diamanten bepudert.» (HS)

N

Ithaka – Die Heimat des Odysseus

Ilias, herrliches Werk, Odyssee, du sinnige Dichtung,
die du Ithakas Land ruhmvoll wie Troia gemacht . . .

Anonymes Epigramm der Anthologia Graeca

Maßlos und unbescheiden pflegt sich der Liebling aller Griechen vorzustellen: «Ich bin Odysseus, Laertes' Sohn, durch all seine Listen | bei den Menschen geschätzt; mein Ruhm reicht bis in den Himmel. | Im weit sichtbaren Ithaka wohn ich . . . | rauh, aber gut für der Jugend Aufwuchs; und ich kann wahrlich | gar nichts Süßeres anderes sonst als das eigene Land sehen.» Odysseus, der listenreiche, nie um einen genialen Einfall verlegene Held, der vor Troia die Idee mit dem hölzernen Pferd hatte, war ein vielgereister und geplagter Mann. Nach der Eroberung der Stadt verschlug ihn ein böses Schicksal, bei dem der ihm zürnende Poseidon seine Finger im Spiel hatte, immer weiter weg von der geliebten Heimat. Unzählige Abenteuer mußte er bestehen, Kyklopen, Lotophagen und sonstigen Ausgeburten der griechischen Phantasie trotzen und sogar in die Unterwelt hinabsteigen, um dort nach dem Heimweg zu fragen. Er verlor alle seine Gefährten, landete bei der einen oder anderen (Be)Zauberin, die ihn, wie er gockelhaft prahlte, zum Gemahl haben wollte, bis er nach zehn langen Jahren endlich wieder nach Hause fand. Wo immer er auch hinkam, zuerst sah er sich danach um, was er als Geschenk mitnehmen könne, und in der Unterwelt erkundigte er sich als erstes danach, ob seine Frau Penelope ihm auch die vielen Jahre hindurch die Treue gehalten habe, obgleich er selbst keine einzige sich bietende Gelegenheit ausgelassen hatte. Da er selbst alle und jeden betrog, mißtraute er auch allen, selbst den Phäaken, die ihn nach langer Irrfahrt endlich an die heimatlichen Gestade gebracht hatten: «Aber nun will ich zuerst die Schätze zählen und nachsehen, ob sie mir nicht im hohen Schiffe etwas entführten. | Sprach's und zählte die Becken darauf und die überaus schönen | Dreifußkessel, das Gold und die schön gewebten Gewänder. | Davon vermißte er nichts.» Odysseus war so abgebrüht, daß selbst Athena anerkennen mußte, «schlau und verschlagen müßte der sein, der dich überholen | wollte in sämtlichen Listen, und träte ein Gott dir entgegen. | Schlimmer, Erfindungsreicher und unersättlich an Listen, | solltest du nicht im eigenen Land Schluß machen mit Täuschung | und mit Lug und Trug, die dir von Grund auf vertraut sind? | Reden wir nicht mehr darüber, denn Nützliches wissen wir beide.» Sonderlich große Scheu vor den Göttern hatte Odysseus aber nicht, denn er meckerte selbst Athena an, sie habe ihn verlassen und ihm nicht ausreichend beigestanden.

Seine Heimat hat Odysseus zigfach genannt: Es war die Insel Ithaka, und seit historischer Zeit trägt ein gerade mal 103 km² großes Eiland nordöstlich zwischen Kephallenia und Leukas diesen Namen. Odysseus selbst sagt, daß «viele Inseln ... ringsum sehr nah beieinander lägen, ... Same, Dulichon und das waldbedeckte Zakynthos.» Der Abgleich dieser poetischen Namen Homers mit den Inselnamen der historischen Zeit ist unmöglich, denn der große Dichter hat ein Epos verfaßt und nicht ein topographisches Handbuch für Pedanten. Aber obwohl viele Aspekte dafür sprechen, daß das heutige Ithaka tatsächlich das Ithaka des Odysseus ist, scheinen so manchem Altertumsfreund die Insel und ihre Relikte viel zu dürftig, um die Heimat des homerischen Helden sein zu können. Aus irgendwelchen Gründen herrscht die Vorstellung, Odysseus' Ithaka müsse reich und schön gewesen sein. Dabei behauptet das weder der begnadete Lügner Odysseus noch sein Sohn oder die Göttin Athena, die ihm die Insel als Hirte verkleidet beschreibt, geschweige denn ein anderer: In Ithaka fehle es an Weiden für Pferde und an breiten Wegen für Wagen. Doch arm sei die Insel deshalb nicht; sie bringe «unendliches» Korn hervor, ernähre Ziegen, trage Wein und Wald und sei wasserreich. Das paßt recht gut zu dem Ithaka unserer Tage, das nur in wenigen fruchtbaren Tälern Landwirtschaft erlaubt. Auf Ithaka haben sich zwar einige Siedlungen mykenischer Zeit gefunden, sie sind jedoch sehr dürftig und können nicht den Beweis für irgendwelche großartigen Thesen erbringen. Wir wissen über die Insel selbst in historischen

Abb. 83
Ithaka: Blick auf die Polis-Bucht mit dem Hafen im Vordergrund und dem modernen Ort Stavros in der Mitte des Bildes. Nördlich über Stavros ist der Hügel Pelikata zu sehen, auf dem der Palast des Odysseus vermutet wird.

Zeiten nicht mehr, als daß sie zum benachbarten Kephallenia gehörte, dessen geschichtliche Rolle nicht minder dürftig ist als die Ithakas. Der antike Hauptort der Insel lag seit der frühen Bronzezeit stets im Norden von Ithaka über der Polis-Bucht (Abb. 83). In späteren Zeit hat sich diese Siedlung bewußt mit der Heimat des Odysseus identifiziert, denn es gab in der Stadt ein Odysseion, in dem Odysseia genannte Spiele ausgerichtet wurden.

Über der Polis-Bucht erhebt sich der Ort Stavros, in dessen Hafen die mittlerweile eingestürzten Louizos-Höhlen lagen. In ihnen wurde Odysseus bereits vor 2700 Jahren verehrt; zumindest reichen die Keramikfunde von mykenischer bis in römische Zeit. Vielleicht ist es jener «Hafen des Phrokys» und «ganz nahe bei ihm die dämmrige, liebliche Höhle, heiliger Ort der Nymphen, welche Naiaden genannt sind.» Der Palast des Odysseus, in dem er die Freier seiner Frau erschlagen hat, soll sich ganz in der Nähe auf dem Hügel von Pelikata nördlich von Stavros befunden haben (Abb. 83. 84). An dieser Stelle konnte tatsächlich eine frühhelladische Siedlung der Zeit um 2200 v. Chr. festgestellt werden, die bis in mykenische Zeit fortbestand. Zu sehen ist heute im Gelände so gut wie nichts mehr. Aber vielleicht war ja alles ganz anders, und Homers Ithaka ist unser heutiges Leukas, wie Dörpfeld behauptete; vielleicht aber ist es noch anders gewesen … – aber letztendlich ist die Frage der Geographie nebensächlich. Wichtig ist das Konzept, das der Figur des Odysseus zugrunde liegt. Der göttliche Lügner und vor Selbstmitleid überfließende Strolch, der sich aus jeder mißlichen Lebenslage herauswinden kann, ist natürlich nicht ganz von dieser Welt, aber er ist real genug, daß man ihn sich zum Vorbild nehmen kann. Besonders dann sollte man es tun, wenn er sich selbst in besten Situationen stets auf seine mediokre Insel zurücksehnt, ganz gleichgültig, wo dieses Ithaka nun lag. Das ist nicht sentimentales Heimweh, es ist der Wunsch dorthin zurückzukehren, wo man

hingehört, nachdem man in der Ferne erkannt hat, daß sie nur die Ausgeburt unseres Wunschdenkens war, die uns das wahre Leben und sein Glück irgendwo, nur nicht dort, wo wir uns gerade befinden, suchen ließ. Die «Odyssee» ist die Einsicht, daß in unserem Denken Bilder alles, Tatsachen nichts sind. Doch bevor diese Reise durch die griechischen Inselwelten zur Predigt verkommt, wollen wir den Ausflug nach Ithaka mit Konstantin Kavafis' herrlicher «Rückkehr nach Ithaka» beenden: «Brichst du auf gen Ithaka, | wünsch dir eine lange Fahrt, | voller Abenteuer und Erkenntnisse. | Die Lästrygonen und Zyklopen, | den zornigen Poseidon fürchte nicht, | solcherlei wirst du auf deiner Fahrt nie finden, | wenn dein Denken hochgespannt, wenn edle | Regung deinen Geist und Körper anrührt. | Den Lästrygonen und Zyklopen, | dem wütenden Poseidon wirst du nicht begegnen, | falls du sie nicht in deiner Seele mit dir trägst, | falls deine Seele sie nicht vor dir aufbaut. | Wünsch dir eine lange Fahrt. | Der Sommermorgen möchten viele sein, | da du, mit welcher Freude und Zufriedenheit! | in nie zuvor gesehene Häfen einfährst; | halte ein bei Handelsplätzen der Phöniker | und erwirb die schönen Waren, | Perlmutter und Korallen, Bernstein, Ebenholz | und erregende Essenzen aller Art, | so reichlich du vermagst, erregende Essenzen, | besuche viele Städte in Ägypten, | damit du von den Eingeweihten lernst und wieder lernst. | Immer halte Ithaka im Sinn! | Dort anzukommen ist dir vorbestimmt. | Doch beeile nur nicht deine Reise. | Besser ist, sie dauere viele Jahre; | und alt geworden lege auf der Insel an, | reich an dem, was du auf deiner Fahrt gewannst, | und hoffe nicht, daß Ithaka dir Reichtum gäbe. | Ithaka gab dir die schöne Reise. | Du wärest ohne es nicht auf die Fahrt gegangen. | Nun hat es dir nicht mehr zu geben. | Auch wenn es sich dir ärmlich zeigt, | Ithaka betrog dich nicht. | So weise, wie du wurdest, in solchem Maße erfahren, | wirst du ohnedies verstanden haben, was die Ithakas bedeuten.» (HS)

Abb. 84
Ithaka: Der Hügel Pelikata bei Stavros, auf dem sich der Palast des Odysseus befunden haben soll.

Makedonien
Apollonia
Edessa
Pella
Strymon
Thessalonike
Aigai (Vergina)
Methone
Chalkidike
Sane
Pydna
Olynthos
Aoos
Haliakmon
Dion
Poteidaia (Kassandreia)
Sithonia
Pallene
Phoinike
Olympos
Kerkyra
Buthroton
Kerkyra
Kanoni
Achilleion
Epirus
Lefkimi
Larissa
Trikka
Thessalien
Dodona
Pagasai (Demetrias)
Skiathos
Ikos
Kastro
Skiathos
Ambrakia
Peparethos
Oreos
Anaktorion
Akarnanien
Lamia
Leukas
Acheloos
Euboia
IONISCHES MEER
Nydrion
Dirphys
Leukas
Amphissa
Phokis
Ätolien
Delphi
Chalkis
Stavros
Ithaka
Orchomenos
Eretria
Kalydon
Euripos
Ithaka
Oiniadai
Naupaktos
Boiotien
Kephallenia
Theben
Same
Attika
Plataiai
Patrai
Marathon
Achaia
Megara
Sikyon
Piräus
Elis
Korinth
Salamis
Nemea
Zakynthos
Zakynthos
Elis
Mykene
Ägina
Mantineia
Olympia
Argos
Tiryns
Epidauros
Arkadien
Troizen
Tegea
Megalopolis
Peloponnes
Argos
Messene
Prasiai
Sparta
Messenien
Pylos
Lakonien
MITTELMEER
Tainaron
Kythera
Kythera
0 20 40 60 80 100 km

Thasos
Thasos
Koinyra
Ainos
PROPONTIS
Samothrake
Samothrake
Kyzikos
N
S
Sestos
Abydos
Imbros
Sigeion
Troja
Myrina
Lemnos
Hephaistia
Poliochni
Assos
Methymna
Mysien
Antissa
Eresos
Skala Eresu
Pyrrha
Therme
Lesbos
Mytilene
Pergamon
Elaia
ÄGÄISCHES
MEER
Skyros
Skyros
Kyme
Lydien
Hermos
Phokaia
Sardeis
Chios
Smyrna
Kloster Nea Moni
Chios
Erythrai
Ionien
Teos
Kolophon
Kap
Kaphereus
Karystos
Mäander
Ephesos
Magnesia
Andros
Kap
Geraistos
Andros
Paleopolis
(Andros)
Kap
Fanari
Samos
Vathy
(Samos)
Pythagorion
Heraion
Priene
Agia Irini
Iulis
Karthaia
Gyaros
Tenos
Ikaros
Fourni
Syros
Tenos
Mykonos
Mykonos
Milet
Karien
Ano Syros
Merichas
Kythnos
Ermoupolis
Delos
Patmos
Skala
Patmos/Chora
KYKLADEN
Seriphos
Naxos
Delion
Naxos
Leros
Halikarnass
Paroikia
Paros
Ano Sangrion
Amorgos
Kamares
Kastron
Siphnos
Ajali
Kloster der
Panagia Chosoviotissa
Kos
Kos
Asklepios-
Heiligtum
Kimolos
Minoa
Arkesini
Knidos
Melos
Philakopi
Melos
Sikinos
Ios/Chora
Ios
Astypalaia
Nisyros
Astypalaia/Chora
Rhodos
Pholegandros
Telos
Ialysos
Therasia
Fira
Kamiros
Akrotiri
Thera
Thera/
Santorini
Anaphe
Chalke
Ata-
byrion
Lindos
Rhodos
KRETISCHES MEER

ANHANG

LITERATUR ZUM WEITERLESEN

Allgemeine Nachschlagewerke zur Topographie Griechenlands:

A. Philippson, *Das Aegaeische Meer und seine Inseln. Die griechischen Landschaften* IV (1959).
E. Kirsten / W. Kraiker, *Griechenlandkunde. Ein Führer zu den klassischen Stätten* 1/2 (1967).
R. V. Schoder, *Das antike Griechenland aus der Luft* (1974).
S. Lauffer (Hrsg.), *Griechenland. Lexikon der historischen Stätten. Von den Anfängen bis zur Gegenwart* (1989).
M. H. Hansen / T. H. Nielsen, *An Inventory of Archaic and Classical Poleis* (2004).

Reiseführer:

R. Speich, *Rhodos mit Chalki, Simi und Kastellorizo* (1987).
E. Wünsche, *Kykladen. Griechische Inselwelt* (1992).
M. Müller Verlag, *Griechische Inseln. Reisehandbuch* (^{6}2001).

Historische Darstellungen:

P. Brun, *Les archipels égéens dans l'antiquité grecque, V^e–IIe siècles av. notre ère* (1996).
K. Buraselis, *Das hellenistische Makedonien und die Ägäis* (1982).

Reiseberichte:

L. Ross, *Reisen auf den griechischen Inseln des ägäischen Meers* (1840) [Nachdruck Hildesheim u. a.].
A. Conze, *Reisen auf der Insel Lesbos* (1865).
A. Freiherr von Schweiger Lerchenfeld, *Griechenland in Wort und Bild* (1887).
L. Durrell, *Griechische Inseln* (1978).

Euböa:

V. Parker, *Untersuchungen zum Lelantischen Krieg und verwandten Problemen der frühgriechischen Geschichte* (1997).
P. Ducrey (Hrsg.), *Érétrie. Guide de la cité antique* (2004).
K. G. Walker, *Archaic Eretria. A Political and Social History from the Earliest Times to 490 BC* (2004).

Inseln im Norden:

N. Lewis, *Samothrace* 1: *The Ancient Literary Sources* (1958).
S. G. Cole, *Theoi Megaloi. The Cult of the Great Gods at Samothrace* (1984).
H. Ehrhardt, *Samothrake. Heiligtümer in ihrer Landschaft und Geschichte als Zeugen antiken Geisteslebens* (1985).
H. Knell, *Die Nike von Samothrake* (1995).
Y. Grandjean / F. Salviat, *Guide de Thasos* (2000).
V. Masciadri, *Eine Insel im Meer der Geschichten. Untersuchungen zu Mythen aus Lemnos* (2006).

Lesbos:

U. von Wilamowitz-Moellendorf, *Sappho und Simonides. Untersuchungen über griechische Lyriker* (1913).
W. Schadewaldt, *Sappho. Welt und Dichtung. Dasein in der Liebe* (1950).
D. L. Page, *Sappho and Alcaeus* (1955).
H. G. Buchholz, *Methymna. Archäologische Beiträge zur Topographie und Geschichte von Nordlesbos* (1975).
G. Labarre, *Les cités de Lesbos aux époques hellénistique et impériale* (1996).

Samos:

R. Tölle, *Die antike Stadt Samos* (1969).
H. Walter, *Das Heraion von Samos. Ursprung und Wandel eines griechischen Heiligtums* (1976).
G. Shipley, *A History of Samos 800–188 BC* (1987).
E. Cavallini, *Samo. Storia, Letteratura, Scienza* (2004).

Kos:

S. M. Sherwin-White, *Ancient Cos* (1978).
H. G. Buchholz / E. Althaus, *Nisyros, Giali, Kos: ein Vorbericht über archäologisch-mineralogische Forschungen auf griechischen Inseln* (1982).

Rhodos:

H. van Gelder, *Geschichte der alten Rhodier* (1900).
C. Mee, *Rhodes in the Bronze Age* (1982).
R. M. Berthold, *Rhodes in the Hellenistic Age* (1984).
H. Zusanek, *Rhodos und Helios. Mythos, Topos und Kultentwicklung* (^{2}1996).
V. Gabrielsen, *The Naval Aristocracy of Hellenistic Rhodes* (1997).
V. Gabrielsen (Hrsg.), *Hellenistic Rhodes: Politics, Culture, and Society* (1999).
H.-U. Wiemer, *Krieg, Handel und Piraterie. Untersuchungen zur Geschichte des hellenistischen Rhodos* (2002).
C. Higbie, *The Lindian Chronicle and the Greek Creation of their Past* (2003).
W. Hoepfner, *Der Koloß von Rhodos und die Bauten des Helios. Neue Forschungen zu einem der Sieben Weltwunder* (2003).
I. C. Papchristodoulou, *Lindos. Ein historischer Abriss – Die Monumente* (2006).

Thera:

C. G. Doumas, *Thera/Santorin. Das Pompeji der alten Ägäis* (1991).
P. Y. Forsyth, *Thera in the Bronze Age* (1997).
W. Hoepfner (Hrsg.), *Das dorische Thera V. Stadtgeschichte und Kultstätten am nördlichen Stadtrand* (1997).

Kykladen:

T. Sauciuc, *Andros. Untersuchungen zur Geschichte und Topographie der Insel Andros* (1914).
P. Bruneau, *Recherches sur les cultes de Délos à l'époque hellenistique et à l'époque romaine* (1970).
P. Bruneau / J. Ducat, *Guide de Délos* (1983).
G. A. Wagner / G. Weisgerber (Hrsg.), *Silber, Blei und Gold auf Siphnos* (1985).
W. Eckschmitt, *Kunst und Kultur der Kykladen* 1–2 (1986).
R. Étienne / J.-P. Braun, *Ténos I: Le sanctuaire de Poséidon et d'Amphitrite* (1986).
A. J. Papalas, *Ancient Icaria* (1992).
N. K. Rauh, *The Sacred Bonds of Commerce. Religion, Economy, and Trade Society at Hellenistic Roman Delos* (1993).
E. Lanzillotta / D. Schilardi (Hrsg.), *Le Cicladi ed il mondo egeo* (1996).
V. Costa, *Nasso dalle origini al V sec. a. C.* (1997).
M. B. Savo, *Culti, sacerdozi e feste delle Cicladi* 1: *Dall'età arcaica all'età romana* (2004).

Ionische Inseln:

M. Steinhart / E. Wirbelauer, *Aus der Heimat des Odysseus. Reisende, Grabungen und Funde auf Ithaka und Kephallenia* (2002).
A. Dierichs, *Korfu – Kerkyra. Grüne Insel im Ionischen Meer* (2004).

ADRESSEN DER AUTOREN

Dr. Georg Gerster
Tobelhusstraße 24
CH-8126 Zumikon Zürich

Prof. Dr. Johannes Nollé
Holzwiesenstraße 28
D-81737 München

Dr. Hertha Schwarz
Garchinger Straße 44
D-80805 München